JN111001

〈死〉からはじまるクラシック音楽入門

樫辺勒
Kashibe Roku

日本実業出版社

まえがき——奇妙な注文

「死の音楽」を書いてほしい

灰色の服に身をつつんだ男がやって来て、突然こんな話を切りだした。

「死の音楽について書いてくれるよう、あなたに頼みたい」

1791年、プラハからウィーンに戻ったヴォルフガング・アマデウス・モーツァルト（1756～91）のもとに匿名の依頼者からの使者だという男が現れ、報酬の一部の前払いと引き換えに《レクイエム》の作曲を依頼していった。モーツァルトはその男が「死の世界からの使者」のように思え、結局《レクイエム》ニ短調K.（ケッヘル番号）626は未完のまま彼の絶筆となった——という有名なエピソードのことを言っているのではない。1791年のウィーンではなく2022年暮れの西武池袋線沿線の街で、「死の世界からの使者」ではなく日本実業出版社の敏腕編集者であるM氏が、わたしにそう言ったのだ。

　自分自身をモーツァルトになぞらえるなどという身の程をわきまえぬ暴挙に出てまでもわたしが言いたかったのは、M氏の申し出がそれほどまでに怪しげで危ういもののように感じられたからだ。わたしはクラシックのコンサートにはよく出かけるし、この世で一番好きな曲はシベリウスの《交響曲第6番》だと日頃公言している。音楽関係の書籍も数冊、企画・編集した。とはいえ基本的にはただの好事家だ。よってこの話はお断りするしかないと思ったが、とはいえ無碍に断っては仲介の労をとってくれた友人のU氏にも悪いし、話を聞くだけは聞いておこう、程度の気持ちでM氏の提案に耳を傾けた。

　……これが、予想外に面白い。わたし以上にクラシック音楽に詳しいM、U両氏の口から、作曲家たちの死にまつわるエピソードが次々と語られる。おかげで、クラシック音楽が〈死〉と深く関わりを持ってきたことをあらためて認識させられた。確かに音楽は、ともすれば絵画や文学以上に、〈死者〉に捧げられてきた芸術なのかもしれない。気づけば、クラフトビールがスコッチのハイボールに切り替わる頃には、わたしはその企画を引き受けることになってしまっていた。

　一夜明け、わが肝臓の毎度毎度の献身的な働きによってアルコールが分解され体外に排出されるのと同時に、その場で大役を安請け合いしてしまった昨夜の自分のうかつさを後悔する冷や汗も分泌されてきた。唯一救いだったのは、今回の企画はわれら3人のプロジェクトということにしてそれぞれがアイデアや情報を持ち寄り、わたしはそれを文章化する、というスタイルで行こうと決めたことだ。もちろん文章の全責任はわたしにあるが、実際の仕事は3人の合作と言っていい。

とりあえず基礎作業として、タイトルに〈死〉という文字が入っている曲（例：サン＝サーンスの《死の舞踏》）や、作曲時のエピソードが〈死〉と関係がある曲（例：《ベルクのヴァイオリン協奏曲》）などをリストアップしてみたら、あっという間に三桁に達した。ここに、あからさまには〈死〉を謳っていないものの〈死〉の気配を漂わせる曲（例：マーラーの《交響曲第九番》）や、〈死〉につきものの〈悲しみ〉〈悲愴〉〈悲劇的〉といった情動や形容をともなっている曲を含めるとなると、どのくらいの数になるか見当もつかない。それほどまでに作曲家たちは〈死〉を音化し、〈悲しみ〉を奏でてきたのだ。

ことほど左様に音楽は〈死〉の芸術としての性格を強く有しているが、それを演奏し聴くことで、われわれは〈生〉の充実を感じる。〈死〉を聴くことでそのつど新たに〈生〉を得る。〈悲しみ〉を敵とみなしそれを快楽によって忘れ去るのではなく、〈悲しみ〉を友として扱い、それと上手に付き合えるようになるのだ。〈死〉や〈悲しみ〉といったできれば排除したいはずのネガティブな出来事・感情——心理学でいう「不快情動」[†]——を、われわれ人間は音楽によって傍（かたわら）に置こうとする。考えてみれば不思議な話ではないか。

その不思議さに、本書を通じて少しでも迫りたいと思う。

† 心理学的には、「情動」（emotion）は、さまざまな心的状態・動きのうち、ある特定の対象によって引き起こされる「喜び」「怒り」「悲しみ」「驚き」などの一時的で急激なもの指し、大きく「快情動」と「不快情動」に分けられる。広義の「感情」（affect）に含まれるが、狭い意味で「感情」という場合は、「情動」よりも高次で複雑な心的状態のことを意味することが多い。また、特定の対象によらない比較的穏やかな感情は「気分」（mood）と呼ばれる。

執筆に際しては、クラシック音楽は好きだが専門的な音楽教育は受けたことがないような読者を本書の標準的な読者像として想定し、「平行調」や「増七度」といった専門的な楽理用語はできるだけ使わないことを心がけた。

また音程を表記する場合、原則として、音名の「CDEF」あるいは「ハニホヘ」ではなく階名の「ドレミファ」をできるだけ使い、かつ実音を「移動ド式」ではなく「固定ド式」で表記した。通常、「ドレミファ」はキー（調）によって音の高さが変わる。例えばベートーヴェンの《第9》の終楽章に出てくる「歓喜の歌」の有名なフレーズ「フロイデ、シェーナー—ゲッターフンケン」(Freude, shöner Götterfunken) は、ニ長調（♯が2個付く長調）で書かれているので、主音のドが「C＝ハ」ではなく「D＝ニ」になる。そのため、移動ド式でそのフレーズの階名を表すと「ミミファソ—ソファミレ」となる。♯記号が付かないのでスッキリと表記できる。ただしこれだと、読者が「実際にどんな音がするのか、ちょっと耳で聴いて確かめてみたい」と思い立って、ネット上のバーチャルピアノの鍵盤をクリックしたときに、思っていたのと違う音が出てちょっと混乱してしまう恐れがある。よって本書では、原則的に固定ド式で表記した。《第9》の件（くだん）のフレーズも固定ド式だと「ファ♯ファ♯ソラ—ラソファ♯ミ」と表記される。この方式だと、何調の「ド」であっても叩く鍵盤は一緒なので、初心者にはわかりやすい。ただし固定ド式の表記は、鍵盤を見つけやすくするためだけの、あくまで便宜的な処置に過ぎないことに注意されたい。

曲名の表記については、音楽作品名を《　》、その副題やニックネームを「　」で括った。ただし副題やニックネームだけの場合は「　」を外して《　》で表示した。例えば《交響曲第41番「ジュピター」》《ジュピター》といった具合である。また、その曲の初出箇所には作品番号を付した。作曲家ごとに作品番号　付け方が違うので（バッハなら「BWV＝Bach-Werke-Verzeichnis」、モーツァルトなら「K＝ケッヘル番号」など）、それらについてはそのつど説明する。

そしてメインで取り上げた曲については、ページの脇に推薦盤のCDを挙げておいた。ただし、手持ちのCDなど筆者が聴いた限られた範囲からのチョイスなので、偏りが出るのは否めないし、廃盤になってしまったものも少なくない。その点ご海容願いたい。

また一般書という性格と紙幅の都合上、参考文献の記載は最小限とし、必要に応じて本文ないしは脚注に付した。

執筆のスタイルについても、音楽史上の時系列に沿って書くことはあえてせずに、〈葬送行進曲〉〈レクイエム〉といった個々のトピックを、時代あるいは地域を飛び越え時には遡りつつ追いかける、文芸批評でいうところの「主題論的」なアプローチを採った。バロック音楽と現代音楽に同じ〈死〉の匂いを嗅ぎ取って同列に論じる、などということがあってもいい。

では、いざ開演。

目次

第1楽章

詩篇――クラシックの源泉としての〈悲運〉‥33

第2楽章

ギリシャ悲劇――死すべき身の〈悲しみ〉を〝ルネサンス〟する‥53

第3楽章

第4楽章

葬送行進曲――棺に納まって担がれているのは誰か‥171

第5楽章

死の舞踏――誘われているのか誘わせているのか‥225

装幀＝山田英春／組版＝片岡力／執筆協力＝鵜飼隆

序奏

プロローグ――『超人バロム・1』の主題歌で泣く

「バロローム」に涙する男

音楽を聴いて悲しい気持ちになるとはどういう現象なのか、どうしてそんなことになるのか――それを考えるためのマクラとして、のっけからクラシック音楽の話でなくて甚だ(はなはだ)恐縮だが、ヒーロー番組の話を少しさせてほしい。

お笑い芸人の――良くない意味で今何かと話題になっている――ダウンタウンの松本人志が以前とあるトークバラエティ番組で、『超人バロム・1(ワン)†』の主題歌のことを、パネラーとして呼ばれた後輩芸人たちが困惑し失笑するなか、熱っぽく語っていた。

『超人バロム・1』とは、二人の少年が腕をクロスさせて正義のヒーロー、バロム・1に変身し敵のドルゲ魔人と戦う、というフォーマットの子ども向け特撮番組だ。放送され

† 『超人バロム・1』……原作：さいとう・たかを、さいとう・プロ／脚本：伊上勝他／監督：田口勝彦他／企画：平山亨（東映）、佐野寿七（よみうりテレビ）／音楽：菊池俊輔／主演:高野浩幸（白鳥健太郎）、飯塚仁樹（木戸猛）／制作:よみうりテレビ、東映／放送:1972年4月2日～11月26日まで、毎週日曜19時30分～20時（JST）に日本テレビ系で、全35話が放送。

たのは第二次怪獣ブーム（変身ブームともいう）真っ只中の1972年で、同時期に放送されていた『仮面ライダー』のライバル番組だ（どちらも東映作品なので、兄弟番組というほうが相応しいかもしれない）。松本が子どもの頃に『仮面ライダー』よりもハマッて観ていたのがこの『超人バロム・1』で、とりわけその主題歌が好きだったという。

「歌詞もすごいんですが、なんつってもメロディーなんですよ。今まで何人かに言うてイマイチ納得してもらったことはないいんですけど、泣きそうになる箇所があるんですよ」

そして松本は、流れてきた『超人バロム・1』の主題歌をさも感慨深そうな表情で聴いていたかと思うと、「……来ました。ここ！ ここなんですよ！」とやにわに立ち上がって力説し、みずから思い入れたっぷりに「バロロ～ム」とその箇所を歌いだしたのだ（次ページに掲げたのがそのフレーズの譜例である）。

しかし周りの芸人たちからはまったく賛同を得られない。するとさらに松本は、

「メロディが、メロディが！ この場合、歌詞はなんでもええねん。……毎回泣きそうになるねん」

と、件の箇所にその場で適当に思いついた別の言葉——よりによって「バイアグラ」だったが——を乗せて歌い直し、なんとかさらなる説得を試みた。

『超人バロム・1』という番組そのものはヒーローが悪の敵をやっつける痛快娯楽番組であって、そこに涙を誘う要素はない。主題歌の歌詞にしたところで、「ブロロロロー」と

◆『超人バロム・1』の主題歌「ぼくらのバロム・1」†

（作詞：八手三郎／作曲：菊池俊輔／歌：水木一郎、コロムビアゆりかご会）

か「ズバババババーン」といったオノマトペがこれでもかというほど盛り込まれている派手なものだし、しかもそれをかのアニメソングの第一人者・水木一郎アニキ（2022年に惜しくも鬼籍に入られた）がシャウトしているのだ。それゆえ、番組自体にも、歌詞にも、歌い方にも、人を悲しくさせる要素は見当たらないはず。なのに松本は、歌がその「バロローム」の箇所にさしかかるたびに悲しくなって泣きたくなるという。そしてその理由をメロディ、すなわち上下する音の連なりに求めようとしていたが、どうも本人すら納得できていないまま話しているようだった。

なぜか「バロローム」のところでいつも泣きたくなるという松本人志のこの感覚は、じつは、彼とほぼ同世代で彼と同じく『超人バロム・1』にハマッていた筆者が長年抱いていたものでもあった。だから彼が誰からも賛同を得られないまま孤軍奮闘して力説するのを、筆者は「オマエ一人じゃないぞ！」というムダに熱いシンパシーをもって見ていたのだった。

ここまで本書『〈死〉からはじまるクラシック音楽入門』のメインテーマであるはずの〈死〉も〈クラシック〉も、不安になるほどまっ

†『アニメソング決定版 朝まで歌えるアニソンマラソン342曲』（ブティック・ムックno.831、ゲッカヨ・エンタテインメント編、ブティック社、2010）、『超人バロム・1 music collection : 放送35周年記念』（CD、コロムビアミュージックエンタテインメント、2007）ほか、いくつかの資料（文書・音声）を基に新たに採譜した。

たく出てこないが、話はここから意外な展開を見せる。

涙の理由がわかった！

松本人志の熱弁が空振りに終わりそうになったタイミングで、突如、後輩芸人のひとり†が言った。

「……《ドナドナ》に似てるんじゃないですか？」

「？」

「「子牛を乗～せ～て」の……」

「アーッ!!」

長年の疑問は一瞬にしてあっけなく氷解した。――そうなのだ。《ドナドナ》にほとんど同じメロディラインがあったのだ（次ページの譜例参照）。

市場へ売られていくかわいそうな子牛のことを歌ったこの《ドナドナ》という曲は、1938年にユダヤ系アメリカ人のショーロム・セクンダによって作曲され、同じくユダヤ系アメリカ人のアーロン・ゼイトリン（ツァイトリン）によって作詞されたイディッシュ語（アシュケナジム＝東欧系ユダヤ人の間で話されている言語）の曲《Dana Dana》（ダナダナ）が原曲だ。1961年にアメリカのフォークシンガーのジョーン・バエズが歌ってヒット

†この時の後輩芸人とはおぎやはぎの矢作兼で、そのおぎやはぎが主演を務めているDVDになんと『ドナドナ なぜか悲しい物語』（TDKコア、2004）というタイトルのものがあるという。さっそく観てみたらドラマ仕立てのコント作品で、《ドナドナ》という曲とはまったく無関係だった。徒労だったが（コントとしては面白かった）、《ドナドナ》が「悲しさ」をイメージさせるある種の常套句（クリシェ）として広く共有されている証ではあるようだ。

◆《ドナドナ》†

（作詞：アーロン・ゼイトリン／作曲：ショローム・セクンダ／歌：ジョーン・バエズ）

し、日本にも紹介された。

その後、安井かずみ（小柳ルミ子の「わたしの城下町」や浅田美代子の「赤い風船」の作詞家）の訳詞でザ・ピーナッツが《ドンナ・ドンナ》というタイトルで歌い、さらに岸洋子がNHKの歌番組『みんなのうた』で《ドナドナ》のタイトルで歌った。また小学校の音楽の教科書にも掲載されるようになった。

安井かずみによる訳は、最初の訳＝ザ・ピーナッツが歌っているバージョンと、その後の訳＝岸洋子バージョンとでは、後半部分が違っている。件のフレーズ「レレレレ・ソー・ソファ―ミー」も、ザ・ピーナッツ版では「悲しみをたたえ」だったが、岸洋子版では「子牛を乗せて」になっている。後輩芸人も松本も岸洋子バージョンのほうを憶えていたようだ。

この「子牛を乗せて」の「レ↓ソ↓ファ↓ミ」というフレーズの隣り合う音同士の上下関係（度数）が、「バロローム」の「ラ↓レ↓ド↓シ」というフレーズのそれと一緒で、キーが違うだけなのだ。

これでなぜ松本人志が（それに筆者が）『超人バロム・1』の主題歌にある特定のフレーズを聴いて悲しくなったのか、その理由がわかった。

† 『ドナドナ Dona,dona』（words & music by Sholom Secunda、訳詞：安井かずみ、東京ミュージック、196-）ほか、いくつかの資料（文書・音声）を基に新たに採譜した。

『超人バロム・1』のメロディの奥に、無意識のうちに《ドナドナ》のメロディを聴き取っていて、それでその曲が表現している売られていく子牛の悲しみをそれと知らずに想起していたのだ。

重ね書きされていた〈悲しみ〉

しかし、松本人志もおそらく知らないであろうその先が《ドナドナ》にはある。

そもそもこの「ドナドナ」という言葉はなんだろうか。どんな意味がある言葉なのか。日本では牛追いや馬子(まご)が興奮する牛馬を宥(なだ)めるさいに「どう、どう」とか「よし、よし」と声をかけることがあるが、「ドナドナ」はそれと似たような外国の掛け声か、あるいは歌の調子をととのえるための囃(はや)し言葉みたいなものだろう、と筆者は長いことなんとなく思っていた。

が、じつは違っていた。

《ドナドナ》の作詞者とされる人物は、先に挙げたユダヤ系アメリカ人のゼイトリン以外にも複数いるらしい。そのひとり、ベラルーシ生まれのポーランドのユダヤ系詩人・劇作家イツハク・カツェネルソンが書いたとされる詞はこうなっている。

馬車のうえには、
綱につながれた子牛が一頭、
高い空には、自由に飛び交う小鳥が一羽。
（中略）
ドナ、ドナ、ドーナ、ドーナ、
ドナ、ドナ、ドーナイ＝ドイ……

この最後の2行は、アルファベットで表記するとこうなる。

donaj, donaj, donaj, donaj
donaj, donaj, donaj-doj...

「ドナ」だと思っていた言葉は、元は「ドーナイ」〈donaj〉だった。それだけなら、他国の者にはそう聞こえることもあるだろう程度の話でしかないが、その先がある。
ドイツ・ユダヤ文学研究家の小岸昭氏は、この〈donaj〉は、「わが主よ」という意味をもつヘブライ語の「アドナイ」〈Adonai〉の、第一母音〈A〉が欠落した形ではないかと推測する。† なぜ「アドナイ」を「ドーナイ」として歌ったのか。

† 小岸昭『マラーノの系譜』（みすず書房、1994、のちみすずライブラリー、1998, p.296）。

1492年、当時ヨーロッパ最強国だったカトリック王国のスペイン（カスティーリャ＝アラゴン連合王国）を旅立った集団が、二つあった。ひとつは、新大陸発見をめざして大西洋に船出したクリストファー・コロンブスの一行。そしてもうひとつは、「豚」を意味する「マラーノ」と呼ばれて蔑まれていた、セファルディ系（スペイン系・西方系）改宗ユダヤ人たちの一行だった。

彼らマラーノは、表面的にはキリスト教に改宗しながら先祖伝来の信仰を捨てることなく、隠れキリシタンならぬ隠れユダヤ教徒として暮らしていたが、1492年の「ユダヤ人追放令」によってとうとうスペインを追われ、離散を余儀なくされた。《ドナドナ》には、生まれ育った地を追われたマラーノたちがその辛い道行きで何度も唱えたであろう、彼らが信仰の拠り所としてきた「アドナイ」という言葉の響きが聴き取れると、小岸氏は指摘する。

しかもこの作詞者とされるカツェネルソン――今日ではカツェネルソンの作詞ではないとされることも多いが――の妻と、息子のうちの11歳と14歳の二人は、あのアウシュヴィッツ強制収容所に送られている。そしてカツェネルソン自身と長男もヴィッテル（フランス）の収容所へ移送され、1944年5月、最期はやはりアウシュヴィッツで命を落とした。† そのことから、《ドナドナ》は、市場に売られていく子牛に見立てて、強制収容所に連行されていくユダヤ人のことを歌ったものだ、とする解釈もあるが、これはどうや

† フランスのヴィッテル収容所に収容されていた時、カツェネルソンは監視の目を逃れてイディッシュ語の詩を書き、その原稿を瓶に詰め地中へ埋めて隠した。戦後フランスがナチス・ドイツの支配から解放された後にこの原稿が地中から発見された。その詩集『滅ぼされたユダヤの民の歌』は邦訳もされている（飛鳥井雅友、細見和之訳、みすず書房、1999）。

ら後に創られた「神話」に近い。というのも《ドナドナ》という曲自体は、ナチスによるユダヤ人絶滅計画、いわゆる「ホロコースト」が始まる前の1938年に書かれているからだ。とはいえ、ユダヤ人に対する差別・迫害・虐待、いわゆる「ポグロム」はそのずっと前から始まっているので、《ドナドナ》にユダヤ人の悲運の響きを聴き取ること自体はけっして的外れではないだろう。

先にふれた別の作詞者ゼイトリンにしたところで、ワルシャワから辛くもアメリカに逃げてきたユダヤ人移民第一世代であり、ワルシャワに残った家族縁者はホロコーストの犠牲になっている。

誰が真の作詞者なのか、売られていく子牛にユダヤ人の悲運を初めから重ねて詞を書いたのか、という問題を措いても、《ドナドナ》は、それがジョーン・バエズが歌ってアメリカで広まった1960年代前半にはもう、ユダヤ人のことを暗に歌った曲としてすっかり受け止められていたことは疑いない。

その《ドナドナ》が日本語に翻訳されて児童向けの歌とされた際に、ユダヤ人云々という話は封印され、売られていく子牛の歌というある意味元の姿に立ち返って歌われることになった。

話を戻すと、『超人バロム・1』には、売られていく子牛の悲しい歌《ドナドナ》を思い起こさせるフレーズが潜んでいた。そこまでは松本人志のトーク番組でも明らかにされた。しかし〈悲しみ〉はそこで止まらず、さらなる奥があった。《ドナドナ》には、離散と迫害を余儀なくされたユダヤ人たちの悲しい歴史が隠れていた。いわば〈悲しみ〉が重ね書きされていたのだ。そして重ね書きされた〈悲しみ〉の最も奥深くに潜んでいたのが、収容所での〈死〉だった。

……とはいえ、そこで話を終わらせて、それではたして音楽と悲しみの関係について、何かがわかったと言えるのだろうか。わかったのは、『超人バロム・1』を聴いて悲しくなった理由と、その奥に隠れている悲劇的な来歴であって、それ以上でも以下でもない。音楽と悲しみの関係を考えるためには、その先にある問いに進まねばならない。すなわち、どうして《ドナドナ》を聞くと悲しくなるのか、《ドナドナ》という曲の何が悲しいのか、メロディなのか歌詞なのか曲の来歴なのか、いや、悲しいのは《ドナドナ》を聴く聴取者の側の受け取り方、つまりはその人個人の性格や好み、あるいはその時その時の心の状態によるのであって、《ドナドナ》自体に悲しいという性質が備わっているかどうかはまた別の問題ではないのか――楽しい曲を聴いて悲しくなることだって無いとはいえない――、そもそも《ドナドナ》という個別の曲から離れて、音楽そのものを対象にして論じるべきではないのか等々。

そうしたことを考えるうえで示唆的なエピソードを、もうひとつ紹介しよう。

幼子を失った母に何を弾いてあげたのか
――ベートーヴェン

ある若い将校とその妻が、まだ3歳の幼児（おさなご）を亡くした。妻はとある音楽家にピアノを教わっていて、事情を知った音楽家が夫妻を自邸に招いた。わが子の葬儀のときに妻が涙を流さなかったのを見た夫は、彼女の心が壊れかけていると感じたのだろう、招待を受けて妻を音楽家のところへ連れて行った。音楽家は喪服姿の彼女を見ると、おもむろにピアノを弾きはじめた。やがて、彼女の目から堰を切ったように涙が溢れ出た――。

この女性は、オーストリア歩兵隊の将校の妻で、ドロテア・フォン・エルトマン。†

そして音楽家は、誰あろう、ルートヴィヒ・ヴァン・ベートーヴェン（1770〜1827）その人である。

ベートーヴェンはフォン・エルトマン夫人のことを音楽の女神にちなんで「ドロテア・チェチーリア」と呼び、彼女の才能

† ドロテア・フォン・エルトマン

1781/フランクフルト -1849/ウィーン。旧姓はグラウマン。ベートーヴェンから付けられた愛称は「ドロテア・チェチーリア」。夫はオーストリア歩兵隊の将校ステファン・フォン・エルトマン。1802年ウィーンに移住し、1803年頃ベートーヴェンと知り合い師事。1804年に一人息子のフランツ・カールを亡くす。《チェロ・ソナタ第3番》の初演（1809）ではドロテアはピアノ伴奏をつとめ、《ピアノ・ソナタ第28番》は彼女に献呈された。ウィーンに音楽サロンを開いてベートーヴェンの作品を頻繁に演奏し、彼の作品の普及に尽力。ベートーヴェンの伝記を書いたアントン・シンドラーは、「フォン・エルトマン氏がいなかったなら、ベートーヴェンの音楽は遥かに早くレパートリーから消失していただろう」と述べている。1820年夫がミラノ市長に就いたため同市へ移住、その地でメンデルスゾーンの訪問を受けている。1835年夫の他界を機にウィーンへと戻り、同地で没した。享年68。

と人柄を高く評価していた。ベートーヴェンの《チェロ・ソナタ第3番 イ長調》(作品69)の初演の際にはピアノ伴奏を彼女にまかせ(チェロはニコラウス・クラフト)、また、**《ピアノ・ソナタ第28番 イ長調》***(作品101)を彼女に献呈しているほどだ。

音楽セラピーの原型ともいうべきこのエピソードが感動的なのは言うまでもないが、クラシックファンとしては、この時ベートーヴェンがどんな曲を弾いて聞かせたのかが気になるところだ。ドロテアに献呈された《ピアノ・ソナタ第28番》こそがそれだ！……とつい考えたくなるが、このエピソードがあったのは1804年3月で、《第28番》が完成したのはもっと後の1816年だから、これではない。

1804年といえば、ベートーヴェンが「ハイリゲンシュタットの遺書」(1802)をしたためるほどの絶望から立ち上がり、《ヴァイオリン・ソナタ第9番 イ長調「クロイツェル」》(作品47)や《交響曲第3番 変ホ長調「英雄(エロイカ)」》(作品55)といった中期の「傑作の森」(ロマン・ロラン)を次々と発表しはじめた時期だ。ピアノ作品でいうなら、《ピアノ・ソナタ第21番 ハ長調「ヴァルトシュタイン」》(作品53)や《第23番 ヘ短調「熱情」》(作品57)が生まれている。となれば、いったいどの曲を弾いて聴かせたのか知りたくなるというものだ。

しかし残念ながら、このエピソードを証言した者のうちの一人、舞台女優のアントニー・フォン・アーネスによると、どうやらベートーヴェンは既存の曲を弾いたのではなくて、即興で——しかも1時間も！——演奏したようだ。即興演奏の名手だったベートーヴェンらしいエピソードだ。

また、ベートーヴェンの没後、年老いたドロテアのもとを訪ねた若きフェリックス・メンデルスゾーンに彼女が語ったと伝わる話によると、すでにほとんど聴覚を失っていた（喋ることはできた）ベートーヴェンは、「私たちは音で会話を交わすのです」とその時ドロテアに語って、即興でピアノを弾いたという。†

あるいはひょっとしたらその演奏のなかに、《ピアノ・ソナタ第26番 変ホ長調「告別」》（作品81a）や、それこそのちにドロテアに献呈された《第28番》の調べの断片がすでに胚胎していたかも、と想像をたくましくしてしまうが、むろんそれを確かめる術はない。

わずかな手掛かりがあるとしたら、ドロテアの姪で歌手として有名だったマチルデ・マ

＊ベートーヴェン《ピアノ・ソナタ第28番》

ベートーヴェン：ピアノ・ソナタ全集
A. R. エル＝バシャ（p）
Mirare / MIR187D
《ピアノ・ソナタ第28番》はバックハウス、リヒテル、ブレンデル、ポリーニなど名だたるピアニストが名演奏を残していて名盤に事欠かない。よっぽどの演奏でないかぎり曲の素晴らしさは伝わるのでどれでも良いといえば良いのだが、音の美しさとこれみよがしなところのない点を買って、エル＝バシャ盤を選んだ。アラブ系レバノン人で、フランスで音楽修行を積んだエル＝バシャのベートーヴェン演奏には、ドイツ的な堅苦しさから距離を置いたグローバル・スタンダードな耳馴染みの良さがある。ベートーヴェンのピアノ・ソナタをこんなに力みなく弾けるのは軽い驚きだ。フランス発祥の音楽の祭典ラ・フォル・ジュルネには創設当初から参加し、LFJ東京公演でもしばしばベートーヴェンやシューベルトのソナタの端正な演奏を聴かせてくれている。

† ベートーヴェンとドロテア・フォン・エルトマンをめぐるエピソードについては、例えば青木やよひ『ベートーヴェンの生涯』（平凡社ライブラリー、2018、p.147-9）、Donald and Delayna Beattie, *Beethoven: Library of Piano Works, Volume III*（Belwin-Mills. 2001, p.8.）などを参照。

ルケージの証言の中にそれはある。マチルデの証言によると、おばのドロテアは「ベートーヴェンは黙って私に挨拶し、ピアノの前に座って長いこと空想にふけっていました。誰があの音楽を説明できるでしょう！　かわいそうなあの子が光の世界に入るのを祝福する天使の聖歌隊を聞いたように思いました。そして演奏が終わると、彼は悲しげに私の手を握り、静かに去って行きました」と語ったという。

この「かわいそうなあの子が光の世界に入るのを祝福する天使の聖歌隊」という表現にふさわしい曲とは、いったいどのようなものだったろうか。案外悲しい調べではなくて、両親のもとを離れる幼な子が不安になって泣きだすことのないよう、あえて楽しげな曲調だったかもしれない。そう考えると、イ長調で書かれた件の《ピアノ・ソナタ第28番》にその要素を聴き取ることも、音楽史的には箸にも棒にもかからない思いつきにすぎないことは承知のうえで、個人的な鑑賞法としてはアリなような気もしてくる。この曲を献呈されたドロテア自身はどんなふうにこの曲を受け取ったか、彼女に訊いてみたいものだ。

悲しみが出口と慰めを見出すまで

それにしても、ベートーヴェンがドロテアのために即興演奏をしたその時、その場所で起きていた事態には、音楽と〈悲しみ〉との関係について考察するための重要な手掛かりが隠れているように思える。

幼いわが子を失くすという悲劇に見舞われたドロテアは、号泣してもおかしくないのに泣くことができず、ベートーヴェンの演奏を聴いて初めて涙を流すことができた。では彼女は、音楽の何に涙したのか。曲の来歴か、歌詞か、メロディか。それともそれら以外の要素か。

前述の、松本人志が『超人バロム・1』の主題歌に無意識のうちに《ドナドナ》を聴き取っていたケースのごとく、曲の悲しい来歴が理由で泣いたわけでもない。ベートーヴェンは即興で演奏したのだ。その時に誕生したばかりの曲自体に来歴も何もない。あるいは何かその子に縁のある曲があって、それをベートーヴェンが知っていてそれを織り交ぜて弾いてあげた可能性もゼロではないが、やはり考えにくい。

歌詞が悲しかったから泣いた、のでももちろんない。ベートーヴェンは弾き語りをしたわけではなく、ただ黙々とピアノを弾いただけだ。

では、曲調が短調で哀切なメロディの曲だったから、涙を誘ったのだろうか。[†] しかし、ベートーヴェンが弾いた曲がそのような曲調のものだったとする証拠はない。むしろ――さすがにド派手でやかましい曲ということはないだろうが――楽しげな曲調のものだった可能性すら否定できないことは、すでに述べたとおりだ。

いったい音楽の何がドロテアに涙を流させたのか。

† 短調の曲だからといって必ずしもネガティブな歌詞と結びつくとはかぎらず、ポジティブな歌詞が乗ることもある。この点については、本書p.228以降の「ちいさい秋みつけた」に関する箇所を参照のこと。

よくわからないが、少なくとも曲そのものの中に〈悲しみ〉の要素を求めても、たいした答えは見つからなさそうだ。つまりドロテアは曲自体が悲しいから泣いたのではない。

ここで、前出の舞台女優アントニー・フォン・アーネスの証言に興味深い一節があるので、それを引こう。

「先生（ベートーヴェン）はひと言も言わずに、彼女（ドロテア）が泣きだすまで、彼女の悲しみが出口と慰めを見出すまで、音楽を弾き続けました」

結局のところ、ここにいう「彼女の悲しみが出口と慰めを見出すまで」という表現に尽きるのではないかと思う。魂が〈悲しみ〉に丸ごと占領されてしまう前に、音楽の力で魂の殻を破り、〈悲しみ〉を無事に魂の外へ解き放ってやること――ベートーヴェンがこの時やったのは、こういうことだった。

ドロテアの心の傷を癒すにはどんな曲が最も効果的か、などといった賢しらなことを計算してベートーヴェンが弾いたとは思えない。どんな曲でもよかったのだ。どんな曲でも、彼女ひとりのために、「彼女の悲しみが出口と慰めを見出すまで」ずっと弾き続けよう――それだけを心に決めてベートーヴェンはピアノに向かったにちがいない。

そう考えれば、即興演奏だったことも納得がいく。既存の曲では一定の演奏時間が過ぎたら否応なしに終わってしまう。「彼女の悲しみが出口と慰めを見出すまで」いつまでも続けるには、時間の決まっていない即興演奏しかなかったのだ。そしてそれはもはや〝傷ついた心を慰める〟といった程度のものではなく〝魂を救済する〟と呼ぶべき振る舞いであり、〝曲を演奏する〟といった次元を超えて〝音楽する〟とでも言うよりほかない営為であったろう。

ベートーヴェンはドロテアが〈死を悲しむ〉ことができるように音楽を贈ったが、その音楽は必ずしも〈死による悲しみ〉を音楽的に表現した曲ではなかったかもしれない。つまり音楽は、〈死を悲しむ〉ために必要な力を秘めてはいるが、音楽自体が〈死による悲しみ〉を表現しているかどうかとは別の次元の問題だということもできる。

この問題が最終的に行き着くべきところは音楽哲学とか分析美学あるいは音楽心理学といった領域になるだろうが、さすがにそこまで行くと難解だし、そもそも筆者の手に余る。そうした理論的考察をより深く知りたいなら、例えば古くはテオドール・アドルノ†（1903〜69）やウラジミール・ジャンケレヴィッチ（1903〜85、奇しくもアドルノと同年生まれ）といった自身が優れた音楽家でもあった哲学者の著作を読むに及くはないし、また近年出た本なら、セオドア・グレイシック『音楽の哲学入門』（源河亨・木下頌子訳、慶應義塾大学出版会、2019）、源河亨『悲しい曲の何が悲しいのか　音楽美学と心の哲学』（慶應義塾大学出版会、2019）、スティーブン・ジョンソン『音楽は絶望に寄り添う　ショスタコーヴィチはなぜ人の心を救うのか』（吉成真由美訳、河出書房新社、2022）などが示唆

† アドルノは大学を卒業すると作曲家を志してアルバン・ベルクに師事したりもしたが、最終的には哲学者の道を選んだ。彼が書いた曲は多くはないが、《6つの管弦楽のための小品》《弦楽四重奏曲》などがCD化されていて聴くことができる。第二次大戦後は作曲をしなくなったようだが、そのことが「アウシュヴィッツのあとで詩を書くことは野蛮である」というアドルノ自身の有名な警句とどう関係するのかはわからない。

に富んでいるので、そちらをお薦めする。

　本書はそうした先行する諸学の知見を拝借しながら、作曲家にとって音楽で悲しみを——そして悲しいという情動をもたらす最大の要因である〈死〉を——表現するとはどういう行為なのか、音楽を聴いて〈死〉を想い、悲しい気持ちになるとはどういう体験・現象なのかを、具体的な曲からできるだけ離れずに、バリエーション豊かに考えていきたいと思う。おそらく結論めいたものに辿り着くことは難しいだろうが、それでも本書の読者が「死を表現したそんな曲があるのか、ならば一度聴いてみたいな」と思える曲と1曲でも多く出会えるよう、あえて風呂敷を広げられるだけ広げるつもりだ。広げた風呂敷の畳み方？　そんなの知っていたら、こんな本など書くものか！

　ということで、まずは〈死〉を表現する音楽の源泉のひとつとして、《ドナドナ》からさらに歴史を『旧約聖書』まで溯(さかのぼ)り、″ユダヤ音楽の悲劇性″について考えてみたい。

詩篇――クラシックの源泉としての〈悲運〉

150篇の「詩篇」はリリックの宝庫

クラシック音楽の直接の原点は「聖歌」（チャント、chant）と呼ばれる宗教音楽にある。「グレゴリオ聖歌」（Gregorian Chant）というのを、実際の曲は聴いたことがなくても名前ぐらいは聞いたことがある人も少なくないだろう。

聖歌と同じような意味の言葉に「讃（賛）美歌」（ヒム、hymn）がある。どっちの言葉を使っても差し支えない場合が多いが、厳密には必ずしも同じではない。讃美歌は聖歌のうちのひとつであって、典礼歌など讃美歌以外の聖歌もあるし、またカトリックでは「讃美歌」と呼ばずに「聖歌」で通している。いずれにせよクリスチャンでない者にとっては、聖歌とは神を賛え神に感謝するための歌全般のことで、その代表が讃美歌、と大雑把に理解しておけばいい。

さてその聖歌だが、9世紀から10世紀にかけて成立したグレゴリオ聖歌がクラシック音楽の直接の祖先だ（80ページ以下で後述）。しかし広い意味での聖歌は、紀元前のイスラエルまでその源流を溯ることができる。

紀元前586年に新バビロニアによってユダ王国が滅ぼされた。ユダヤの民が心の拠り所としていたエルサレム神殿は破壊され、人びとはバビロニア各地に捕虜として連行された（バビロン捕囚）。捕囚されていたその期間、ユダヤ人たちのなかにはバビロニアの風俗習慣に染まっていく者も現れたが、そうでないユダヤ人はむしろ宗教的結束を固め、失われた神殿に代わって律法を拠り所とするようになった。そしてアケメネス朝ペルシャが新バビロニアを征服すると、紀元前538年ユダヤの民は解放され、故郷へ帰還してユダヤ教を成立させた。こうしたユダヤの民の悲劇的な歴史が、ノアの箱舟やバベルの塔といった神話・伝承などとともに記されているのが旧約聖書である。

その旧約聖書を構成する文書群のうちのひとつ、神ヤハウェを賛える150篇の「詩篇（編）」（サーム、Psalms）は、弦楽器、ラッパ、シンバルなどの伴奏を従えて歌われていたと考えられている。[†]

また、モーセが民を率いて紅海を渡ったあと、エジプト軍が波に呑まれるのを見て、「この歌を主にむかって歌った。彼らは歌って言った、「主にむかってわたしは歌おう、彼

† 楽器の伴奏に合わせてうたう歌を意味する「ミズモール」というヘブライ語が、ギリシャ語に訳されて「プサルモス（単）／プサルモイ（複）」となり、それが「サーム」となった。そのように詩篇はその成立の時点から音楽とともにあったことが、語源からも推察できる。ただし日本語の「詩篇（編）」は漢訳由来なので「歌をうたう」というニュアンスはなく、宗教詩を編んだものという意味でしかない。

は輝かしくも勝ちを得られた、彼は馬と乗り手を海に投げ込まれた」」（「出エジプト記」15章1節、新共同訳聖書、以下同）とある。ここからもわかるように、ユダヤ教の成立は歌とともにあった。

とりわけ詩篇は歌われるにふさわしいリリック、名文句の宝庫だ。それが、文言を勝手に書き換えたりしなければ誰でも自由に使えるフリー素材として手の届くところにあるのだから、ユダヤ教徒、キリスト教徒を問わず多くの音楽家が、150あるうちのお気に入りの詩篇を歌詞に選んで曲をつけた。

「どうして歌うことができようか」は歌えるか？——ロッシ

そのような経緯と状況にもかかわらず、ユダヤ教の会堂シナゴーグでは音楽が原則的に禁止された。もちろんその禁則が何世紀もそのままずっと守られたはずもない。世俗の生活で音楽が奏でられるのは止めようがないにしても、時代が下るにつれその禁則はなし崩しになっていった。それどころかむしろ、ユダヤ人作曲家たちによって多くの素晴らしいシナゴーグ音楽が生まれたりもした。その場合でも音楽はほとんどが合唱曲——しかも多声音楽は禁止——で、器楽曲は相変わらずNGではあったが（この点については後述）。

それでも一部の守旧的なシナゴーグではなんと19世紀まで音楽が禁止されていたとい

う。その際の根拠となったものも旧約聖書にある。それが「詩篇１３７」†だ。

1　バビロンの流れのほとりに座り／シオンを思って、わたしたちは泣いた。
2　竪琴は、ほとりの柳の木々に掛けた。
3　わたしたちを捕囚にした民が／歌をうたえと言うから／
「歌って聞かせよ、シオンの歌を」と言うから。
4　どうして歌うことができようか／主のための歌を、異教の地で。

（以下第５～９節までは省略）

「詩篇１３７」のこの部分からは、ユダヤの民が竪琴を弾いて故郷の歌を日常的にうたっていたこと、にもかかわらず征服者バビロン人がその歌を所望した際にはそれに応じなかったことがわかる。この部分を根拠としてユダヤ教では音楽が原則的に禁じられた。なるほど、「どうして歌うことができようか」という文言を歌詞にして曲をつけて歌うのは、さすがに矛盾していると言わざるを得ない。キリスト教徒ならまだしもだが――実際ジョヴァンニ・ダ・パレストリーナをはじめキリスト教徒の作曲家たちは「詩篇１３７」に曲をつけている††（38～39ページの表参照）――、ユダヤ教徒にとっては宗教的タブーにすらな

† 「バビロンの流れのほとりに～」で始まる詩篇を「137」ではなく「136」とカウントしているケースもあるが、管見の限り少数のようだ。本書では「詩篇 137」として扱う。

りかねず、ハードルが高すぎるのだ。

それでも「詩篇137」を音楽化しようというユダヤ人作曲家がやがて現れた。ユダヤ人で初めてそれに旋律をつけて**《詩篇137》**という楽曲に仕立てた作曲家は、ルネサンス音楽から初期バロック音楽への過渡期に活躍したユダヤ系イタリア人の**サラモーネ・ロッシ***（1570〜1630？）と言われている。優秀なヴァイオリニストでもあったロッシは、高度なテクニックを要するヴァイオリン曲を書き、器楽曲の分野に革新をもたらす一方で、陽気なカンツォネッタなども作曲して人気を博したが、それらは世俗の曲だった。そのロッシが、多くの詩篇を音楽化するにあたって、禁止されていた多声と器楽を導入することで、シナゴーグ音楽に革新をもたらした。

＊S. ロッシ《詩篇 137》

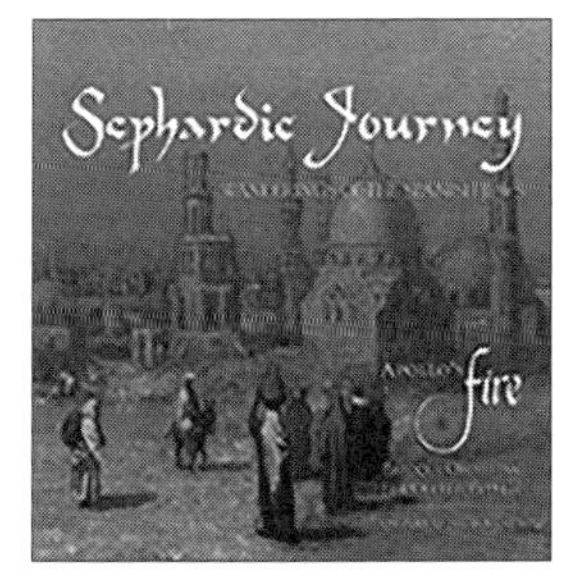

『セファルディック・ジャーニー——スペイン系ユダヤ人の旅』
J. ソレル（指揮・編曲）、アポロズ・シンガーズ（合唱）、アポロズ・ファイア・バロックオーケストラ他
Avie Records / AV2361
西暦 70 年にエルサレムの第二神殿が破壊されて以来、ユダヤ教の会堂では最も単純な詠唱以外のすべての芸術音楽が禁止されていた。1500 年間放置されていたシナゴーグ音楽に芸術音楽を持ち込んだのが、セファルディ系ユダヤ人音楽家のサラモーネ・ロッシだった。曲を書くだけでなく、オーケストラを組織したり、対立する守旧派のラビに揚げ足を取られないよう安息日などの聖日を時間単位で回避して演奏するなど、ロッシの苦労は絶えなかったようだ。ゴンザーガ家の支配下にあった 17 世紀初頭のマントヴァでは、バロック黎明期のモンテヴェルディの音楽が流行しており、ロッシも不協和音と半音階を効果的に使用するモンテヴェルディ流の劇的表現の影響を受けている。

†† リストはあくまで一部にすぎない。より詳しく知りたければ、詩篇の音楽化について日本語で読める最も詳細な研究書、寺本まり子『詩篇の音楽　旧約聖書から生まれた音楽』（音楽之友社、2004）を参照。その巻末の人名索引を見るだけで、詩篇がいかに多くの作曲家たちの創造の泉になっていたかがわかる。

◆「詩篇」に基づいた主な曲

※特記なき限り原則的にどれも(伴奏付き)声楽・合唱曲。
なお紙幅の都合により１人最大３曲までとした。

作曲家	曲目	引用元	作曲年
コスタンツォ・フェスタ	《詩篇第137番「バビロンの川のほとりで」》他	[詩篇]137他	1515
ニコラ・コンベール	《詩篇第137番「バビロンの川のほとりで」》他	[詩篇]137他	?
M. ルター	《深き困窮より、われ汝に呼ばわる》	[詩篇]130	1523
	《神はわがやぐら》	[詩篇]46	1527-29
(J. カルヴァン)	《ジュネーブ詩篇歌》	[詩篇]全150 [詩篇以外]マリアの讃歌、十戒、使徒信条など	1562 (完成)
O. di. ラッソ	《第1の懺悔詩篇》	[詩篇]6	?
C. モンテヴェルディ	《聖母マリアの夕べの祈り》	[詩篇]69、110、113、122、127、147 [詩篇以外]雅歌、イザヤ書	1610
J. スウェーリンク	器楽曲《詩篇第23篇「主はわが牧者」》	[詩篇]23	?
H. シュッツ	《ダヴィデ詩篇歌集》	[詩篇]1、2、6、8、23、84、98、100、103、110、111、115、121、122、126、128、130、136、137、150 [詩篇以外]エレミア書、聖歌など	1619
S. ロッシ	《詩篇第137番「バビロンの川のほとりで」》	[詩篇]137	?
	《詩篇第146番「主をほめたたえよ、おおわが魂よ」》	[詩篇]146	1623
	《詩篇第124番「都詣での歌」》	[詩篇]124	1623
G. アレグリ	《ミゼレーレ》	[詩篇]51	1630s?
G. テレマン	《詩篇第6番「ああ、主よ、われを責めたもうな」》	[詩篇]6	?
G. F. ヘンデル	《主は言われた》	[詩篇]109(110)	1707
J. S. バッハ	《神はいにしえよりわが王なり》	[詩篇]74 [詩篇以外]サムエル記・下など	1708
	《主よ、深き淵よりわれ汝を呼ぶ》BWV131	[詩篇]130	1707-08
	教会カンタータ《深き悩みの淵より、われ汝に呼ばわる》BWV38	[詩篇]130	1724
F. J. ハイドン	《6つの英語詩篇》	[詩篇]26、36、41、50、61、69	1794-95
F. シューベルト	《詩篇第13番》	[詩篇]13	1819
	《詩篇第23番》	[詩篇]23	1820
	《詩篇第92番》	[詩篇]92	1828
F. メンデルスゾーン	《詩篇第95番「さあ、主に向かって礼拝しよう」》	[詩篇]95	1838

	交響曲第2番《讃歌》	[詩篇]33、40、56、96、107、116、119、150 [詩篇以外]歴代誌・上など	1840
	《三つの詩篇》	[詩篇]2、22、43	1843
Ch.-V. アルカン	ピアノ曲《バビロンの流れのほとりで、詩篇第137番によるパラフレーズ》	[詩篇]137	1859
F. リスト	《詩篇第137番「バビロンの流れのほとりで」》	[詩篇]137	1862、59/62
Ch.-M. ヴィドール	《詩篇第83番「汝の祭壇はいとも美しく」》	[詩篇]83	1875
A. ブルックナー	《詩篇第150番》	[詩篇]150	1892
E. エルガー	《詩篇第48番「主は偉大なり」》	[詩篇]48	1912
	《詩篇第29番「主に捧げよ」》	[詩篇]29	1914
	《詩篇第68番「神を立ち上がらせたまえ、そして敵どもを追い散らさせたまえ」》	[詩篇]68	?
フローラン・シュミット	《詩篇第47番》	[詩篇]47	1904
G. ホルスト	《2つの詩篇》	[詩篇]86、148	1912
S. ラフマニノフ	《徹夜祷-詩篇第134-135番「主の名を讃めあげよ」》	[詩篇]134-135(135-136)	1915
D. ミヨー	《詩篇第126番》他	[詩篇]126	1921
L. ブーランジェ	《詩篇第129番》	[詩篇]129	1910-16
	《詩篇第130番》	[詩篇]130	1910-17
	《詩篇第24番》	[詩篇]24	1916
Z. コダーイ	《ハンガリー詩篇》	[詩篇]55	1923
I. ストラヴィンスキー	交響曲《詩篇交響曲》	[詩篇]38(39)、39(40)、150	1930
R. ヴォーン=ウィリアムズ	《旧詩篇歌第104番に基づく幻想曲(変奏曲風)》	[詩篇]104	1949
	オルガン曲《古い詩篇第100番の旋律》	[詩篇]100	1953
L. バーンスタイン	《詩篇第148番》	[詩篇]148	1935
	《チチェスター詩篇》	[詩篇]2、23、100、108、131、133	1965
C. アイヴズ	《詩篇第67番「ああ神よ、願わくば我を憐れみ給え」》	[詩篇]67	1937
A. ヒナステラ	《詩篇第150番》	[詩篇]150	1938
A. オネゲル	《3つの詩篇》	[詩篇]34、138、140	1941
E. ラウタヴァーラ	《詩篇第23番》	[詩篇]23	1968
H. グレツキ	交響曲第2番《コペルニクス党》	[詩篇]6、135、145 [詩篇以外]コペルニクス『天球の回転について』	1972
S.ライヒ	《テヒリーム》	[詩篇]18、19、34、150	1981

しかし多くの詩篇を曲にしたそのロッシでさえ、「詩篇137」には器楽伴奏をつけなかった。それは、今でも「竪琴は、ほとりの柳の木々に掛けた」ままである、ということを比喩的に表すことで、自ら詩篇の世俗化に最低限度の歯止めをかけたとも考えられる。それほどユダヤ教徒にとっては、「どうして歌うことができようか」という文言は切実な意味をもつものだった。

声でなく楽器で聖典を奏でることの危うさ——アルカン

もうひとり「詩篇137」の音楽化に挑んだユダヤ人作曲家に、ロッシからだいぶ時代は下るが、**シャルル＝ヴァランタン・アルカン**（1813～88）がいる。ユダヤ系フランス人であり、親友のフレデリック・ショパンとしばしば共演するほどの腕前のピアニストでもあったアルカンは、1859年に**《バビロンの流れのほとりで　旧約聖書詩編137のパラフレーズ》***という曲を書いた。もちろんピアノ独奏用の作品である。

筆者が初めてこの7分足らずの曲を聴いたとき、「詩篇137」に曲をつけたものだというから、詩篇にまつわる他の曲同様に歌詞が旋律にのって歌われるものとばかり思い込んでいて、うかつにも純粋な器楽曲だと気づくのが遅れた。ピアノの音で曲が始まり、「ピアノ伴奏付きか。伴奏にしてはずいぶんと派手だな」という感じでしばらく聴いていたが、いつまでたっても人の声がしてこないので驚いた。

聖典の文言を正しく伝えるという目的のためにこそ、人の声だけで単旋律を歌い楽器は用いない、というシナゴーグ音楽の禁則があったわけだが、けれどもアルカンは、聖典しかも「詩篇137」を歌詞のない器楽曲として音楽化することで、伝統的な禁則を真正面から破ったことになる。

これでは「詩篇137」の内容が伝わらない……と思いきや、「あれ、いまのフレーズは第2節に出てくる「竪琴」を模しているか?」「いまの激しいパッセージはバビロン人への怒りの表現かも」といった具合に、今「詩篇137」のどの部分を弾いているかがなんとなく伝わってくる。

そこで、旧約聖書を引っ張り出してきて、「詩篇137」の全節と見比べながら再度聴

＊Ch.-V. アルカン《バビロンの流れのほとりで　旧約聖書詩篇137のパラフレーズ》

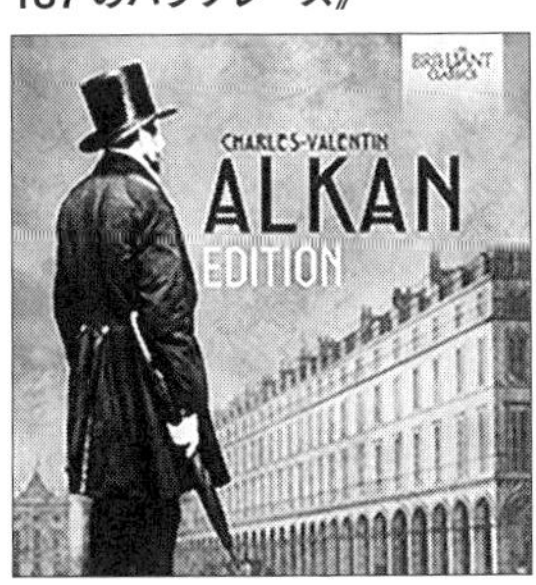

『アルカン・エディション――器楽、室内楽と協奏曲集』
L. マルタン(p)、V. マルテンポ(p)、アルカン・トリオ、パドヴァ・ヴェネト管弦楽団他
Brilliant Classics / BC95568
誰よりも優れたピアノのテクニックを持っているとあのリストに讃えられたアルカン。ショパンとは親友で（隣人だったこともある）、競演するほどの腕前の持ち主であり、ショパンが亡くなったときにはショパンの弟子を引き取ったりもした。なのにアルカンの人気はリストやショパンに比べてイマイチだ。それには少なくとも三つの理由がある。まず、演奏会にかけられる管弦楽作品がなく、ほとんどがピアノ作品であること。次にそのピアノ作品が超絶テクを必要とする難曲ばかりであること。最後にビジュアルがほとんど残っていないこと。現存するたった2枚の写真のうち、1枚は後ろ姿を写したものだった。

いてみた。すると、アルカンが意外にも「詩篇137」の全内容を順番どおりにピアノの調べに置き換えていることがわかってきた。[†]ピアノの調べに「置き換え」ても歌詞の内容が伝わってくる。表題にある《パラフレーズ》とはこういうことなのかと合点がいった。アルカンがロマン派の作曲家で、超絶技巧を誇るピアニストだからこそ、このような芸当が可能だったのだろう。

アルカンがユダヤ教の伝統的な音楽に関心を寄せるようになったのは、1849年に親友のショパンが亡くなってからだと言われている。パリ音楽院のピアノ科長の座をめぐる争いに敗れたこともあって、以後は滅多に人前に出てこなくなった。その事実上の隠遁生活の間に、旧約聖書や新約聖書を原語からフランス語に翻訳したりしていたらしいのだが、その翻訳も、《交響曲 ロ短調》をはじめとする彼の多くの音楽作品同様、今日に伝わっていない。

コーランの読誦は音楽ではない

ユダヤ教がそうであったように、一般的な傾向として、聖典宗教（聖典や教義を有する宗教のこと、それらを持たない宗教を民俗宗教と呼ぶ）にとって音楽は両刃(もろは)の剣だった。ありがたい聖典の一節も言葉だけではすぐ忘れてしまうが、節が付いていれば憶えやすいから布教

† アルカンが「詩篇 137」の詩句をどうパラフレーズしたか、詳しくは村井幸輝郎「旧約聖書詩編 137 を発端とする音楽の禁止 Ch－V・アルカンはいかにそれを回避したのか？」（京都大学大学院人間・環境学研究科岡田温司研究室『ディアファネース 芸術と思想』第5号、2018）を参照。アルカンについての論考でこれ以上のものは今のところ見当たらない。

の際に歌は欠かせないし、信者の一体感を高め絆を強めるにも持ってこいだ。
一方で、歌は放っておくとどんどんヴァリエーションが増えていく。そのうち歌詞が誤って歌われるようになり、聖典の言葉が正しく伝わらなくなってしまいかねない。ただでさえ音楽は、人を興奮・熱狂させる力をもつ。それが神への信仰の妨げとなることを危惧する宗教者もいる。

それゆえ聖典宗教では、音楽の力を布教や信徒の人心掌握のために利用しながら、その一方で、楽器の排除・制限、多声音楽の禁止、歌い手の資格の制限など、音楽に一定の足枷を強いてきた。世俗化によってそれらの足枷はだんだんと緩和されていくのが一般的な歴史傾向だが、時には世俗化に逆行する動きが生じることもある。

一例を挙げよう。イスラム教徒が暮らす土地では、日課のお祈りの時間になると、モスクの尖塔に据えられたスピーカーから「アザーン」と呼ばれるコーラン（クルアーン）の読誦（どくじゅ）が流れてくる。日本人が聞くと民謡か浪曲にちかい音楽にしか聞こえないが、イスラム教徒にとって音楽は飲酒や賭け事と同様、人の心を惑わし神への信仰をおろそかにするものとされる。ただしコーランのなかに音楽を禁止した直接の文言はないため、日常的に歌舞音曲に親しむイスラム教徒もいれば、音楽を完全に排除してしまう一派もいる。

その点で象徴的だったのがアフガニスタンだ。タリバンが権力を掌握する１９９０年代以前のアフガニスタンは音楽の溢れる国だった。アフガニスタンの伝統音楽も西洋のクラシック音楽も国立の音楽院で学ぶことができたし、カブールの孤児院出身の女性だけで構成されたオーケストラ「ゾフラ」（ペルシャの音楽の女神の名）もあった。[†] 巷ではロックバンドも盛んに活動していた。

しかしアフガニスタンがタリバンの支配下に入ると、音楽は非合法化され、楽器も片っ端から破壊された。飼育されている鳥の鳴き声まで違法とされたという。その後一時タリバン勢力は後退したものの、2020年代に入ると、西側諸国部隊のアフガニスタン撤退を受けて再び政権を掌握した。人気のフォークシンガー、ファワド・アンダラビが「音楽をやった」——「敵国の音楽をやった」ではない！——というただそれだけの理由で処刑されたのは、ほんの数年前の2021年だ。[††] 一度大きな傷を負ったアフガニスタンの音楽が立ち直るには、もはや百年単位の時が必要かもしれない。

結局のところ、アザーンは音楽なのかどうかに関しては、音楽のように聞こえるかもしれないが、あれは音楽ではない、というのが一般的な見解のようだ。

異教の宗教曲を書くこと——リリ・ブーランジェ

見てきたように、宗教曲では作曲や演奏上の制限をもうけることが多いが、それは教義

† アフガニスタンの女性オーケストラ「ゾフラ」については、ロイターの記事「アングル：音楽が死んだ日、アフガン「女性オーケストラ」の沈黙」（2021/09/11）に詳しい。https://jp.reuters.com/article/afghanistan-conflict-women-orchestra-idJPKBN2G30CY（2023/12/31 閲覧）

からの逸脱や世俗化を避けるためだ。ましてや、ある宗教の信徒である音楽家が、他の宗教すなわち異教のための宗教曲を書くなど、もってのほかだ。

それに対してこんな疑問が湧くだろう。キリスト教徒の作曲家が旧約聖書の「詩篇」を題材にして書いた曲がいくつもあるではないか、と。けれどもこれは、旧約聖書がユダヤ教の経典であると同時にキリスト教の側でも聖典として認めているからだ。この逆、すなわちユダヤ教の作曲家がユダヤ教では聖典と見なされていない新約聖書に題材を求めて宗教曲を書くことはない。

なので異教の宗教曲を作曲するなど本来あってはならないはずなのだが、この神をも恐れぬ向こう見ずなことをやってのけた作曲家がいた。それが**リリ・ブーランジェ**(1893〜1918)だ。

リリの父親エルネスト・ブーランジェも作曲家で、先述したシャルル＝ヴァランタン・アルカンにも師事している。のちにパリ音楽院の声楽科の教授も務めたが、リリがまだ幼い時分に他界した。ロシア貴族の末裔(まつえい)の娘と結婚して4人の女児をもうけたが、長女と四女は生後まもなく亡くなっている。

次女でリリより6歳年上の姉ナディア・ブーランジェ(1887〜1979)も作曲家・ピアニストで、パリ音楽院でガブリエル・フォーレらに師事した。指揮者でもあり、ボストン交響楽団で妹の曲を何度か振っている(その縁で米国マサチューセッツ州のボストンには

†† アンダラビ氏の処刑については、CNNの記事「タリバンがアフガン人歌手を殺害か 国際社会から懸念の声」(2021/08/31)他を参照。https://www.cnn.co.jp/world/35175964.html(2023/12/31閲覧)

「リリ・ブーランジェ・メモリアル基金」が設置されている）。ナディアはのちに優秀な音楽教師として、アーロン・コープランド、レナード・バーンスタイン、エリオット・カーター、イーゴリ・マルケヴィチ、ダニエル・バレンボイム、スタニスワフ・スクロヴァチェフスキ、アストル・ピアソラといった名だたる音楽家を門下から輩出した。キース・ジャレットやクインシー・ジョーンズといったクラシック以外の音楽分野で活躍した著名なミュージシャンもナディアの指導を受けている。

そのナディアが自身の作曲の筆を折って教育に力を入れはじめたのには、妹リリが関係している。ナディアはかつて父が受賞した、若い作曲家に与えられるローマ大賞に何度かトライしたが、最終選考に残りながらも結局受賞できなかった。そのローマ大賞の音楽部門を女性として初めて獲得したのが、パリ音楽院に入学してまだ1年ほどしか経っていない妹リリだった。それほどまでにリリの作曲の才能は抜きん出ていて、ナディアは「（妹の作曲を前にして）私に何か確信を持って言えることがあるとすれば、私の音楽は無用だということです」と語ったという。

そのとおり、リリが生涯に遺した50曲ほどの作品はどれも素晴らしい。宗教曲も多く、いくつかの「詩篇」も音楽化している。[†] 1913年に——この年の5月にパリでストラヴィンスキーのバレエ《春の祭典》が上演されている——ローマ大賞を受賞したカンタータ《ファウストとエレーヌ》は「溢れる詩情」「的確で色彩的なオーケストレーション」

† 小林緑編著『女性作曲家列伝』（平凡社、1999）では、リリが作曲した詩篇のなかに例の《詩篇137》もあると書いてあるが、L. ローゼンスティールの『リリ・ブーランジェの生涯と作品』（Léonie Rosenstiel, *The Life and Works of Lili Boulanger*, Associated University Presses, Inc., 1978）の作品リストなどを見ても、《24》《129》《130》はあるが《137》は載っていない。単なる誤植か元々スケッチ程度のものだったのかもしれない。

などの受賞理由で、フォーレやサン＝サーンスら審査員から「数年来最高の出来栄え」と絶讃された。

しかし神がリリに与えた天賦の才能は、寿命と引き換えだった。幼くして気管支肺炎を発症し、免疫系の疾患に臓器を蝕まれ、１９１８年に24歳の若さでこの世を去った。

そのリリが死の前年の１９１７年に作曲したのが、管弦楽伴奏付きの合唱曲**《仏教の古い祈り》***だ。歌詞には、上座部仏教（スリランカ、ミャンマー、インドシナに伝わったいわゆる南伝仏教）のパーリ語経典の一節をフランス語に翻訳したテクスト、具体的には、在家信者が出家して修行僧になるために叙階（PABBAJJA）を授かる儀式（SAMANERA）で読まれる式文が使われている。

＊L. ブーランジェ《仏教の古い祈り》

WORLD PREMIERE RECORDING
WORKS OF
LILI BOULANGER
DU FOND DE L'ABIME
PSAUME 24
VIEILLE PRIÈRE BOUDDHIQUE
PIE JESU
IGOR MARKEVITCH
CONDUCTING THE ORCHESTRE LAMOUREUX
THE CHORALE ELISABETH BRASSEUR
EVEREST

『L. ブーランジェ：詩篇 24、129、130／仏教の古い祈り／ピエ・イエズ』

M. セネシャル（T）、I. マルケヴィチ（指揮）、エリザベート・ブラッスール合唱団、コンセール・ラムルー協会管弦楽団他

Everest Records / KKC-4052

リリ・ブーランジェ作品のワールドプレミア・レコーディングを CD 化したもの。録音は 1959 年と少し古いが、姉ナディアが立ち会い、ナディアの教え子マルケヴィチが振ったとあっては、何を置いても聴いておきたい一枚。3曲の《詩篇》と《仏教の古い祈り》のほか、リリの「白鳥の歌」となった《ピエ・イエズ》が、ボーイ・ソプラノの歌唱でアルバムの最後に入っているのも心憎い。ブックレットには、妹リリの作品を録音することを生涯の夢とした姉ナディアが、感慨深げな面持ちでスコアを見ながら録音のプレイバックを聴く姿をとらえた写真が載っている。

息をするすべてのものが、
敵もなく、障害もなく、
痛みを乗り越えて幸福を獲得し、
それぞれが定められた道を
自由に動けますように。†（以下略）

まずバスとアルトがこの歌詞をおごそかに歌いだす。ペンタトニック（五音音階）風な旋律は、かろうじて保っていた高さに耐えきれず沈み込むように下降したかと思うと、池の中の魚が呼吸をしに水面に上がってくるごとく上昇するが、その音域は狭く限定されている。楽譜の注意書きにあるように、この曲のメロディーと言葉の抑揚には、「慣習的な記譜法ではより正確に示すことができないリズミカルなニュアンス」が必要となる。微妙に伸び縮みするリズムのために、小節線による区切りはしばしば犠牲にされる。仏典の一節をテクストにしているせいも当然あるが、言葉が歪（ゆが）んで聞こえたりしないようホモリズミカル（全声部が同一のリズムで進行すること）な性格は終始守られる。これはもう音楽の旋律よりは読経の節回しに近い。

揺らぎにも似た低音域の旋律線の反復が途切れるのを待って、今度はソプラノとテノー

† L. ローゼンスティールの『リリ・ブーランジェの生涯と作品』の巻末付録には、セイロン大学出身のパーリ語学者でパリのCNRS（フランス国立科学研究センター）に所属していたコスゴダ・ソビタのコレクションから、パーリ語（アルファベット表記）の当該引用部分、そのシンハラ語訳と英訳が載っている。

ルが「ドソシ♭ファド」という高低差のある短くも印象的なパッセージをブシュ・フェルメ（bouche fermee〔仏〕＝閉じた口、ハミング）で合唱する。中盤に入るとテノールのソロが「すべての女性、すべての男性、アーリア人も非アーリア人も～」と歌う。木管楽器と金管楽器がペダルポイント（転調してもあえて同一音をキープすること）を維持することで、この詩句が秘めている静謐（せいひつ）さが強調される。

なぜリリがこの曲を書いたのか。そこには彼女を取り巻く大きな状況と小さな状況が、どちらも差し迫った深刻さをともなって関係している。

1914年、第一次世界大戦が勃発した。第一次大戦は人類が初めて経験する世界戦争であり、戦闘員900万人以上と非戦闘員700万人以上が死亡した。第一次大戦が総力戦を前提とする近代戦の典型である以上、戦場であろうと銃後であろうと戦争に無関係な国民は存在し得ない。

リリも例外ではなく、心を痛めた彼女は戦争勃発の翌年から半年間ほど、戦争に動員された音楽家とその家族のための慈善事業組織「仏米協議会」（コミテ・フランコ・アメリカン）の立ち上げに姉とともに奔走するなど、病身をかえりみず尽力した。†

そして大戦中の1917年に書かれたのが、「全宇宙のための日々の祈り」という副題をもつ《仏教の古い祈り》だ。彼女がこの曲にどんな想いを込めたのかは、本人の言葉が

† リリ・ブーランジェの没後最も早い時期にカミーユ・モークレールとポール・ランドルミが書いた2編のエッセイが訳出され、「リリ・ブーランジェに関するエッセイ二編　日本語訳」（鷺澤伸介訳、最終校訂 2016）としてネット上にアップされている。特に第一次大戦中のリリの慈善活動を知るのには、本文もさることながら詳しい訳注がなんともありがたい。http://blaalig.a.la9.jp/boulanger.html（2023/12/31 閲覧）

遺っていないので確定的なことは言えない。けれども、カトリックの敬虔な信者でありながら異教である仏教の経典に基づく曲を書いたのは、間違っても彼女がオリエンタリズム（東洋趣味）に惹かれたからなどではない。自国フランスだけのためではなく、世界全体のための祈りを曲に託したかったからこそ、「息をするすべてのものが」で始まる一節を――それが何教の聖句なのかをあえて無視して――歌詞に選んだことは明らかだ。

曲は最後、合唱とオーケストラがフォルティッシシモで「東でも西でも、北でも南でも、敵もなく、障害もなく～」と歌い上げて終わる。

そして差し迫った状況は、リリ自身の肉体にも及んでいた。1918年3月15日、リリ・ブーランジェは絶筆となった《ピエ・イエズ》を口述筆記で完成させると、昏倒して永眠した。享年24、戦争の終結を知らずに不帰の人となった。

音楽は蜜月のパートナーか警戒すべき敵か

ここまで見てきたように、宗教と音楽とは一筋縄では行かない関係にある。

音楽は宗教の誕生と密接な関係にあった。旧約聖書の「出エジプト記」にあるように、民を率いて紅海を渡ったモーセは主にむかって歌った。「詩篇137」で見たように、バビロンに捕囚されたユダヤの歌い手は、征服者の「歌をうたって聞かせよ」という命令に頑として抵抗し、自分たちの主のための歌を異教の地でうたうことを拒んだ。

旧約聖書ばかりではない。新約聖書にも、最後の晩餐のあとで「一同は賛美の歌をうたってから、オリーブ山へ出かけた」（「マタイ福音書」26章30節）とあり、キリスト教も原始教団時代から音楽と深いつながりがあったことが知られている。また、「使徒言行録（しとげんこうろく）」には、無実の罪で捕らえられ鞭打たれながらも、獄中で神への賛美を歌に乗せて口ずさむ使徒パウロについて、「真夜中ごろ、パウロとシラスが賛美の歌をうたって神に祈っていると、ほかの囚人たちはこれに聞き入っていた」と書かれている（16章25節）。†

このように、宗教の成立は歌とともにあった。宗教の普及にあたっても音楽は非常に効果的だった。しかし広まっていくということは、元のありようが少しずつ変わっていくことでもある。時が経つにつれ宗教は、聖典の文言を正しく伝えるという観点から、音楽に一定の制限を加えるようになった。音楽はそれでなくても人の耳と心を奪う。それが信仰の妨げになると考える宗教者もいる。その極端な例がタリバンの音楽禁止政策だ。

いずれにしても宗教にとって音楽は、蜜月のパートナーであるにせよ、警戒し排除すべき敵であるにせよ、密接な関わりをもっていることは明らかだ。そしてその背後には常に悲劇と死の匂いがつ いて回っている。そこが世俗の曲とはちがう、宗教音楽ならではの特徴であるともいえる。

けれども次のような疑問が生じるかもしれない。ここで対象となっている宗教は、イス

† 余談だが、旧約聖書を構成する39の文書、新約聖書を構成する27の文書、計66書の名称を憶えるのは信徒にとっても簡単ではない。そこで聖書66書の名前を「鉄道唱歌」のメロディーに乗せてうたう替え歌「聖書名目づくし」があるという。「汽笛一声新橋を〜」が、1番の旧約聖書篇では「創、出、レビ、民、申命記〜」、2番の新約聖書篇では「マタイ、マ（ル）コ、ルカ、ヨハネ伝〜」という具合だ。やっぱり歌は布教・信心に欠かせない。

ラム教にも少し触れているとはいえ、ほとんどがユダヤ教とキリスト教の話だ。それらと同じく聖典宗教である仏教については、音楽との関係でどのようなことが言えるのか。あるいはまた、クラシック音楽とは地理的・歴史的に関連がないか極端に薄いとして仏教をオミットすることはできなくないとしても、古代ギリシャ人のように聖典をもたない民俗宗教・民間信仰の場合はどうなのか、と。

仏教については「葬送行進曲」の章で若干触れる程度しかできないが、古代ギリシャの音楽については次の章で論じることにしよう。

ギリシャ悲劇――死すべき身の〈悲しみ〉を〝ルネサンス〟する

ムーシケーの音色を想像する――ドビュッシー

クラシック音楽には、ユダヤ教・キリスト教以外にも大きな源泉がある。古典古代のギリシャ・ローマ文化がそれだ。

音楽が宗教と深い結びつきをもっている点では、古代ギリシャ・ローマ文化もユダヤ教・キリスト教文化と同じだ。とはいえ、神話はあっても聖典はなく、特殊能力は持っていてもそれ以外は人間と変わりのない神々が多数おわすギリシャ・ローマのこと、文化全体の趣きはだいぶ異なり、もっと楽天的で世俗的だ。当然音楽もそのような文化的傾向を反映したものであったろうと想像できる。

古代のギリシャ・ローマで音楽が盛んに演奏されていたことはわかっている。リラやキタラなどの竪琴を爪弾き、アウロス（ダブルリードの縦笛、2本いっしょに口に咥えて吹かれることも多い）やパンパイプ（長さや太さの異なる管を筏状に束ねた笛、パンフルート）を吹く神々が、ギリシャの壺に絵付けされているのを見たことがある人も多いだろう。神々を讃える聖なる祭儀はもちろんのこと、世俗の日常生活の節々でもさまざまな音楽が奏でられた。詩と音楽の創作・発表のコンテストも大々的に行なわれていた。そもそもMusicの語源は、ゼウスの娘の女神ムーサMusaがつかさどる技芸「ムーシケー」μουσική/mousikeに由来する。

どんな音楽だったか聴いてみたいものだが、楽譜に似たようなものはあっても今日のような五線譜はまだ発明されておらず、リズムの表記法なども決まっていなかったため、具体的にどのような調べの音楽だったのかはほとんど不明だ。なんとか古代ギリシャ・ローマの音楽を再現しようとする試みもあるにはあるが、どの程度再現できているか確かめようがない。

旋律は無理でも音色や響きなら、古代と同じ楽器を使えばある程度イメージできなくもない。ならばいっそ後代の作曲家の曲を、古代の楽器を使って演奏したものを聞いて、その響きに古の音楽を聴き取るというのも悪くない。

たとえば、**クロード・ドビュッシー**（1862～1918）は、無伴奏フルートのための単旋律の短い曲**《シランクス**（パンの笛）**》***（1913）を書いている。シランクスとはギリシャ神話に登場する女神で、彼女に一目惚れした牧神パンに迫られて窮したすえに、川辺の葦に姿を変えたところ、牧神パンはその葦を手折ってパンパイプを作った、と伝わる。その神話に題材をとった演劇『プシシェ』の付随音楽として、舞台袖で演奏するために作曲された小品が《シランクス》だ。†フルーティストのリサイタルのアンコールでよく演奏されるフルートの定番曲だが、これをフルートではなくパンパイプで演奏したものもある。さすがにドビュッシーの曲なので象徴主義的で幻想味が強く、世俗的・楽天的な趣きはないが、植物から作られたパンパイプの少し陰にこもった掠れ気味の音色が、フルートという近代楽器の金属的な音色よりも、この曲にはよくマッチする。

＊ドビュッシー《シランクス（パンの笛）》

『Art Of Pan Classics（パン・フルートのための作品集）』
U. ヘルケンホフ（パンパイプ）、M. ケラー（p）
Thorofon / CTH2142
通常はフルート、ピアノ、管弦楽などで演奏される原曲をパンパイプで吹いたコンピレーション・アルバム。ドビュッシーの《シランクス》をピアノ伴奏付きで演奏している。ほかにバルトーク《ルーマニア民俗舞曲》、サティ《3つのジムノペディ》、フォーレ《シチリアーナ》などを収録。とくに《シチリアーナ》は、流麗な管弦楽版にはない素朴な味わいがして心地いい。
演奏者はちがうが、パンパイプで吹いたバッハの《G線上のアリア》やタイスの《瞑想曲》なども出ている。よく耳にする通俗曲なのにパンパイプで演奏すると驚くほどフレッシュに聞こえて、意外にもマッチする。やはりハープとの相性はとくに良い。

† ドビュッシーは牧神という題材にずいぶんと惹かれていたようで、《シランクス》以外にも、《牧神の午後への前奏曲》（1892-94）、歌曲集《ビリティスの3つの歌》の第1曲「パンの笛」（1898）、ピアノ連弾曲《6つの古代の墓碑銘》の第1曲「夏の風の神、パンに祈るために」（1914）など、牧神をテーマにした曲を複数書いている。

死すべき人の身ゆえの悲劇——ストラヴィンスキー

前節で述べたように、古代ギリシャ・ローマの音楽は中世キリスト教社会の音楽に比べれば、世俗的で現世肯定的な性格が強かったにはちがいない。とはいえ〈悲しみ〉とは無関係のひたすら明るいものだったかというと、そうとも言えない。紀元前5世紀のアテナイで活躍した三大悲劇作家、アイスキュロス（前525?～456）、ソポクレス（前496?～406?）、エウリピデス（前480?～406?）らが書いたギリシャ悲劇の傑作群があるからだ。もちろんそれ以外にも多くの劇作家がいただろうが、その作品のほとんどが散逸してしまっている。

例えばソポクレスの場合、およそ90年にわたる生涯で123篇の戯曲を書いたと伝わるが、今日完全な形で残っているのはそのうちのたった7篇、『アイアース』『アンティゴネー』『トラキスの女たち』『オイ（エ）ディプス王』『エレクトラ』『ピロクテテス』『コロノスのオイディプス』しかない。それでも悲劇の古典にして最高傑作と言われている『オイディプス王』が伝わっているのは不幸中の幸いというべきか。

『オイディプス王』はこんな筋書きだ。謎かけに答えられない人間を食う怪物スフィンクスの脅威からテーバイの街を救い、王となった英雄オイディプスが、じつはそうとは知らずに自分の父親を殺し、母親を妃に娶（めと）って子をもうけてしまっていた（4人の子どものうちの一人が長女のアンティゴネー）。その悍ましい真実に気づいた母にして妻のイオカステは自死し、オイディプスも、あの世でどのような顔をして父母の姿を見ればいいのかと、イオカステが身につけていたブローチで自分の目を潰してテーバイを去る――。

なんとも救いのないストーリーだが、ギリシャ神話にこの話の原型があり、それを紀元前8世紀の吟遊詩人ホメロスらが叙事詩の形式に編んだ。ソポクレスはそれを継承しつつ、不死である神々の所業の神話を、死を免れない儚い存在である人間の悲劇的物語に仕立て直した。オイディプスは優れた能力をもつ英雄でありその点では神々に並ぶが、しかしいかに栄華をきわめ人びとから讃えられようとも、神ではない以上いずれ死ぬ運命を避けられない。『オイディプス王』のラストはこのようなセリフで締め括られる――「されば死すべき人の身は、はるかにかの最期の日の見きわめを待て。何らの苦しみにもあわずして、この世のきわに至るまでは、何びとをも幸福とは呼ぶなかれ」（藤沢令夫訳）。ただしオイディプスが本当に死ぬのは、この続編ともいうべき『コロノスのオイディプス』においてだが。

後世の何人かの作曲家たちが『オイディプス王』の楽曲化に果敢に取り組んでいる。例えば**イーゴリ・ストラヴィンスキー**（1882～1971）は、オペラほどは動きの少ない**《オラトリオ『オイディプス王』》***として構成した。《カルミナ・ブラーナ》で有名なカール・オルフ（1895～1982）は、『オイディプス王』を歌唱よりも台詞の朗詠のほうが長い2時間半のオペラに仕立てたばかりか、同じソポクレスの『アンティゴネー』もオペラ化している。

とはいえ内容的にはともかく商業的に成功したものはほとんどない。近親相姦の話なので大衆受けする内容ではないこともあるが、それとは別に音楽的な難しさがある。とくに難しいのは「コロス」と呼ばれるギリシャ悲劇に特有の合唱隊の存在をどう扱うかだ。

主役を生かすも殺すも「コロス」次第

野外劇場で演じられるギリシャ悲劇には、仮面をかぶった合唱隊「コロス」の存在が欠かせない。そもそもギリシャ悲劇自体がコロスの合唱から発祥したものであることを、古典文献学者としてキャリア

◆主な『オイディプス王』関連の楽曲

作曲者	作品	形式	作曲年
J. C. de アリアーガ	オイディプス王のアリア	管弦楽伴奏付き歌曲	1825
M. ムソルグスキー	アテネのオイディプス王	オペラ（未完）	1858-60
J. K. ペイン	オイディプス王 前奏曲	管弦楽	1881
I. ピツェッティ	ソフォクレスの「オイディプス王」への３つの交響的前奏曲	管弦楽曲	1903
M. v. シリングス	ソフォクレスの悲劇『オイディプス王』のための交響的序章	管弦楽曲	1900
R. レオンカヴァッロ	オイディプス王	オペラ	1920
I. ストラヴィンスキー	オイディプス王	オペラ＝オラトリオ	1927
G. エネスク	オイディプス王	オペラ（抒情劇）	1931?
C. オルフ	僭主オイディプス	オペラ＝オラトリオ	1958
J. ソレール	オイディプスとイオカステ	オペラ	1972
W. リーム	オイディプス	オペラ	1987
C. シュタインマン	ソフォクレスの悲劇「オイディプス」の合唱作品集	アンサンブル付き合唱曲	2019

をスタートさせた哲学者のフリードリヒ・ニーチェが初期著作『悲劇の誕生』で論じている。

コロスが具体的に劇中でどのような役割を担ったかというと、時期によって役割の変化や重要性の濃淡はあったが、総じてコロスは、劇のあらすじ・背景・シチュエーションなどを観客に伝える解説者だったと考えられる。シナリオのト書きを歌で語って聞かせる役割と思えばいい。それだけではなく、時には主人公との対話の相手をつとめる登場人物としても機能する。例えばソポクレスの『オイディプス王』では、15人のコロス（従来は12人だったのをソポクレスが増やした）がテーバイの長老たちの役で登場し、彼らが歌うところから劇が始まり、最後も彼らが歌って舞台から去っていくところで劇が終わる。

そしてコロスの合唱に挟まれるかたちで俳優が台詞を語るが、この台詞も、われわれが

＊ストラヴィンスキー《オラトリオ「オイディプス王」》

『ストラヴィンスキー：オペラ＝オラトリオ《エディプス王》』
J. ノーマン（S）、P. シュライヤー（T）、小澤征爾（指揮）、晋友会合唱団、サイトウ・キネン・オーケストラ他
Decca / UCCD-2270
ストラヴィンスキーの「新古典主義時代」の作品なので、かなり明快な響きの聴きやすい音楽になっているが、その分だけかえってストラヴィンスキーを聴いた感じがしないのは痛し痒しか。
推薦盤に挙げたのは、サイトウ・キネン・オーケストラが長野県の松本に居を定めて最初のサイトウ・キネン・フェスティバル松本（現セイジ・オザワ 松本フェスティバル）でのライヴ録音盤。エディプスにシュライヤー、イオカステにノーマンという超豪華な布陣。語りは白石加代子、エディプスのダンスは田中泯が務めた。録画は世界24カ国で放映され、DVDにもなっているので（Philips / B0003883-09）、仮面劇演出の妙はそちらで見てほしい。

演劇の台詞として通常思い浮かべる発話のようなものではなく、楽器の伴奏をともなった朗読や歌のようなものだったろうと考えられている。さらにそこに舞踏が加わる。

総じて古代ギリシャのムーシケーは、今日われわれが「音楽」という言葉でイメージするものよりもずっと幅の広いものであり、詩・音楽・舞踊が組み合わされた総合芸能・総合芸術というべきものだった。

そのムーシケーのイメージに現代で最も近いものを挙げるとするなら、もしかしたらそれは、自分で作詞・作曲し、自分で歌い、自分で役柄を演じ、自分の振り付けで踊っている、マイケル・ジャクソンの『バッド』か『今夜はビート・イット』[†]あたりのミュージックビデオかもしれない（死者がゾンビとして蘇る『スリラー』のほうがギリシャ神話との親和性がありそうで良さげだが、残念ながら『スリラー』は作詞・作曲がマイケルではない）。そこまでできる音楽家はさしもの古代ギリシャといえど存在しなかっただろう。コロスの代わりはバックコーラスやバックダンサーが務めるから大丈夫だ。何よりマイケル・ジャクソン本人が、存命中からすでに多くの伝説的な逸話をもつ神話的人物だった。もしマイケルが古代ギリシャに転生して、アテナイのアクロポリスの麓にあるディオニュソス劇場でムーンウォークを披露したら、それこそ女神ムーサの末裔として崇(あが)められること間違いなしだ。

† このミュージックビデオは、対立するギャング団の抗争が今にも勃発しそうなところに、マイケルが割って入ってダンスを踊ると、ギャングがケンカをやめて一緒に踊りだす、というストーリー仕立てになっている。ギリシャ悲劇でしばしば用いられる特徴的な演出技法のひとつに、状況が行き詰まった際に神が突然現れて一挙に事態を解決してしまう「デウス・エクス・マキナ」（機械仕掛けの神）というのがあるが、この群舞シーンはまさにそれだ。

あるいは、ウディ・アレン監督・主演の映画『誘惑のアフロディーテ』（1995）を思い浮かべる人もいるかもしれない。

レニー（ウディ・アレン）とアマンダの夫妻は一人の男の子を養子に迎えた。愛情に育まれてその子マックスはすくすくと成長したが、一方で夫婦仲はどんどん冷えていった。いつしかレニーはマックスの実母がどのような女性なのか気になるようになり、調べてみたところ、その女性リンダはポルノ映画にも出演したことのある娼婦だったことが判明した。マックスが将来、自分の生みの親が娼婦だと知りでもしたら大変だと、レニーは自分がマックスの義父だと名乗らないまま、リンダをなんとか更生させようと奔走する。最後はレニーとリンダが交わした一夜限りの契りで女の子が生まれるが、レニーにそのことを知らせないままリンダは去ってゆく。その後ふたりは偶然再会するが、その時リンダは、レニーが手を引いているその男の子が、自分が産んで養子に出した子であることを知らない。そしてレニーも、リンダが押しているベビーカーの中で眠っている女の子が、自分の娘だとは知らない――。

現代のニューヨークを舞台にしたこの映画のオープニングとエンディングおよび途中の要所要所で、狂言回しとしてコロスが古代ギリシャの円形舞台に登場して、レニーの苦難を歌ったりしている。時にはコロスの長(おさ)が時空を超えて現代に割り込んできてレニーと会話する††など、アナクロニスティックなメタストーリーが展開される。そしてそこには『オ

†† このコロスの長を演じているのが、ミロス・フォアマン監督の映画『アマデウス』でサリエリ役を演じた名優F. マーリー・エイブラハムだ。

『オイディプス王』をはじめいくつものギリシャ悲劇の要素が盛り込まれ、† 最後はコロスがミュージカルナンバーを歌い踊るという趣向になっている。

当時のアテナイで行なわれていたディオニュソス祭礼では、三部作の悲劇の後に「サテュロス劇」という舞踏劇がセットになって上演されていた。重苦しい悲劇のあとは観客も一緒に楽しく乱舞する、という趣向だったようだ。その意味では、一見ふざけたアダプテーション（翻案）と見える『誘惑のアフロディーテ』だが、ギリシャ悲劇のエッセンスと形式を案外しっかりと踏まえている。

ギリシャ悲劇の〝ルネサンス〟がオペラを産んだ

ムーシケーの総合芸能としての性格をふまえて、後代のオペラやミュージカルのプロトタイプをギリシャ悲劇に求める捉え方もあり、一定の妥当性がある。実際のところ、最初のオペラはルネサンス末期、16世紀末から17世紀にかけてイタリアのフィレンツェで誕生したが、そこにはギリシャ悲劇を復興する狙いがあった。

ギリシャ悲劇の復興を企画したのは、フィレンツェのジョヴァンニ・デ・バルディ伯爵邸につどった音楽家・詩人・人文主義者たちの音楽サークル「カメラータ・デ・バルディ」通称「カメラータ」だった。彼らカメラータの同人たちは、古代ギリシャ悲劇の台詞を、

† p.60の脚注で説明した「デウス・エクス・マキナ」の技法がこの映画でも使われている。レニーの元を去った失意のリンダの目の前に、この後付き合うことになる新しい男がヘリコプター（＝突如天空から現れる機械）で登場するのがそれだ。ナレーションで語られる「デウス・エクス・マキナ」という語彙は、日本語の字幕では「思いがけない神の配慮」と訳されている。

簡単な器楽伴奏付きの単旋律として、多くは弾き語りで歌われたものと考え、「モノディ」と呼ばれるその歌唱スタイルでオペラを作曲した。それがどの程度正しく「復興」だったのかは微妙なものがあるし、一方で、イタリアのオペラだからといって今日のイタリア・オペラのような朗々としたアリアをイメージすると、肩透かしをくらう。

また、演劇の幕と幕の間に音楽を演奏する形式の「インテルメディオ」と呼ばれる幕間のパフォーマンスも、オペラの先駆的なかたちと考えられている。役者や歌手が伴奏付きでダンスやマイムを演じるという形式のもので、16世紀後半には盛んに上演されていたが、17世紀に入って、結果としてオペラに吸収されるかたちでインテルメディオは姿を消した。いわば、幕間に演奏されるだけの間奏としての音楽が、幕間からはみ出して、幕内で演じられる演劇そのものと一体化してしまったともいえる。

最初のオペラは1597年にギリシャ人作曲家ヤコポ・ペーリ（1561〜1633）が作曲し、詩人オッターヴィオ・リヌッチーニがリブレット（台本）を書いた《ダフネ》と言われているが、今日楽譜は残っていない。ペーリはまた1600年に、ジュリオ・カッチーニ（1551〜1618）と分担して、フレンツェの大富豪メディチ家の娘マリー・ド・メディシス（ルイ13世の生母）がフランス国王アンリ4世に嫁ぐ結婚祝賀の催しとして《エウリディーチェ》も作曲している。現存するものとしてはこれが最古のオペラだ。カッチーニはカッチーニで独力で同名のオペラ《エウリディーチェ》を書いているので、《エウリディーチェ》というオペラが1600年代の初頭に2種類誕生し、ルネサンス時代の掉尾（とうび）を飾るとともに、バロック・オペラの幕開けを告げたことになる。

《オルフェオ》の競演――モンテヴェルディ

しかしそれらは今日ではほとんど上演機会はない。現在でもしばしば上演されるオペラで最も古いものは、1607年に書かれたクラウディオ・モンテヴェルディ（1567〜1643）の《オルフェオ》*だろう。《オルフェオ》はモノディ形式以外の多種多様なスタイル、例えば歌をともなわない純粋な器楽曲や大規模な合唱なども取り入れていて、いってみれば、アイドル歌謡もあれば演歌やロックもあり、曲の合い間には応援合戦やミニコントまであるNHK紅白歌合戦さながらの、何でもありの作品になっている。そこが、オペラとは何かという概念がまだ固まっていない時代の産物らしいところだ。†

《オルフェオ》のストーリーはというと、太陽神アポロの息子で音楽の神ともいわれるオルフェオが、急死した妻エウリディーチェを取り戻しに冥界へ下っていき、歌の力で奪還に成功しかけるものの、地上に戻るまで後ろを振り返って妻を見てはならぬという冥界の王プルトーネとの約束をつい破って振り返ってしまったがために、妻は冥界に引き戻される、というもの。そしてここにもエウリディーチェが登場する。つまり、ペーリの《エウ

† また、当時は「オペラ」という用語自体もまだなく、モンテヴェルディは自作の《オルフェオ》を「音楽による寓話」（favola in musica）と呼んでいた。

リディーチェ》も、カッチーニの《エウリディーチェ》も、モンテヴェルディの《オルフェオ》も、すべてギリシャ神話のなかの同じ話を題材にしているのだ。時代は下ってこのあとも、何人かの作曲家たちが同じテーマでオペラや管弦楽曲を書いている（次ページの表参照）。

　このモンテヴェルディの《オルフェオ》の成功を契機に、オペラは一気に広がった。1637年には、入場料を払えば誰でも観られる世界初のオペラ劇場、サンカッシアーナ劇場が完成し、それを皮切りに各地に次々とオペラ劇場が建設され、オペラは王侯貴族の専有物ではなくなり、一般市民の娯楽としての地位を得ていった。

　それにつれて、物語の内容もシリアスな悲劇から、もっと大衆向けの陽気なものが18世紀に入って盛んに作られるようになった。それらは「オペラ・ブッファ」（喜歌劇）と呼ば

＊モンテヴェルディ《歌劇「オルフェオ」》

『モンテヴェルディ：歌劇「オルフェオ」』（DVD）

Ph. フッテンロッハー（T）、D. トゥルバン（S）、N. アーノンクール（指揮）、チューリヒ歌劇場モンテヴェルディ・アンサンブル他
DG / UCBG-9348
古い時代の曲は古いピリオド楽器で演奏されなければならない、という教条主義は好きではないが、このDVDは古楽スタイルの演奏と演出でなければ出せない魅力が詰まっている。鬼才指揮者アーンクールと名オペラ演出家ジャン＝ピエール・ポネルが組んだ最高傑作。それが2022年に日本語字幕付きでDVD 1枚に収まって再発売されたのは、まさしく慶賀だ。これが400年前に上演されていたというのだから、脱帽するしかない。

◆主な「エウリディーチェ／オルフェオ」関連の楽曲

作曲者	作品	形式	初演	特記
J. ペーリ & G. カッチーニ	《エウリディーチェ》	オペラ	1600	大部分はペーリが作曲
G. カッチーニ	《エウリディーチェ》	オペラ	1602	カッチーニ単独の作品
C. モンテヴェルディ	《オルフェオ》	オペラ	1607	本文参照
S. ランディ	《オルフェオの死》	オペラ	1619	バロック前期、ローマ楽派の作曲家
L. ロッシ	《オルフェオ》	オペラ	1647	フランスで上演された最初のイタリア・オペラ
A. スカルラッティ	《冥界からのエウリディーチェ》	歌曲	1699	ソプラノによるソロ・カンタータ
J. J. フックス	《オルフェオとエウリディーチェ》	オペラ	1715	対位法の著作の作者
G. B. ペルゴレージ	《オルフェオ》	カンタータ	1735	26 歳で夭逝したペルゴレージの絶筆
C. W. グルック	《オルフェオとエウリディーチェ》	オペラ	1762	日本人が最初に上演した本格的な歌劇（1903 年）
F. J. ハイドン	《哲学者の魂、またはオルフェオとエウリディーチェ》	オペラ	1791	未完成で、生前に演奏されることもなかった
F. リスト	《オルフェウス》	交響詩	1854	グルックのオペラ《オルフェオとエウリディーチェ》演奏時の序曲として書かれ、のちに交響詩として独立
J. オッフェンバック	《地獄のオルフェ（天国と地獄）》	オペレッタ	1858	序曲第 3 部『カンカン（ギャロップ）』が運動会の徒競走でよく流れるＢＧＭとして有名
I. ストラヴィンスキー	《オルフェウス》	バレエ	1948	初演時の振付はジョージ・バランシン、美術・衣装はイサム・ノグチ

れ、ギリシャ悲劇の復興をもくろんだ従来の一連の作品「オペラ・セリア」(正歌劇)——「セリア」とは英語の serious に当たる——と区別された。

何はともあれ、こうしてギリシャ悲劇の復興がオペラの誕生となったわけだ。

バロック初期の〝情動爆発〟

17世紀初頭、ルネサンス音楽が頂点に達して終焉に向かい、代わってバロック音楽が勃興しようとしていた。文芸や美術などの他の芸術分野とちがって、音楽はそれほど「ルネサンス」とは関係はなく、せいぜい「ルネサンス絵画などが盛んに作られていたのと同時代の音楽」ぐらいの意味でしかない。その後の「バロック」にしても事情は大して変わらず、「バロック音楽」は「バロック美術が流行っていたのと同時代の音楽」でしかない。「歪んだ真珠」という意味のバロックの美術に同時代の音楽家が触発されてひとつの統一された文化運動を形成した、という事実はない。

とはいえ、バロック時代の美術と音楽とのあいだに本質的な結びつきや密接な関係性がなくても、類似する傾向は認められる。それが〝豊かな感情表現〟だ。

中世のキリスト教社会では、笑いであれ悲しみであれ、感情を大っぴらに表現することは——少なくとも公的には——躊躇われた。例えば聖職者の間違いを笑ってしまうことは、教会の権威を笑いのめすことに繋がりかねない。[†] 親しい者が死んで嘆き悲しむのは、カトリックの根本教義である〝復活〟に対する不信心ともなりかねない。

そうした縛りのなかでは、音楽もまた当然制限を受ける。中世の教会音楽は、泣いたり笑ったりといった個人の情動・感情を抑制して、信仰による心の安らぎに寄与するものでなければならなかった。仮に宗教的なエクスタシーに満たされることがあろうとも、それは聖歌の要求する感情表現の幅を超えてはならなかった。

そうなると聖歌もまた、それが神を讃えるものである以上、それにふさわしい形式と完成度が要求される。一人で好き勝手な時に、好き勝手な歌い方で、好きなように歌詞を作ったり変えたりして歌ってよいものではないとされる。選ばれ訓練された合唱隊によって、決められた時間と場所で、かつ正しい歌い方と歌詞で歌われなくてはならない。そしてそのような条件を満たしていればこそ、中世の教会音楽の権威と神聖性は保たれる。

それに揺さぶりをかけたのがルネサンス音楽だが、まだ教会音楽と世俗音楽との棲み分けがはっきりしていて、音楽で感情を露わにするのはもっぱら世俗曲の役割だった。16世紀を通して流行し、後のオペラの源流のひとつにもなった歌曲スタイルで、恋愛や英雄譚を歌った「マドリガーレ」があるが——14世紀に演奏された中世のマドリガーレと区別するために「ルネサンス・マドリガーレ」と呼ぶこともある——、どんなに人気があり宮廷お抱えの作曲家たちがこぞってマドリガーレを書いても、またそれにともなって作曲技法

† この点をテーマにした小説が、ウンベルト・エーコの『薔薇の名前』(上下、河島英昭訳、東京創元社、1990) だ。ちなみに、これを原作とした映画『薔薇の名前』(監督:ジャン=ジャック・アノー、1986) で異端審問官のベルナール・ギーを演じたのは、映画『アマデウス』(監督:ミロス・フォアマン、1984) でサリエリ役を演じた名優F. マーリー・エイブラハム。

や演奏スキルがどんなに上がっても、音楽としての格は教会で歌われる聖歌に肩を並べるものではなかった。

ところがすでに述べたように、17世紀に入って、それまで教会音楽の風下の地位に甘んじていた世俗の音楽が、オペラという新しい形式の発明によって一気に主役の座に躍り出た。そしてその新しいオペラという形式・ジャンルにふさわしい題材として、ギリシャ神話が、なかんずく《オルフェオとエウリディーチェの物語がフォーカスされたわけだが、その理由は何なのか。そしてオペラという新機軸の何が新しかったのか。そのことを考えるために、モンテヴェルディの《オルフェオ》の内容を見てみよう。

《オルフェオ》は次のような幕構成になっている（次ページの表参照）。

これを見てわかるのは、主人公のオルフェオ個人のさまざまな感情・情動が描かれ、しかもそれらが幕ごとに大きく変化していることだ。エウリディーチェと結婚できた喜びに始まり、その妻を突如失った悲しみ・嘆き・怒りの感情、なんとしても妻を取り戻そうという悲壮感と焦燥感に満ちた奪還行のすえ、めでたく連れ戻すことが許された矢先、本当に妻がついてきているのか不安になってついタブーを犯してしまい、再び妻を失った後悔と絶望を経て、最後はアポロによる救済と慰めへと至る。

この目まぐるしい感情・情動の変化を音楽で表現するのは、魂の平安を旨とする教会音

◆モンテヴェルディ《オルフェオ》の幕構成

第1幕：エウリディーチェとの結婚

あらすじ	オルフェオとエウリディーチェが結婚。ニンフと羊飼いたちが祝福
楽曲	トッカータとプロローグを除く全18曲。冒頭のトッカータは別人の作か
感情・情動	結婚の喜び

第2幕：エウリディーチェの死

あらすじ	ニンフのひとりが到着し、エウリディーチェが毒蛇に噛まれて死んだことを知らせる
楽曲	全22曲。オルフェオの歌「わが命なる君逝きて」が有名
感情・情動	最愛の妻を失った悲しみ・嘆き・怒り

第3幕：カロンテとの対決

あらすじ	オルフェオは冥界に降りてエウリディーチェを取り戻そうとするが、冥界の川の渡し守カロンテが拒む。カロンテが眠り込んだ隙に、オルフェオは川を渡る
楽曲	全14曲。オルフェオがカロンテを説得するために歌う独唱「力強い霊、恐るべき神よ」は名人芸的な技巧を要する難曲
感情・情動	妻を取り戻しに冥界へ向かう悲壮な決意

第4幕：エウリディーチェ奪還の失敗

あらすじ	冥界の王プルトーネはオルフェオが後ろを振り返らないことを条件にエウリディーチェを返すことを許す。しかしオルフェオは我慢できずに振り返ってしまい、エウリディーチェは冥界に引き戻される
楽曲	全14曲
感情・情動	妻の奪還に成功した歓喜、本当に妻がついてきているのかという不安

第5幕：絶望と救済

あらすじ	ふたたびトラキアの野。オルフェオは絶望して歌う。アポロが出現し、オルフェオを天に引き上げる
楽曲	全8曲。初演時のリブレット（台本）には、アポロがオルフェオを天に連れていくシーンはなく、楽譜の出版時に追加された
感情・情動	妻を永遠に失った悲しみと孤独感、アポロの救済による慰め

楽の手に余る。それにふさわしい、大胆で革新的な技法と形式が必要だ。たとえば第2幕のエウリディーチェの急死を知って悲嘆にくれるオルフェオが歌う「わが命なる君逝き（ゆ）て」（Tu se' morta, mia vita, ed io respiro?）に、モンテヴェルディはあえて不協和音を大胆に用いている。

第3幕のオルフェオが冥界の川の番人カロンテを説得するシーンでは、難度の高い歌唱技法が駆使され、また、最初のうちは当時の通常のスタイルどおりに声とオーケストラとが分かれて交互に掛け合っているが、最後には声とオケが一体となる（声とオケが一体化するのは全曲を通してここだけ）という、当時としては画期的なスタイルで演奏される。そうすることによって、なんとしてでも川を渡ってエウリディーチェを取り戻そうとするオルフェオの必死さが伝わってくる。

楽器編成も、弦楽器やチェンバロのほかにツィンク†（角笛状の金管楽器）、トロンボーン、トランペット（弱音器付き）といった金管から、リュートに似た撥弦（はつげん）楽器のキタローネまで、じつに多彩だ。オルガンの一種レガールなどは、冥界のシーンにしか演奏されない贅沢（ぜいたく）な使われ方をしている。多様な感情を表現するには、楽器もそれだけ多様なものが必要と考えられたわけだ。

こうしてバロック初期に誕生したオペラにおいて、音楽は、感情を抑制して神の造りたもうた宇宙の調和を讃えるものから、人間の個人的な感情を音で描くものになった。西洋

† 「ツィンク」（ドイツ語）は八角錐の縦笛を緩やかにカーブさせた形の低音楽器。見た目は細長い角笛かひん曲がったオーボエのようだが、リードで音を出すのではなく唇の振動で音を出すので、原理的には木管楽器ではなく金管楽器に分類される。イタリア語では「コルネット」と呼ばれるが、ただし現代の金管楽器の「コルネット」とは語源は一緒でも別の楽器。ルネサンス期から初期バロック時代まではよく使われた。

音楽史上の大転換をやってのけたモンテヴェルディを、しばしば「音楽の革新者」と呼ぶのも宜(むべ)なるかなと思える。かのカッチーニも歌の目的を「魂の感情を動かすこと」と述べている。†

古生物学で使われる概念に「カンブリア爆発」というのがある。古生代カンブリア紀に、アノマロカリスやオパビニアといった、それより前の時代には存在しなかった複雑な体組織や硬い殻・骨格をもつ生物群が多種類・大量に出現したと考えられ、その生物進化上の一大変化を「カンブリア爆発」と呼んでいる。それに倣(なら)っていえば、ルネサンス音楽が終焉し初期バロック音楽へと移行する17世紀前半に起きた、オペラの誕生と隆盛という音楽史上のエポックメイキングな現象を、「バロック初期の情動爆発」と命名してみたいのだが、さてどうだろうか。

† この時代に感情の表出の仕方が文化全般にわたって大きく転換した事情については、A. コルバン他監修『感情の歴史 I』（片木智年監訳、藤原書店、2020）に詳しいが、なかでも同書所収のG. カンタグレル「第22章 バロック時代における音楽の感情」が参考になる。

第3楽章

レクイエムと怒りの日——最後の審判の曲を審判する

レクイエムと鎮魂歌の微妙な差異

キリスト教の儀式のうちで最も重要な典礼、イエス・キリストの血と肉を意味する葡萄酒とパンを拝受する聖体祭儀の典礼のことを、カトリック教会では「ミサ」と呼ぶ。他の宗派、例えばプロテスタントおよび聖公会では「聖餐式」、正教会では「聖体礼儀」がそれに当たる。厳密には聖体祭儀以外の儀式をミサと呼ぶことはないが、にもかかわらず一般的にはキリスト教の儀式なら何でもかんでもミサと呼ぶ誤用が流通してしまっている。ミソもクソも一緒とはこのことだ（違）。

通常のミサ以外にも、降誕節や四旬節に行なわれる特別なミサ、いわゆる随意ミサがいくつかある。葬儀の際に行なわれる「死者のためのミサ」も随意ミサのひとつだ。

ミサには聖職者による挨拶、説教、聖書朗読などをはさんで、聖書の言葉を旋律にのせて歌う音楽、ミサ曲が欠かせない。通常のミサ曲は、「キリエ」（求憐誦）、「グローリア」（栄光頌）、「クレド」（信仰宣言）、「サンクトゥス」（感謝の賛歌）、「アニュス・デイ」（神の小羊）の5曲で構成され、それらの歌詞はすべて聖書の一節などから採った定形の文言になっている。これを「通常文」という。[†]それに対して随意ミサの歌詞の場合、ベースは通常のミサと同じだが、それぞれのミサの性格や目的に応じて、文言の一部が差し替えられたり挿入されたりすることがある。これが「固有文」だ。

葬儀で歌われる曲すなわち「死者のためのミサ曲」、通称「レクイエム」も、ミサ曲のひとつである以上は歌詞のベースは通常のミサ曲と同じ文言だが、レクイエムにしか出てこない固有文も混じっている。そしてじつは「レクイエム」という通称は、死者のためのミサ曲の冒頭で歌われるラテン語の固有文に由来する。

Requiem aeternam dona eis,
Domine: et lux perpetua luceat eis.

主よ、彼らに永遠の安息を与え、
彼らを絶えざる光もて照らし給え。

† この5つの通常文「キリエ」「グローリア」「クレド」「サンクトゥス」「アニュス・デイ」が全部揃ったミサを「通作ミサ曲」と呼び、「クレド」を欠いたものを「ミサ・ブレヴィス（小ミサ）」と呼ぶ（ルター派では「ミサ・ブレヴィス」は「キリエ」「グローリア」のみで構成）。また、ミサの終わりを会衆に告げる「イテ・ミサ・エスト（終祭誦）」も通常文に属するが、それに曲をつけることは少ない。

この歌詞の冒頭にある「安息を」という一語「Requiem（レクイエム）」が、そのまま死者のためのミサ曲全体を意味する言葉となった。

レクイエムは日本語ではしばしば「鎮魂歌／鎮魂曲」と訳される。死者の魂の安らぎを願うという意味ではその訳語で間違いではないが、厳密には少しニュアンスがちがう。というのも、レクイエムでは死者の魂が安らぐことを神に対して願うが、鎮魂歌は魂の安らぎを死者そのものに向かって説くからだ。神なき時代、神なき場所に至って初めて、レクイエムという音楽は宗教的な「ミサ曲」であることから離れて、一般的な「魂を鎮（しず）める歌」になったともいえよう。

通常のミサ曲およびレクイエムのオーソドックスな構成を、次ページ以下に表としてまとめてみた。区切り方などは依拠する資料によって多少の異同があるが、演奏順は概（おお）むねこのとおりになっている。演奏会ではない実際のミサでは、途中でそのつど司祭による挨拶や聖書の朗読などが入ってくるが、音楽に絞ったこの表では割愛した。

また、俗に「三大レクイエム」と呼ばれるモーツァルト（＝M）、ヴェルディ（＝V）、フォーレ（＝F）の《レクイエム》で、伝統的な死者のためのミサ曲のどの部分が採用されているかがわかるように表示した。

◆ミサ曲の構成

曲目　※[通]=通常文 [固]=固有文	通常のミサの歌詞	死者のためのミサ(レクイエム)の標準的な歌詞	三大《レクイエム》での採用
[固]**イントロイトゥス** (Introitus:入祭唱)	×	冒頭の2行は「レクイエム・エテルナム〜」(永遠の安息を)の固有文の歌詞で始まる。3行め以降は『詩篇』第65章2〜3節による。	M=○ V=○ F=○
[通]**キリエ** (Kyrie:求憐誦)	「キリエ、エレイソン〜」(主よ、憐れみ給え)で始まる3行を繰り返す。ラテン語ではなくギリシャ語。	同上。	M=○ V=○ F=○
[通]**グローリア** (Gloria:栄光頌)	『ルカ福音書』の一節「グロリア・イン・エクチェルシス・デオ〜」(天には神に栄光)で始まる。	×	
[固]**コレクタ** (Collecta:集禱文)	司祭と会衆の簡単なやり取りに旋律がつくことがある。	×	
[固]**グラドゥアーレ** (Graduale:昇階唱)	『詩篇』112の6〜7節による。	冒頭の2行はイントロイトゥスと同じ「レクイエム・エテルナム〜」。	M=× V=× F=×
[固]**アレルヤ** (Alleluia:アレルヤ唱)	『詩篇』118による。福音書朗読の前に歌われる。待降節、四旬節、レクイエムでは、めでたいアレルヤに代わってトラクトゥスが歌われる。	×	
[固]**トラクトゥス** (Tractus:詠唱)		アレルヤの代わりに歌われる。	M=× V=× F=×

[固]セクエンツィア (Sequentia:続唱)	×	旧約および新約聖書のさまざまな箇所から抜粋された固有文からなる。解説的な役割をもつ部分であるため、世俗の影響を受けた数多くの挿入曲が作られ歌われたが、最終的にトリエント公会議で4曲（ないし5曲）のみが公認。作曲の便宜上、いくつかの部分に分割される。	
・ディエス・イレ (Dies irae:怒りの日)	×	「ディエス・イレ〜」で始まる冒頭の2連は、『ゼファニア書』の第1章15〜18節による。	M＝○ V＝○ F＝×
・トゥーバ・ミルム (Tuba mirum: 奇しきラッパの響き)	×	『コリントの信徒への手紙 一』の第15章52節による。	M＝○ V＝○ F＝×
・レックス・トレメンデ (Rex tremendæ: 恐るべき御稜威〔みいつ〕の王)	×	正確な出典は不明。	M＝○ V＝○ F＝×
・レコルダーレ (Recordare: 思い出し給え)	×	正確な出典は不明。	M＝○ V＝○ F＝×
・コンフターティス (Confutatis:呪われし者)	×	『マタイ福音書』第25章31〜46節による。	M＝○ V＝○ F＝×
・ラクリモーサ (Lacrimosa:涙の日)	×	正確な出典は不明。	M＝○ V＝○ F＝△
・スターバト・マーテル (Stabat Mater: 悲しみの聖母)	×（これのみで独立した曲となることが多い）	×	

[固]**エヴァンジェリウム**（Evangelium：福音書）	福音書にあるキリストの受難の場面などを司祭が朗読。この部分が典礼とは無関係に独立して《受難曲》となった。	×	
[通]**クレド**（Cledo：信条告白）	『ニカイア・コンスタンティノポリス信条』等から借用。	×	
[固]**オッフェルトリウム**（Offertorium：奉献唱）			
・**主イエス・キリスト**（Domine Jesu）	ミサ曲の中心部をなす。『テモテへの手紙 二』第4章17節、『創世記』第15章5節などによる。	同上。	M＝○ V＝○ F＝○
・**ホスティアス**（Hostias：賛美の生け贄と祈り）			
[通]**サンクトゥス**（Sanctus：感謝の賛歌）			
・**サンクトゥス**（Sanctus：聖なるかな）	『イザヤ書』第6章3節、『詩篇』118の26節、『マルコ福音書』第11章9節などによる。	同上。	M＝○ V＝○ F＝○
・**ベネディクトゥス**（Benedictus：祝福されますように）	『マタイ福音書』第21章9節による。	同上。	M＝○ V＝○ F＝×
[通]**アニュス・デイ**（Agnus Dei：神の子羊）	『ヨハネ福音書』第1章29節による。	同上。ただし後半部が通常のミサとは異なる。	M＝○ V＝○ F＝○
[固]**コンムニオ**（Communio：聖体拝領唱）	歌詞の冒頭から採って「**ルクス・エテルナ**」とも呼ぶ。	同上。	M＝○ V＝○ F＝○

[通]**イテ・ミサ・エスト**（Ite Missa Est：終祭誦）	ミサの解散のための言葉。	×	

これら以外に、特別にレクイエムに組み込まれる曲として、次のようなものもある。

[固]**リベラ・メ**（Libera me：赦禱文）	×	ミサ終了後の赦禱式で歌われる。	M＝× V＝○ F＝○
[固]**イン・パラディスム**（In Paradisum：楽園へ）	×	出棺、埋葬の際に歌われる。	M＝× V＝× F＝○

かえって魂に安息をゆるさない？――グレゴリオ聖歌

この表から、通常のミサ曲と、レクイエムすなわち死者のためのミサ曲との最も大きな違いがわかる。それはセクエンツィアの部分とりわけ「怒りの日」こと「ディエス・イレ」が、通常のミサ曲にはないのにレクイエムにはある点だ。

死者の魂に安らぎあれと歌うレクイエムで、ほとんど唯一「ディエス・イレ」だけが、むしろ魂の安息を脅かすかのごとき劇的で激しい曲想をもつ。作曲家としては腕がなる箇所ではあるのだが、やりすぎるとヴェルディの《レクイエム》のように過剰に劇的になって宗教的な静謐(せいひつ)さから遠ざかってしまいかねない。その点を考慮してか、フォーレの《レクイエム》は初めから「ディエス・イレ」を抜きに構成してある。
まずは「ディエス・イレ」の冒頭の文言を見てみよう。

Dies irae, Dies illa
Solvet saeclum in favilla:
Teste David cum Sibylla

怒りの日、その日こそ
この世が灰に帰すべき日なり
ダヴィドとシビラの予言のごとく

キリストがすべての死者を地上に復活させ、その生前の行ないを一人ずつ審判し、永遠の命を授けられる者と地獄で永遠に苦しめられる者にと選別し、やがて世界が灰燼(かいじん)に帰す――これがいわゆる「最後の審判」で、その恐ろしい光景を歌ったのが「ディエス・イレ」だ。作詞したのは13世紀前半のフランチェスコ会修道士チェラーノ・トマス(トンマーゾ・ダ・チェラーノ)だと言われ、14世紀後半にはレクイエムに取り入れられたが、その原型は、9〜10世紀、早ければ8世紀頃に成立したとされる**グレゴリオ聖歌***に見られる。

グレゴリオ聖歌の「ディエス・イレ」は、3行を1節として19節からなる比較的長い文言だが、後世の作曲家たちは、通して歌われるグレゴリオ聖歌の「ディエス・イレ」（広義）をいくつかに分割し、それぞれ曲調を変えて作曲している。例えばモーツァルトの《レクイエム》（ジュスマイヤー補筆版）では、セクエンツィアの部分はこうなっている。

グレゴリオ聖歌の〈ディエス・イレ〉（広義）	**モーツァルト《レクイエム》の〈セクエンツィア〉部分の構成**				
	曲順	調	速度記号	拍子	編成
第1節〜〈ディエス・イレ〉（狭義）（怒りの日）	第3曲	ニ短調	アレグロ・アッサイ（とても速く）	4分の4拍子	合唱
第3節〜〈トゥーバ・ミルム〉（奇しきラッパの響き）	第4曲	変ロ長調↓ヘ短調	アンダンテ（歩くような速さで）	2分の2拍子	ソプラノ、アルト、テノール、バス独唱、四重唱
第8節〜〈レックス・トレメンデ〉（恐るべき御稜威の王）	第5曲	ト短調	グラーヴェ（重々しく、荘重に）	4分の4拍子	合唱
第9節〜〈レコルダーレ〉（思い出し給え）	第6曲	ヘ長調	アンダンテ（歩くような速さで）	4分の3拍子	四重唱

第16節〜〈コンフターティス〉（呪われし者）	第7曲	イ短調	アンダンテ（歩くような速さで）	4分の4拍子	合唱
第18節〜〈ラクリモーサ〉（涙の日）	第8曲	ニ短調	ラルゲット（ラルゴ〔緩やかに〕よりやや速く）	8分の12拍子	合唱

セクエンツィア（続唱）は元々、ミサ全体の内容を解説したり補足したりするオプションとして挿入された固有文だったが、時代を経るにつれ次第にバリエーションが増え、世俗の色が濃くなっていった。

むやみに増えていくセクエンツィアによって本来のミサの姿が失われることを危惧したカトリック教会は、16世紀半ばに開催されたトリエント公会議で、セクエンツィアを以下の四つ、復活祭で歌われる「ヴィクティメ・パスカリ」（過越のいけにえ）、聖霊降臨のための「ヴェニ・サンクテ・スピリトゥス」（聖霊来たりたまえ）、聖体祝日の「ラウダ・シオン」（シオンをたたえよ）、および葬儀用の「ディエス・イレ」に限定した。

のち18世紀になってもうひとつ、「スターバト・マーテル」（Stabat Mater：悲しみの聖母）がセクエンツィアとして認められたが、すでに記したとおり「スターバト・マーテル」はそれのみで独立した曲として作曲・演奏されることが多い。

公式に認められたセクエンツィアのなかでも、「ディエス・イレ」は圧倒的な人気を誇った。時によっては、本来ならレクイエムのオプションにすぎないはずの「ディエス・イレ」が、レクイエムの構成全体のほとんどを占める作品まであったという。

「ディエス・イレ」という名称は、最も古くは旧約聖書の『ゼファニヤ書』に由来するが、後世への影響という点では新約聖書の『ヨハネの黙示録』（アポカリプス）における最後の審判の描写が圧倒的だ。7人の天使が降臨してきてラッパを吹いたり、赤い竜が人びとを襲ったり、人間が太陽に焼かれたりといった『黙示録』が内包するイメージの強烈さには、人心を良くも悪くも惹きつける抗（あらが）いがたい魅力があるのは確かで、信徒たちの不安と恐怖を掻き立てると同時に、ミケランジェロの《最後の審判》（1541）を持ち出すまでもなく、芸術家たちのイマジネーションを強烈に刺激した。†

＊《グレゴリオ聖歌》

『メディア・ヴィータ～グレゴリオ聖歌・死と復活』

S. ホラールト（指揮）、スコラ・カントゥルム・カロルス・マグヌス
Brilliant Classics / BRL93790

グレゴリオ聖歌は1990年代まではむしろ退屈な音楽の代表として、例えば『モンティ・パイソン』でネタにされたりなどしていた。それが1993年にスペインのEMIが、サント・ドミンゴ・デ・シロス修道院のベネディクト会士が歌ったCD「CANTO GREGORIANO」をリリースすると、それが「癒しの音楽」として注目され、なんとスペインのポップスチャート（クラシック単独ではない）の10週連続トップを記録した。その後同アルバムは累計600万枚以上の世界的大ヒットとなった。

件のアルバムには「レクイエム・エテルナム」「ディエス・イレ」「リベラ・メ」など死者のためのミサでしばしば歌われる固有文の曲が入っていないので、ここではそれら死者を悼む典礼に関係する曲をピックアップして収録したアルバムを挙げておく。

† 音楽では扱いが難しいのか、『黙示録』に直接歌詞を採った楽曲は、後述するトマス・モーリーの《葬送式文》（p.213以下参照）、J. S. バッハ《カンタータ第19番「かくて戦おこれり」》やブクステフーデ《カンタータ「天使に来たれと命じたまえ」》、古くは12世紀の「幻視者」ヒルデガルト・フォン・ビンゲンの聖歌などを除いてそれほど多くない。むしろ20世紀に入りフランツ・シュミットのオラトリオ《7つの封印》（1938）をはじめ増えた感がある。

しかし終末思想、千年王国思想を背景にもつ『ヨハネの黙示録』[†]は、キリスト教内でも位置付けがきわめて難しい。詰まるところ、妄想癖の強いひとりの老人が見た幻覚にすぎないのではないか、そういうものを聖典として認めてよいものかどうか、など長きにわたり議論が繰り返されてきた。

結局のところ、信徒たちをいたずらに怯えさせる『黙示録』は、キリスト教の流れを汲む宗派がカルト化する口実を与えかねない。それにそもそも信徒にとって救いの日だったはずの最後の審判が、かえって地獄行きを宣告される絶望の日と誤って受け取られては元も子もない。よって第二バチカン公会議（1962〜65）において、言葉と音の両方で信徒の心をいたずらに追い詰める、『ヨハネの黙示録』の音楽的具現化ともいうべき「ディエス・イレ」は、とうとうミサ曲から除かれた。

〈怒りの日〉をリユースする――ベルリオーズ

除外されたとはいえ、「ディエス・イレ」はグレゴリオ聖歌に組み入れられてから20世紀半ばの第二バチカン公会議まで、数百年の歴史を有する。その間音楽家たちは、グレゴリオ聖歌の「ディエス・イレ」の旋律を自作の《レクイエム》に取り込もうと試みてきた。なかには、《レクイエム》ではない非宗教曲に「ディエス・イレ」の旋律を織り込む

† 念のため記しておくと、『ヨハネの黙示録』と『ヨハネの福音書』は別の文書だが、それだけでなく、聖書に関連する「ヨハネ」という名前も「洗礼者〜」「使徒〜」「福音記者〜」など複数存在していて混同しやすい。それらは古くは同一人物と見なされていたが、現代の聖書学ではそれぞれ別人と考えられている。

◆グレゴリオ聖歌の「ディエス・イレ」の冒頭部分

ことで、死や終末をめぐる伝統的なイメージを上手に借用しようとした作曲家も少なくない。いわば「ディエス・イレ」の旋律を〝死の音楽的暗号〟としてリユースしようというわけだ。

聖書の言葉をはっきりと伝えるという目的から、グレゴリオ聖歌は楽器を伴わず人の声のみで、しかも単旋律で歌われる。ロマン派の作曲家たちの手にかかるとおどろおどろしく聞こえる「ディエス・イレ」だが、オリジナルのグレゴリオ聖歌で聴くと意外にもその素朴さがむしろ心を落ち着かせる。そのグレゴリオ聖歌の「ディエス・イレ」の冒頭部分は上記のような旋律になっている。「ファ・ミ・ファ・レ・ミ・ド・レ・レ」となる、シンプルで地味な旋律線だ。

宗教音楽である《レクイエム》における「ディエス・イレ」は、もちろんグレゴリオ聖歌の旋律を忠実になぞる曲も多いが、その一方で、文言はそのままで、旋律については作曲者がここぞとばかりに腕を振るって魅力的な新しい旋律を作曲することもしばしば見られる。一方、非宗教的な曲の場合は、歌詞は使わずに楽器のみで、グレゴリオ聖歌の「ディエス・イレ」の旋律線をなぞるのがほとんどだ。

後者の代表はなんといっても**エクトル・ベルリオーズ**の《**幻想交響曲**》*

（1830）だろう。その第5楽章「ワルプルギスの夜の夢」では、グレゴリオ聖歌の「ディエス・イレ」の旋律が、セルパンまたはオフィクレイドという古い吹奏楽器――現代のオーケストラではチューバで代奏――とファゴットのユニゾン（複数の楽器・声で同じ旋律を奏でること）で一音ずつ強奏される。セルパンという楽器は、どうしてこうなってしまったのかと嘆かずにはいられないほど、とぐろを巻き損ねた蛇のような奇妙な形をした古楽器で、昔は聖歌隊が「ディエス・イレ」を歌うときにも使われていたらしいことを、ベルリオーズ自身がその著書『管弦楽法』で述べている。[†]

88ページ以降に、グレゴリオ聖歌の「ディエス・イレ」の旋律をなんらかの形で織り込んだロマン派以降の作品の主だったものをリストにしてみた。それを見るとわかるように、ベルリオーズの《幻想交響曲》以外ではリストの《死の舞踏》などが、「ディエス・

＊ベルリオーズ《幻想交響曲》

『ベルリオーズ／幻想交響曲、序曲「宗教裁判官」』

F. X. ロト（指揮）、レ・シエクル
Harmonia Mundi / KKC6109

これほどの有名曲ともなると名盤には事欠かない。定番のパッショネイトなミュンシュ＆パリ管あるいはボストン響盤に始まり、流麗この上ないカラヤン＆ベルリン・フィル盤から、古楽器が味わい深いガーディナー＆オルケストル・レヴォリューショネル・エ・ロマンティーク盤までより取り見取りだ（個人的な好みは、第1楽章のコーダ前、当時のオーボエの名手のためにベルリオーズが急遽差し込んだ調性の不安定な箇所を、テンポを減速してじんわりと不気味に鳴らし、そのあとコーダに入って急加速し爆発するスタイルの演奏）。そんな中でこのロト＆レ・シエクルの10年ぶりの再録盤を挙げた。オフィクレイドやセルパンといった特殊な古楽器を使ってベルリオーズの頭の中で鳴っていたであろう音を忠実に再現しつつも、古楽器演奏にありがちな痩せた音響に陥っていない、最新の名盤だ。

† ベルリオーズはセルパンについて「この楽器の荒々しい音は、カトリック教会よりもドルイド教の血塗られた儀式の方に向いている……（例外的に）レクイエムにおいて、「ディエス・イレ」の恐ろしげな合唱を補強するために使われている。その冷たく恐ろしげな咆哮は、その場の雰囲気にぴったりである」と述べている（H. ベルリオーズ、R. シュトラウス『管弦楽法』小鍛冶邦隆監、広瀬大介訳、音楽之友社、2006、p.445）

イレ」の旋律をほぼ丸ごと原型のまま引用している。その一方で、冒頭の「ファ・ミ・ファ・レ」の4つの音を象徴的に仕込んでいる作曲家もいるが、よほど印象に残るように打ち出さないと、4音だけではそれが作曲者の意図によるのか、たまたまその箇所が「ディエス・イレ」の旋律とかぶっただけなのか判断がつかない。

ロシア人作曲家が〈怒りの日〉に惹かれる理由——ラフマニノフ

いろんな作曲家の名前が見えるが、なかでもその代表格は**セルゲイ・ラフマニノフ**だ。

ラフマニノフは「ディエス・イレ」の旋律を丸ごと引用している**《パガニーニの主題による狂詩曲》***だけでなく、《交響曲第1番》《同第2番》《同第3番》をはじめ、交響詩《死

＊ラフマニノフ《パガニーニの主題による狂詩曲》

『ラフマニノフ：ピアノ協奏曲全集／パガニーニの主題による狂詩曲』

ユジャ・ワン（p）、G. ドゥダメル（指揮）、ロサンジェルス・フィル
DG / UCCG-45076/7

完璧な技術と抒情性を兼ね備えるユジャ・ワンはラフマニノフを得意レパートリーにしていて、《パガニーニの主題による狂詩曲》も何度か録音しているが（来日公演でも弾いた）、そのうち2023年にラフマニノフの全４曲のピアノ協奏曲と一緒にライブ録音した最新アルバムを挙げておく。

閑話休題。ある年のチャイコフスキー・コンクールの決勝で、コンテスタントのひとりが課題曲のチャイコフスキーの協奏曲を弾こうとピアノに向かったら、ライブラリアンが曲順を間違えたせいで、もうひとつの課題曲だった《パガ狂》の前奏が始まった！《パガ狂》というと、その時の彼の絶望的な表情がどうしても浮かんでくる（YouTubeにも上がっている）。

◆「ディエス・イレ」の旋律を引用した主な非－宗教曲

作曲家	作品と登場箇所
H. ベルリオーズ [仏]1803-69	**《幻想交響曲》**(1830) ＊第５章「ワルプルギスの夜の夢」に登場。
R. シューマン [独]1810-56	**《ゲーテの「ファウスト」からの情景》**(1848-53) ＊オラトリオ。第３部「大聖堂にて」で合唱が「Dies Irae, Dies illa」というグレゴリオ聖歌の元の歌詞を歌う。
F. リスト [ハンガリー]1811-86	**《ピアノ独奏付き管弦楽曲「死の舞踏」》**(1849 / 65) ＊ピアノ独奏版および2台のピアノ版を作曲者自身が編曲。
Ch.－V. アルカン [仏]1813-88	**《悲愴な様式によるの3つの曲》**(1837) ＊ピアノ独奏曲。第３曲「死」に登場。
C. サン=サーンス [仏]1835-1921	**《交響詩「死の舞踏」》**(1874) ＊作曲者自身の編曲による2台ピアノ版、ヴァイオリンとピアノの版などあり。
M. ムソルグスキー [露]1839-81	**《交響詩「禿山の一夜」》**(原典版1867 / リムスキー=コルサコフによる改訂版1886) ＊はっきりとは聴き取りにくいが、「ディエス・イレ」から改変されたモチーフが曲全体を支配。
	《歌曲集「死の歌と踊り」》(1877) ＊第４曲「トレパーク」に登場。ショスタコーヴィチの編曲による管弦楽伴奏版のほかに、リムスキー=コルサコフ、グラズノフ、カレヴィ・アホによる編曲版もある。
P. I. チャイコフスキー [露]1840-93	**《組曲第３番》**(1884) ＊管弦楽曲。第4曲「主題と変奏」の第４変奏の中間部に登場。
	《マンフレッド交響曲》(1885) ＊第4楽章「アリマーナの地下宮殿」に登場。
	《歌曲「6つの歌」》 作品16(1872) ＊第6曲「新しいギリシャの歌」に登場。ギリシャ民謡を翻訳した歌詞がグレゴリオ聖歌の「ディエス・イレ」の旋律に乗せて歌われる。
E. イザイ [ベルギー]1858-1931	**《無伴奏ヴァイオリン・ソナタ第２番 イ短調》**(1924) ＊「ディエス・イレ」の旋律が循環主題として全４楽章に繰り返し登場。

G. マーラー [オーストリア]1860-1911	**《嘆きの歌》**(初稿1880 / 最終稿1899) ＊カンタータ。1899年改訂版(最終稿)の第２部の中盤に、「ディエス・イレ」の最初の４音が引用されている。
	《交響曲第２番 ハ短調「復活」》(1894) ＊第１楽章および第５楽章で「ディエス・イレ」の最初の４音が複数回引用。
A. グラズノフ [露]1865-1936	**《組曲「中世より」》**(1902) ＊第２曲スケルツォに登場。サン=サーンスの《死の舞踏》からの引用も見られる。
J. シベリウス [フィンランド]1865-1957	**《交響曲第２番 ニ長調》**(1901) ＊第２楽章の87小節以降で金管が「ディエス・イレ」を思わせるパッセージを吹くが、リズムが大きく違うこともあり、引用かどうかは疑問。
R. ヴォーン=ウィリアムズ [英]1872-1958	**《５つのテューダー朝の肖像》**(1935) ＊メゾ・ソプラノ、バス・バリトン、ファゴット、フルート、チェロのための合唱付き協奏曲。第４曲ロマンツァ「ジェーン・スクループ」に登場。
S. ラフマニノフ [露]1873-1943	**《交響曲第１番 ニ短調》**(1895) ＊第１楽章の冒頭が「ディエス・イレ」の冒頭４音と類似。
	《交響曲第２番 ホ短調》(1906-07) ＊第２楽章スケルツォの冒頭の主題およびコーダが「ディエス・イレ」と類似。
	《交響詩「死の島」》(1909) ＊「ディエス・イレ」の変形・断片がコーダ部分中心に登場。
	《ピアノ・ソナタ第１番 ニ短調》(1907) ＊当初はゲーテの『ファウスト』に基づく標題的なピアノ・ソナタとして構想されており、メフィストフェレスをイメージした第3楽章で「ディエス・イレ」の冒頭の７音を引用。
	《練習曲集「音の絵」》作品33(1911)、作品39(1916-17) ＊作品39の第２曲「海とかもめ」の伴奏音形に「ディエス・イレ」を変形・引用しているのは明らかだが、全９曲に変形・引用しているという解釈も。
	《鐘》(1913) ＊合唱交響曲。第４曲を中心に全体的に「ディエス・イレ」が引用されている。

	《徹夜禱》(1914-15) ＊《晩禱》とも。正教会の奉神礼のために書かれた無伴奏の混声合唱のための作品。
	《ヴォカリーズ》(1915) ＊歌い出しで「ディエス・イレ」の４音を引用。
	《パガニーニの主題による狂詩曲》(1934) ＊ピアノとオーケストラのための作品。特に第７〜10変奏部分に引用。
	《交響曲第３番 イ短調》(1936) ＊第３楽章の展開部およびコーダが「ディエス・イレ」と類似。
	《交響的舞曲》(1940) ＊第３楽章全体を通して「ディエス・イレ」が登場。
G. ホルスト [英]1874-1934	**《死のオード(頌歌)》**(1919) ＊カンタータ。中盤に最初の４音が登場。
E. ドホナーニ [ハンガリー]1877-1960	**《４つの狂詩曲》**(1903) ＊ピアノ独奏曲。「ディエス・イレ」の変奏が随所に見られ、最終の第４番で明示されて全体に統一感をもたらす。なお、チェロ・ソナタ作品8にも「ディエス・イレ」の冒頭4音が登場。
O. レスピーギ [伊]1879-1936	**《ブラジルの印象》**(1928) ＊管弦楽曲。第２曲「ブタンタン」に登場。
N. メトネル [露]1880-1951	**《ピアノ五重奏曲 ハ長調》**(1948) ＊第１楽章では「ディエス・イレ」の最初の４音が、第３楽章では８音が引用。
N. ミャスコフスキー [露]1881-1950	**《交響曲第６番 変ホ短調》**(1921-23) ＊第２楽章のスケルツォの中間部に登場。
I. ストラヴィンスキー [露]1882-1971	**《弦楽四重奏のための３つの小品》**(1914) ＊《春の祭典》が書かれた直後の作品。第３曲「聖歌」に最初の４音が繰り返し登場。
A. オネゲル [仏]1892-1955	**《死の踊り》**(1938) ＊独唱・合唱・管弦楽のためのオラトリオ作品。第１部の終わり前に、有名な童謡「アヴィニョンの橋の上で」に続けて登場。

K. ソラブジ [英]1892-1988	**《「怒りの日」によるセクエンツァ・シクリカ》**(1949) ＊ピアノ独奏曲。全27曲を演奏するのに５時間以上かかる。この曲のほかにも《怒りの日による変奏曲とフーガ》(1923-26)などいくつかの作品で「ディエス・イレ」を引用。
A. ハチャトリアン [アルメニア]1903-78	**《交響曲第２番 ホ短調「鐘」》**(1943) ＊第3楽章に葬送行進曲とともに登場。
L. ダラピッコラ [伊]1904-75	**《囚われ人の歌》**(1938-41) ＊合唱と２台のピアノと打楽器のための作品。同じ作曲家のオペラ《囚われ人》とは別物。
E. トゥビン [エストニア]1905-82	**《交響曲第３番 ニ短調》**(1940-42) ＊第１楽章に登場。
A. ドラティ [ハンガリー]1906-88	**《交響曲第２番「平和の訴え」》**(1986) ＊第２楽章のタイトルがそのまま「ディエス・イレ」。
D. ショスタコーヴィチ [露]1906-75	**《アフォリズム》**作品13(1927) ＊第７曲「死の踊り」に引用。
	《交響曲第14番「死者の歌」ト短調(》1969) ＊冒頭の主題が「ディエス・イレ」の４音を模したもの。この主題は第10楽章で回想される。
	《組曲「ハムレット」》(1932) ＊第11曲「レクイエム」で引用。
	《弦楽四重奏曲第８番 ハ短調》(1960) ＊第３楽章の終わりに最初の４音を引用。
G. ウストヴォリスカヤ [露]1919-2006	**《コンポジション第２番「怒りの日」》**(1973) ＊副題からすでに「ディエス・イレ」。
J. ウィリアムズ [米]1932-	**《映画音楽「スター・ウォーズ」》**(1977) ＊「エピソードII、III、IV」で引用。
A. シュニトケ [露]1934-98	**《交響曲第１番》**(1969-72) ＊第４楽章でマーラーの交響曲第5番、チャイコフスキーのピアノ協奏曲第1番、ヨハン・シュトラウス2世の《ウィーンの森の物語》などの断片とともに引用。

の島》や《交響的舞曲》などで「ディエス・イレ」の旋律を部分的に引用している。どんだけ怒られるのが好きなんだ、と言いたくなるほどの使用頻度の高さだ。

案外気づかれにくいのが《ヴォカリーズ》（作品34‐14）の歌い出しだ。ハ長調／イ短調に移調すると音名が「ファ・ミ・ファ・レ」となり、グレゴリオ聖歌と同じであることがわかる。音価すなわち楽譜上の音の長さを変えているので――《ヴォカリーズ》は3番目の音を長く伸ばしている――、印象がかなり違って聞こえ、引用とはなかなか気づかない。ラフマニノフといえば、ピアノ曲の超絶テクニックと甘美なメロディーばかりが注目され、ともすれば保守的な作曲家と見なされがちだが、緻密に計算された作曲技法をそこかしこに仕込んでいて、案外前衛的な作曲家の面をもっている。

総じてロシアの作曲家が「ディエス・イレ」の旋律を好んで自分の曲に使っているケースが多いようだ。理由は二つほど見当がつく。

カトリック教国とちがって正教会が主流のロシアでは、歴史上・宗教上の慣習として死者のためのミサ曲はおろかグレゴリオ聖歌すら認められていない。というのも、１０５４年、カトリック教会（西方教会）と正教会（東方教会）は完全に分裂したが、グレゴリオ聖歌が西方世界に残っていたケルト聖歌やガリア聖歌といった古い聖歌を駆逐して、カトリックの典礼で使われる唯一の正式な聖歌になったのが、東西教会分裂後の12～13世紀なので、ロシアはグレゴリオ聖歌とはほとんど縁がなかったのだ。

そのロシアの作曲家たちが、自分の管弦楽曲や器楽曲などに宗教的な響きが欲しくなった場合に、しばしば正教会のではないカトリック側の聖歌であるグレゴリオ聖歌の「ディエス・イレ」の旋律を借用したのはなぜか？　それは、ロシアの正教会は聖歌に楽器を用いることと自体を伝統的に禁じていたため、正教会の聖歌の文言や旋律を管弦楽曲や器楽曲として作曲することができなかったからである。よって彼らが「ディエス・イレ」を多用したのは当然の選択だったとも言える。

ロシア人の作曲家が「ディエス・イレ」にことさら惹かれる理由がもうひとつあるとしたら、やはりベルリオーズの影響が挙げられるだろう。

ピョートル大帝（1672〜1725）の西欧化政策以来、ロシアではフランス語が宮廷で話される公用語となっており、ロシアとフランスとは政治的・文化的に結びつきを強めていた。音楽界でも、例えばベルリオーズはパリに来ていたミハイル・グリンカ（1804〜57）と懇意になって、自身が指揮者を務める演奏会でグリンカの曲を取り上げたり、新聞の音楽評でグリンカの才能を激賞したりした。またグリンカのほうも友人への手紙のなかでベルリオーズの《レクイエム》の「ディエス・イレ」と「トゥーバ・ミルム」に触れ、「筆舌に尽くしがたい印象を与えた」と書いている。[†]

ベルリオーズの《レクイエム》はあまりにも大曲すぎて、作曲者自身が母国で演奏する機会を見つけることすら大変なのに、初演の1837年の4年後にはロシアで《レクイエ

† グリンカをはじめとするロシアの作曲家たちとベルリオーズの交流については、野原泰子「ベルリオーズとロシア音楽界の出会い　《幻想交響曲》と《シェエラザード》を繋ぐ糸を探る」（『武蔵野音楽大学研究紀要』第50号、2018）参照。《幻想》のイデー・フィクス（固定楽想）がリムスキー＝コルサコフの《シェエラザード》や《アンタール》に与えた影響を詳しく分析している。

ム》の大規模な特別演奏会が開かれた。それを知ったベルリオーズは「ここパリでは、私は気でも狂わなければ、この作品の全曲演奏など考えられないでしょう」と驚きをもって知人に書き送っている。そして1847年にはロシアを訪問し、自作の曲をサンクトペテルブルクやモスクワで客演指揮している。

ベルリオーズの二度目の訪露は1867年から翌68年にかけてのことで、ベルリオーズを客演指揮者に迎えてサンクトペテルブルクで開かれたロシア音楽協会の演奏会は大成功を収めた。演奏会は計6回にわたり、ベルリオーズはベートーヴェンやモーツァルトの曲とともに、《幻想交響曲》など自作の曲を10曲ほど指揮した（《レクイエム》からも抜粋で演奏されたが、「ディエス・イレ」は省かれた）。ロシア滞在中に64歳の誕生日を迎えた12月11日には、王宮で盛大な祝宴まで開かれた。その際ムソルグスキー、チャイコフスキー、リムスキー＝コルサコフ、アントン・ルビンシテインらロシアの名だたる作曲家たちと交流している。

しかし、演奏会そのものは成功だったものの指揮をするベルリオーズの衰えは隠しようもなく、すでに音楽家としての往年の輝きを失っていた。そのことを、全演奏会に通い詰めたリムスキー＝コルサコフは自伝の中で、ミリイ・バラキレフ（1837〜1910）が語っていた言葉として「楽員はそれ（＝ベルリオーズの振り間違い）を見ないふりをして、演奏を続け、すべてはうまくいった」と書き残しそれに同意している。[†] 彼らが見抜いたとお

† リムスキー＝コルサコフの自伝『わが音楽の生涯』（服部竜太郎訳、音楽之友、1952、p.39）。それに続けてリムスキー＝コルサコフは、ベルリオーズが「老齢と病気と倦怠とによって彼の才能がすでに衰えかけて」いたにもかかわらず、聴衆がそれに気づかず、楽員は大目に見ていたことについて、「指揮法は神秘に包まれたものである」と述べている。

り、ベルリオーズの衰えはロシアの寒さのせいで加速し、翌1869年に他界した。

とはいえやはり《幻想交響曲》の衝撃は相当なものがあっただろう。他に類を見ないオーケストレーションとともに、終楽章の「ディエス・イレ」の旋律がロシアの作曲家たちの心に深く突き刺さったことは想像に難くない。

ガチすぎる怒り――ウストヴォリスカヤ

同じロシア人でも**ガリーナ・ウストヴォリ（ル）スカヤ**（1919～2006）まで時代が下ると、同じ「ディエス・イレ」を引用する場合もその抽象度がグッと上がってくる。

「ハンマーを持った貴婦人」とあだ名されたウストヴォリスカヤは、ドミトリ・ショスタコーヴィチの弟子でありながら（愛人との噂あり）、師の作曲スタイルを少なくとも表面的には継承せず、ソ連の社会主義リアリズムとは相容れないモダニズムの作風を貫いた。加えて神秘主義的な傾向もあり、非妥協的なコントラストの強い二元論構成に特徴がある。

彼女の代表作のひとつ、「怒りの日」という副題をもつ**《コンポジション第2番「怒りの日」》***はじつにユニークな編成で、ピアノ、コントラバス8台、および木箱！で演奏される。「ディエス・イレ」の旋律をバラバラに切り離したような音の断片を、コントラバスのアンサンブルが一音ずつ残忍な響きで全奏する。その傍（かたわら）で打楽器奏者が両手に持ったハンマーで、最後の審判の結果を言い渡すかのごとく木箱を容赦なく叩く。これを「安息」の曲という意味で「レクイエム」と呼べるかはともかく、まさに「怒り」という名にふさわしい激烈かつ厳粛な曲だ。ウストヴォリスカヤにあっては「ディエス・イレ」はもはや、元々の歌詞からも旋律からも、カトリックの典礼としての意義からも解き放たれ、抽象的なモダンアートに近いものとなっている。

《スター・ウォーズ》と「ディエス・イレ」——ジョン・ウィリアムズ

ロシアからさらに目を転じてみると、珍しいところでは**ジョン・ウィリアムズ**（1932〜）が映画**《スター・ウォーズ》***シリーズで「ディエス・イレ」の旋律を使っている。最

＊ウストヴォリスカヤ《コンポジション第2番「怒りの日」》

『G. ウストヴォリスカヤ：コンポジション第２番「怒りの日」／ピアノ・ソナタ第6番／グラン・デュエット』
ルードゥス・グラヴィス（コントラバス・アンサンブル）他
WERGO / WER67392
ウストヴォリスカヤの後期の代表曲を収録。どの曲も1音の圧が強くて濃い。トーン・クラスターももはや効果音の域を超えている。少しリズミックだったりメロディアスな箇所が聞こえてくると、かえってビックリする。
近年やっと彼女の曲を好んで取り上げる演奏家が増えてきたが、なかでも注目はヴァイオリニストのP. コパチンスカヤだ。《ヴァイオリン協奏曲》をはじめウストヴォリスカヤのヴァイオリン曲を精力的に取り上げて演奏・録音しているが、なんと《コンポジション第２番》では、ヴァイオリンを自らハンマーに持ち替えて木箱を叩いている。CDにはなっていないが、ライブ演奏がユーチューブに上がっているので、ぜひ見てほしい。

初に映画化された「エピソードⅣ　新たなる希望」で、ルーク・スカイウォーカーがオビワン（ベン）・ケノービのところから帰宅すると、ルークを育ててくれた叔父叔母夫婦が帝国軍に殺されていたが、このシーンに「ディエス・イレ」の最初の4音が現れる。また「エピソードⅡ」および「同Ⅲ」でも「ディエス・イレ」の旋律が聞こえてくる。

とあるチューバ奏者の話では、チューバ吹きが大切に思っている作曲家が二人いるという。一人はレイフ・ヴォーン＝ウィリアムズ。ヴォーン＝ウィリアムズは《チューバ協奏曲（バス・チューバと管弦楽のための協奏曲）》を書いているので、これはわかる。では、残る一人はやはりベルリオーズか、あるいは《動物の謝肉祭》で「象」をチューバに吹かせているサン＝サーンスあたりか、と思っていたらさにあらず、もう一人のウィリアムズ、ジョン・ウィリアムズだとのこと。言われてみればたしかに彼も《チューバ協奏曲（チュー

＊J. ウィリアムズ《スター・ウォーズ》

『ジョン・ウィリアムズ　ライヴ・イン・ベルリン』
J. ウィリアムズ（指揮）、ベルリン・フィル他
DG / UCCG-45038/9
《スター・ウォーズ》のどの箇所に「ディエス・イレ」が出てくるかは、やはり映画を観て確認するのが一番。なのでここでは劇伴音楽の大家J. ウィリアムズのメイン作品が楽しめる、2022年に作曲者本人がベルリン・フィルを指揮したライブ録音を紹介しよう。同じ年にウィーン・フィルを振ったライブ録音もある。ベルリン版とウィーン版とでは『ジュラシック・パーク』のテーマなど同一曲目もあるが、案外重複していない。結果、劇伴ではない作品《チェロとオーケストラのためのエレジー》が入ったベルリン版を選んでみた。「帝国軍のマーチ」を聴き比べて、世界最高峰のオケの音色のちがいを聴き分けるのも一興。それにしても保守的なウィーン・フィルが映画音楽を録音する時代になったのだなあ…。

バと管弦楽のための協奏曲)》を書いているからそれが理由かと思いきや、ジョン・ウィリアムズが音楽を担当した映画《スター・ウォーズ》に出てくるライトセーバーの「ヴォォォォン」という効果音、あの音を生で出せる楽器はチューバだけだから、なのだそうだ。やると必ずウケる鉄板ネタらしいのだが、残念ながら演奏会の舞台で披露するチャンスはありそうもない。

チューバつながりで言うと、ミレニアム・ファルコン号の副操縦士を務めるウーキー族の「チューバッカ」も、何かチューバにちなんで付けられたネーミングなのかも。チューバもチューバッカもどっちも図体(ずうたい)がデカいし……などと早合点すると、フォースの暗黒面に陥る(ダジャレを口走ってしまう)恐れがある。残念ながら両者は無関係だ。その点は十分にチューイしたい。

パイプオルガンの特別な地位

レクイエムでよく使われる楽器についてもふれておこう。ラッパについてはすでに少し述べたが、次はオルガンだ。

教会音楽といわれて現代のわれわれがすぐに思い浮かべるのは、聖歌隊のうたう讃美歌と、教会に備え付けられた大きなパイプオルガンだろう。

鍵盤で音程を操作する代表的な楽器といえばピアノとオルガンだが、音を出すための根本的な仕組みが異なる。原理的にはピアノは打楽器で、オルガンは管楽器だ。つまりオルガンは、空気を送ってその圧力で音を出す。小学校の教室で弾かれるオルガンは、音楽教師が自ら足でペダルを踏むことで空気を送り出しているが、今日のパイプオルガンは電気駆動の送風機を使って風を送り込んでいる。†

電力が利用可能になる以前は、ふいごを使って風を送るふいご職人がオルガンの裏にスタンバっていた。小さなオルガンならオルガンの製造職人が兼務したり、見習いの少年が担当したりしていたが、名のある教会の大規模なオルガンともなると、時には十名を超えるふいご職人が必要になってくる。オルガニストが巨大なパイプオルガンに向き合い、荘厳な音響世界をたった一人で創造する、というストイックな見た目とは違い、その裏側では何人ものふいご職人たちが「次はこっちのふいごだ」「今少し送風が遅れたぞ」「あのガキ、また持ち場を離れやがって。低音部が鳴ってねえじゃねえか」とバタバタしているのを想像すると、二谷幸喜脚本のシチュエーション・コメディでも観ているような気がしてなにやらおかしい。

それにしても、教会内での音楽は声楽がほとんどで、楽器が使用されることのほうが少ない。前述したようにそれには理由があって、聖書のありがたい言葉を伝えるのが教会音楽の至上命題である以上、人間の声とはちがって言葉を歌詞として表現できない楽器など

† ギリシャ・ローマ時代には水圧を利用して送風する「ヒュドラウリス」なる水オルガンというものもあった。宴会の席などでしばしば演奏され、競技会まで開催されたほど人気のある楽器だった。ローマ皇帝のネロも好んで水オルガンを演奏したという。

というものは、教会音楽にとっては用をなさず、せいぜい特殊な場面で、例えばラッパが最後の審判のシーンでのみ使われたように、補助的な役割しか与えられなかった。しかしパイプオルガンに限っては、教会音楽において重要視される例外的な楽器となった。それはどうしてか？

まずその理由のひとつは、パイプオルガンが圧倒的な音響を構築できるからだ。人間の息とはちがい途切れることなくいつまでも音を持続できる。音量も人間が出す声量とは比べものにならないほど大きい。それによって圧倒的な音響世界を聖堂内に創りだし、聴衆は神との合一を感得して、しばし宗教的な高揚感に浸れるのだ。

もうひとつの理由は、パイプオルガンが持ち運びのできない備え付けの楽器だからだ。身も蓋もない極めて即物的理由だが、教会に行かないと聴くことができないという事情は、自分が教会を核とした宗教共同体の一員であることを再認識させ、信徒たちの宗教的な求心力を強めるのに打ってつけだったのだ。

世俗の楽器として古代に誕生したオルガンは、ゲルマン族の大移動があった古代末期から中世初期にかけていったんは廃（すた）れかけたが、キリスト教の普及とともに再び脚光を浴びるようになり、13世紀に入って教会の楽器としてその地位を確立した。17世紀から18世紀にかけてのバロック時代には、北ドイツを中心に大規模オルガンがいくつも建造され、†ヤン・ピーテルスゾーン・スウェーリンク（1562～1621）らの北ドイツ・オルガン楽

† ちなみに、戦国時代の天正九年（西暦1581年、本能寺の変の前年）にキリシタン大名の高山右近が支配する高槻の教会に設置されたパイプオルガンが、日本で最初のものとされている。

派や、ディートリヒ・ブクステフーデ（1637?〜1707）、そしてかのヨハン・セバスティアン・バッハを含むバッハ一族など、名だたる作曲家たちがこぞってオルガンの名曲を生み出した。

以下のページに、**代表的な《レクイエム》曲53選**を挙げてみた。

ただ列記するだけでは芸がないので、それぞれの曲の特徴がひと目でわかるように、レーダーチャートを作成して〝見える化〟を図った。

レーダーチャートは「人気・知名度」「歌詞の遵守」「構成の踏襲」「演奏の規模」「表現の起伏」「技法の革新」の6個の評価項目を、0〜4の5段階で作成したが、この手のチャートはどうしたって曖昧さを避けられないし、ある程度恣意的にならざるを得ない。例えば「演奏の規模」といっても、演奏者の人数の多さなのか、音量の大小のことをいうのか、あるいは演奏時間の長さのことなのか、その辺はあえて明確に定義せずに曖昧なままにしてある。同じ曲を100名近い大編成のオーケストラで演奏することもあれば、室内楽のような小ぢんまりとした編成で演奏することもあるからだ。6個の評価項目のうちで最も定量的に表せそうな「演奏の規模」ですらそのような揺らぎを孕（はら）むのだから、他の項目は言わずもがなだろう。

とはいえ何もないよりはマシだ。目安ぐらいにはなるかもしれない。

オケゲム《レクイエム》

Johannes Ockeghem (1410?-97)［ベルギー、仏］

典礼音楽のなかの個性

人気・知名度
歌詞の遵守
構成の緻密さ
演奏の規模
表現の起伏
技法の革新

【作曲年】1461年
【初演】不明
【編成】２声または４声部の合唱、まれにトランペット、トロンボーン、弦楽器の伴奏付き

中世の教会音楽はあくまで典礼用であって、作曲家の個性を出したり聴衆に鑑賞してもらうためのものではなかった。ルネサンス期に入り、同じ典礼文を用いたミサ曲でありながら、作曲家の個性が盛り込まれた作品が書かれるようになった。その先駆者はブルゴーニュ楽派のギョーム・デュファイ（１３９７〜１４７４）で、レクイエムも書いていたらしいのだが残っていない。よって次世代のフランドル楽派初期の代表的作曲家ヨハネス・オケゲムの書いた《レクイエム》が、現存する最古の多声によるレクイエムと言われている。まだフランスではその習慣がなかったため「ディエス・イレ」は無いが、余計な装飾を廃しつつ、グレゴリオ聖歌の旋律を自由にパラフレーズしていく手法に、技巧派オケゲムならではの音楽的知性が感じられる。†

『ザ・ヒリヤード・アンサンブルの芸術』
P. ヒリアー（指揮）、ヒリヤード・アンサンブル
EMI / CHIL-1001-04
２声、３声、４声が巧みに組み合わされ、声部数に変化をつけた構成が知的かつ美しい。オケゲム自身がフランスの王室礼拝堂聖歌隊のバス歌手だったためか、最低音部の響きが特に充実。本CDにはダンスタブル、デュファイ、ジョスカンらのモテトゥスやミサ曲も収録されていてお得。

† 全９曲のうち「イントロイトゥス」「キリエ」「グラドゥアーレ」「トラクトゥス」「オッフェルトリウム」以外はゴレゴリオ聖歌をそのまま引用している。全部を新たに作曲することをしないのは、当時の作曲家に共通する流儀だった。

できることならオケゲムの後には、ルネサンス最大の作曲家ジョスカン・デ・プレ（1440／55～1521）の名前を並べたいところだが、残念ながらジョスカンは《レクイエム》を書いていない。なので、一時はジョスカン作では？とも噂されながら今日では偽作と判明している、同じフランドル楽派のジャン・リシャフォールの《レクイエム》を挙げておこう。

リシャフォール《ジョスカン・デ・プレ追悼のためのレクイエム》

Jean Richafort (1480?-1547?)［ベルギー］

ルネサンス音楽最大の天才を偲んで

人気・知名度
歌詞の遵守
構成の妙
演奏の規模
表現の起伏
技法の革新

【作曲年】1532年
【初演】不明
【編成】6声部の合唱

リシャフォールはおそらくジョスカンの弟子で、この《レクイエム》も初めは天才の不肖の弟子による二線級の作品かと思いきや、なかなかどうして流麗な対位法を駆使した立派なもの。世俗曲でも多くの傑作を遺したジョスカンゆずりの親しみやすさと、美しいままいつまでも途切れない旋律線は、いかにも師の美点を受け継いでいる。もっと聴かれていい作曲家だ。

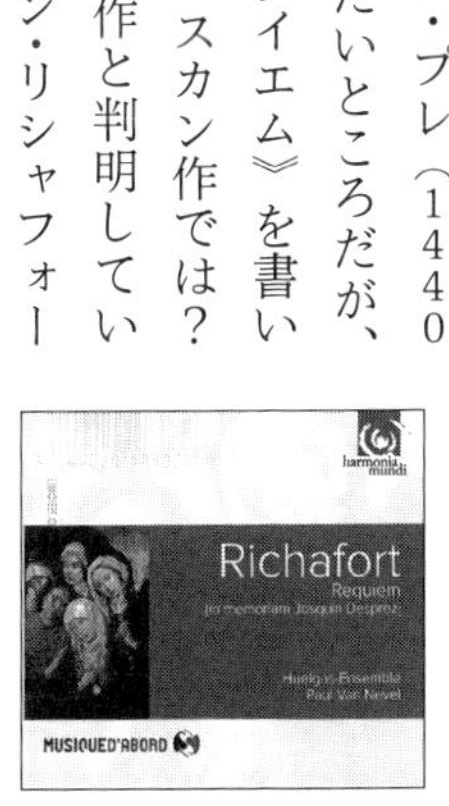

『リシャフォール：宗教作品集』
P. v. ネーヴェル（指揮）、ウェルガス・アンサンブル
Harmonia Mundi / HMA1951730
邦盤のタイトルが『レクイエム～ジョスカンの思い出に』となっていることからも、ジョスカンの強い影響下に書かれたものであることがわかる。「ぐびっ、ぐびっ、ぐびっ、今が飲み時」（本当にグビグビと歌っている）や「甘く素敵な生活なんてない」などちょっと気になるタイトルの世俗曲も収録。

パレストリーナ《レクイエム》

Giovanni Pierluigi da Palestrina (1525-1594)［伊］

グレゴリオ聖歌への原点回帰

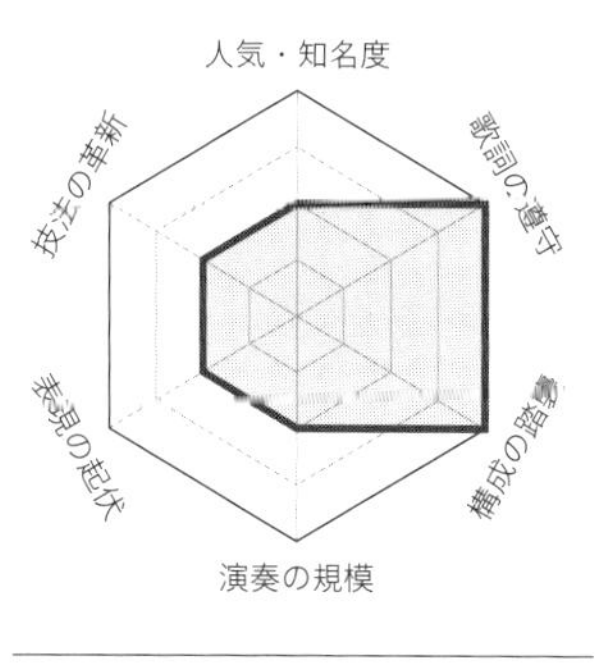

【作曲年】1591 年
【編成】5 声部の合唱

ジョヴァンニ・ピエルルイージ・ダ・パレストリーナが生まれた16世紀前半のイタリアの教会音楽は、フランドル楽派の高度に技巧的な曲が支配的だった。しかし宗教改革に対抗すべくカトリック側も典礼音楽のあり方を刷新する動きが現れ、トレント公会議（1545～63）では、高度になりすぎた音楽――実際、音が複雑に重なり合い歌詞が聴き取れない曲も多かった――の純粋化が図られた。この一種の原点回帰の使命を担ったのがパレストリーナだ。伴奏を廃した「パレストリーナ様式」は、のちには教皇からも「グレゴリオ聖歌に次ぐ模範的な教会音楽」と公認された。確かに明確に歌詞が聴き取れる由緒正しき多声音楽だ。だが時々斬新な半音階が現れてハッとさせられる。案外良い意味で「看板に偽りあり」なのかも。

『パレストリーナ：レクイエム、雅歌』
シャンティクリア
TELDEC / WPCS-10037
「若く美しくなったグレゴリオ聖歌」という表現がピッタリの曲。ルネサンス期教会音楽の集大成と呼ぶにふさわしいが、むしろ整いすぎているきらいすらある。それでも「サンクトゥス」の冒頭の半音階進行などはゾクゾクすること疑いなし。グラミー賞受賞歴をもつ現代最高のア・カペラ男声合唱団、シャンティクリアの美声でぜひ。

ビクトリア《レクイエム》

Tomás Luis de Victoria (1548-1611)［スペイン］

高純度の神秘主義的なスペイン典礼音楽

人気・知名度
歌詞の遵守
構成の多様さ
演奏の規模
表現の起伏
技法の革新

【作曲年】1605年（初演も？）
【編成】6声部の合唱

16世紀後半のスペインの関心はもっぱら新大陸に向けられ、音楽家たちもフランスやイタリアに音楽修行に出掛けることはほとんどなかった。数少ない例外がトマス・ルイス・デ・ビクトリアで、スペイン王室の皇太后マリアの葬儀のために書いたこの6声の《レクイエム》は（別の4声の《レクイエム》もある）、彼がローマで学んだパレストリーナ様式に基づいている。

スペインはイスラムの影響で、他のヨーロッパ諸国と比べて楽器使用に抵抗感が薄く、ギター曲などの素晴らしい世俗曲がいくつも生まれている。しかしビクトリアは当時の音楽家としては珍しく世俗曲を一切書かなかった。ローマで師事したであろうパレストリーナの曲がもっていた明るさを排除した、典礼音楽として純度の高い、神秘主義的な曲になっている。

『ビクトリア：レクイエム／アロンソ・ロボ：「わがハープは悲しみの音に変わり」』
ピーター・フィリップス（指揮）、タリス・スコラーズ
Gimell / CDGIM012
高純度ゆえに帯びる神秘性・狂気性すら感じさせるビクトリアの音楽には、このCDのジャケ写にも使われている同時代人の画家エル・グレコのマニエリズムに通じるものがある。《カルメン》のラテン的陽気さとは対極にあるが、これもまた確かにスペイン的一面だ。

シュッツ《ムジカーリッシェ・エクセークヴィエン》

Heinrich Schütz (1585-1672)〔独〕

故人／個人の遺志に寄り添うドイツのレクイエム

人気・知名度
歌詞の遵守
構成の踏襲
演奏の規模
表現の起伏
技法の革新

【作曲年】1636年
【初演】不明
【編成】ソプラノ2、アルト1、テノール2、バス1、6声部の合唱、オルガン（またはチェロ、テオルボ〔リュート族の撥弦楽器〕）

初期ドイツ・バロック期の最も重要な音楽家ハインリヒ・シュッツが、領主の依頼で書いた「音楽による葬送」という意味のこの曲は、プロテスタントには葬送のための教会音楽が定まっていないこともあって、従来のレクイエムとはだいぶ毛色が異なる。曲は「ドイツ鎮魂ミサの形式によるコンツェルト」から始まる3部構成で、独唱と合唱の掛け合いの形になっている。それだけでも通常のレクイエムとは違うが、歌詞も定形文ではなく、領主が自分が入る予定の棺に彫らせた好みの聖句を使っている。そしてその聖句はラテン語ではなくドイツ語なのだ。つまり教会の典礼形式よりも故人／個人の遺志（いし）に寄り添った作品になっている。シュッツが「ドイツ音楽の父」と呼ばれ、この曲が「ドイツ・レクイエム」とも言われる所以（ゆえん）だ。

『シュッツ：ムジカーリッシェ・エクセークヴィエン』
Ph. ヘレヴェッヘ（指揮）、シャペル・ロワイヤル他
Harmonia Mundi / HMG501261
シュッツはドレスデンの宮廷楽長を長く務めたが、その間に勃発した三十年戦争でドイツの人口の3分の1が失われ、文化的にも荒廃した。シュッツも作曲に専念できず、楽団の維持に奔走した。彼の《レクイエム》には、過酷な現実から生まれた「実（じつ）」がある。

シャルパンティエ《死者のためのミサ曲とシンフォニー》H・10

Marc-Antoine Charpentier (1643-1704)［仏］

序曲と三拍子の「ディエス・イレ」

【作曲年】1690年代
【初演】？
【編成】独唱、合唱、4声の伴奏楽器

バロック時代、フランスはドイツやイタリアに比べて通奏低音†の導入が遅れ、代わってルネサンス時代の中心的楽器であったリュートが引き続き重要な役割を担っていた。それゆえフランスには厳密な意味でバロック音楽はなく、「ヴェルサイユ楽派」と呼べきだとする説もある。そのヴェルサイユ楽派のひとりマルク゠アントワーヌ・シャルパンティエは多くの宗教音楽を書き、レクイエムも3曲遺している。なかでも本曲はちょっと変わっている。通常なら「レクイエム・エテルナム～」という歌詞で始まる「イントロイトゥス」が冒頭にあるはずだが、それがない。代わって冒頭には、器楽だけで演奏される2分ほどの序曲（シンフォニー）が付いている。「ディエス・イレ」も優美な三拍子だ。流麗でありながら内省的、これがフランス流か。

『シャルパンティエ：死者のための4声のミサ曲／ダヴィド詩篇』
G. ヴァシェジ（指揮）、パーセル合唱団、オルフェオ管弦楽団
Hungaroton / HCD32235
本文でも書いたが、この「ディエス・イレ」は歌詞を聴いていないとそうとは気づかないほど、通常の「ディエス・イレ」イメージから外れている。続く「トゥーバ・ミルム」もそもそも「奇しきラッパの響き」を吹くはずの金管がない。やはりフランスは一味違う。

† 「通底する」という日本語があるせいなのか、「通奏低音」と聞くと「ずっと鳴っている低音」というイメージを抱きがちだ。しかし実際は、オルガンの保続音のように「ずっと鳴っている」わけでも、「低音」ばかり弾いているわけでもない。即興的に和音を構成し装飾するのが通奏低音だ。案外ジャズシンガーのバックバンドがイメージとして一番近いかも。

ビーバー《15声のレクイエム》イ長調

追悼は明るく壮大に

Heinrich Ignaz Franz von Biber (1644-1704)［墺］

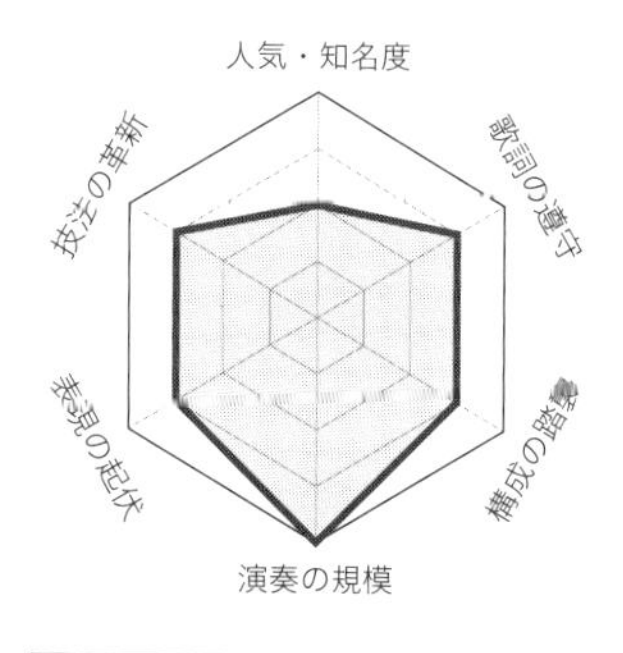

【作曲年】1687年
【初演】1687年？
【編成】15声部の合唱・独唱（6）・管弦楽

ボヘミア出身でザルツブルク大司教宮廷の楽長を務めたハインリヒ・イグナツ・フランツ・フォン・ビーバーには、ヘ短調とイ長調の二つの《レクイエム》がある。前者は5声部だが、ザルツブルク大司教の葬儀に用いられた後者のほうは、独唱・合唱・管弦楽合わせて15声部にも分かれている！　《レクイエム》ではないが、ビーバーはなんと32声部の曲も書いている（作曲者不明の53声部の大規模ミサ曲も、ビーバーが書いたのではないかと推測されている）。

イ長調という煌(きら)びやかな調を主調とした、途方もない演奏規模の曲で、知らずに聴いたら祝典のための曲と間違えそうだ。故人を偲んで静かに悲しみにふける追悼曲のイメージの対極にあるが、しかし故人の生前の業績と栄光を最大限讃える、これもまた確かに《レクイエム》だ。

『ビーバー：バッターリア、15声のレクイエム』
J. サヴァール（指揮）、ル・コンセール・デ・ナシオン、ラ・カペラ・レイアル・デ・カタルーニャ
Alia Vox / AV9825
本家ザルツブルク大聖堂でライブ収録された1枚。15声部の厚みと5つに分散配置された管弦楽の立体的な響きに圧倒される。冒頭には葬送行進曲まで付いている。「バッターリア」（戦争）もバルトーク級の半端なさだ。

カンプラ《レクイエム》

André Campra (1660-1744)［墺］

ミサ曲不振の時代の傑作

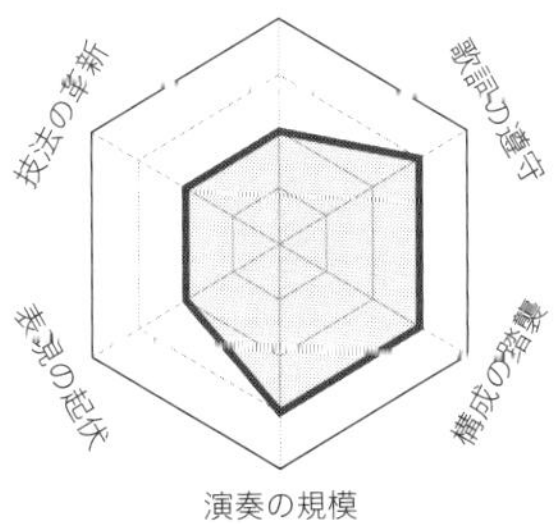

【作曲年】1722年
【初演】？
【編成】ソプラノ（2）、テノール（2）、バス、混声合唱、通奏低音、管弦楽

アンドレ・カンプラは後期ヴェルサイユ楽派に属し、パリのノートルダム大聖堂の楽長やヴェルサイユ宮殿の宮廷礼拝堂楽団の副楽長にまでなった。しかし彼が密かに望んでいたのは世俗作品の最たるものであるオペラを書くことだった。ついに弟の名前でオペラ・バレエ《優雅なヨーロッパ》を書き、予想外の大成功を収めた。しかしそれがバレて、放り出されたのか自ら飛び出したのかはともかく、大聖堂の楽長を辞してオペラ座の指揮者になる。晩年は宮廷礼拝堂の職務に専念し多くの宗教曲を遺した。教会音楽の大立者を世俗音楽に走らせたものが、芸術的な創造意欲なのか別の欲なのかはわからないが、カンプラはミサ曲不振、バレエ大流行の時代にあって、聖俗どちらのジャンルでも高いレベルの作品を書くことができた。

『カンプラ：レクイエム／主がシオンの繁栄を回復したもうとき』
R. ゲッチェル（C-T）、O. シュネーベリ（指揮）、レ・パージュ・エ・レ・シャントル、オルケストル・デ・ムジーク・アンシエンヌ・エタヴニール他
Phaia Music / K617224
「ディエス・イレ」を含む「セクエンツィア」がないのは、フランスのレクイエムの伝統。のちのフォーレを思わせる透明感のある響きは、確かに聖俗どちらでも高い評判を得ただろう。

ゼレンカ《レクイエム》ハ短調 ZWV45

Jan Dismas Zelenka (1679-1745)［チェコ］

〝ボヘミアのバッハ〟が至った境地

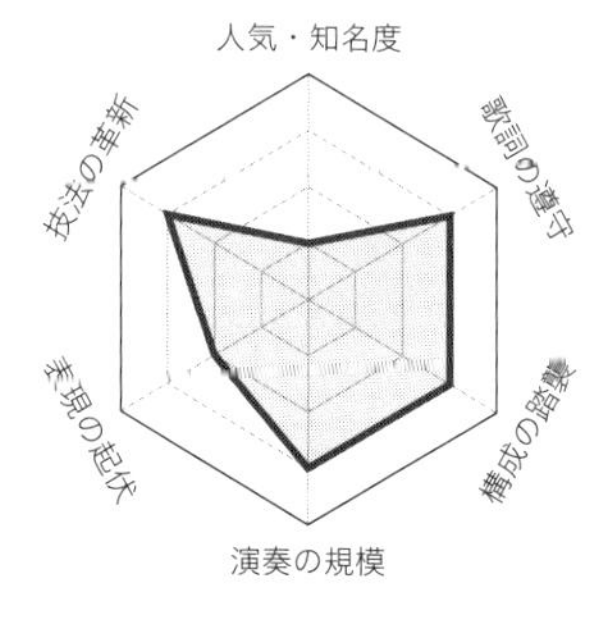

【作曲年】1737年？
【初演】？
【編成】ソプラノ、アルト、テノール、バス、混声合唱、トロンボーン3、弦5部、通奏低音

ヤン・ディスマス・ゼレンカはボヘミア（現在のチェコ）に生まれ、ドレスデンでザクセン選帝侯に仕えた。その作曲技法はJ・S・バッハからも高く評価されたほどだが、後半生は不遇で肖像画すら伝わっていない。19世紀後半にスメタナらによってチェコの古い作曲家を発掘しようという機運が高まりようやく再評価されだしたが、国民楽派の先駆的存在としてではなく、後期バロックを代表しうる作曲家としての再評価はやっと始まったばかりだ。

ゼレンカ作として3曲の《レクイエム》が伝わるが、このハ短調のものはおそらく晩年の作品で、他人のためではなく自分のために作曲されたらしい。生来が内省的で生涯を独身で通し、晩年は不遇だったゼレンカの、見栄や虚飾をすべて捨てた裸の魂の声が聞こえる傑作だ。

『ゼレンカ：レクイエム ハ短調』
B. フルニエ（S）、J. E. デーラー（指揮）、ベルン室内管弦楽団・合唱団他
Claves Records / CD50-8501
このハ短調の《レクイエム》が再演（もしかして初演？）されたのは、2世紀もの時を経た1984年のこと。このCDはその時のメンバーによるもの。冒頭の「イントロイトゥス」から、たゆたうような旋律線が確かなフーガの技法によって絡み合い、内省的な響きを形づくっていく。

ゼレンカ《レクイエム》ニ長調 ZWV46

Jan Dismas Zelenka (1679-1745)［チェコ］

追悼と祭典をつなぐ意外な転調

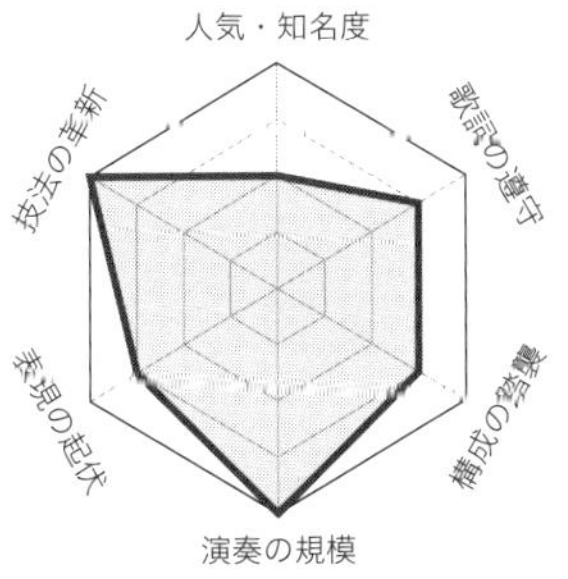

人気・知名度
歌詞の遵守
構成の巧緻
演奏の規模
表現の起伏
技法の革新

【作曲年】1733年
【初演】1733年
【編成】ソプラノ、アルト、テノール、バス、混声合唱、トランペット2、ホルン2、フルート2、オーボエ2、シャルモー（†）、ティンパニ、弦5部、通奏低音

ゼレンカのこのニ長調の《レクイエム》は、1733年に没した「強健王」ことザクセン選帝侯フリードリヒ・アウグスト一世（ポーランド王アウグスト二世）の葬儀のために書かれた曲で、ハ短調のものよりも時期は早い。冒頭を聴いたとたん、曲を間違えたかと錯覚するくらい明るい舞曲風の調べが流れてくるので面食らうが、すぐに悲痛なパッセージが現れ、この後も明暗・陰陽が頻繁に交代する。厳粛な追悼を表す曲調部分と、亡き王の偉業を讃え次期王の即位を喜ぶ祭典的な部分とが混在し、それが手品のように入れ替わるのだ。そしてその異質な曲調をつなぐために意表をつく転調がしばしば行なわれ、そこがこの曲のユニークな特徴となっている。それでいて全体的な統一感は損われない。並みの才能でないことがよくわかる。

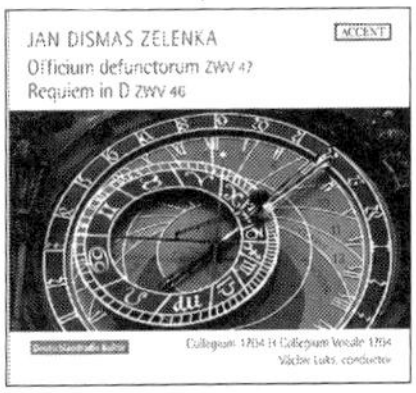

JAN DISMAS ZELENKA
ACCENT
Officium defunctorum ZWV 47
Requiem in D ZWV 46
Collegium 1704 & Collegium Vocale 1704
Václav Luks, conductor

『ゼレンカ：死者のための聖務曲集、レクイエム』
V. ルクス（指揮）、コレギウム・ヴォカーレ1704他
Accent / ACC24244
他に先駆けてこの曲の素晴らしさを世に知らしめたノイマン&チェコ・フィルのモダン・オケによる名盤もあるが、残念ながら「オッフェルトリウム」と「アニュス・デイ」を省略している。なので初の完全版を挙げた。古楽器シャルモーの音色も味わえる。

† ゼレンカがこの曲で使用するよう指示している「シャルモー」という楽器は、クラリネットの原型となったシングル・リードの円形型木管楽器。ブローイング・コントロールが難しく、ククラリネットが普及するのと引き換えに18世紀には姿を消した。よって再現楽器がなければA管クラリネットで代奏するほかないが、クラリネットの明るい音色はバロック音楽になかなかそぐわない。クラリネットがいかに近代のロマン派の楽器であるかが逆によくわかる。

ゴセック《死者のための大ミサ曲》

François-Joseph Gossec (1734-1829)［仏］

バロックから一足飛びにロマン派へ

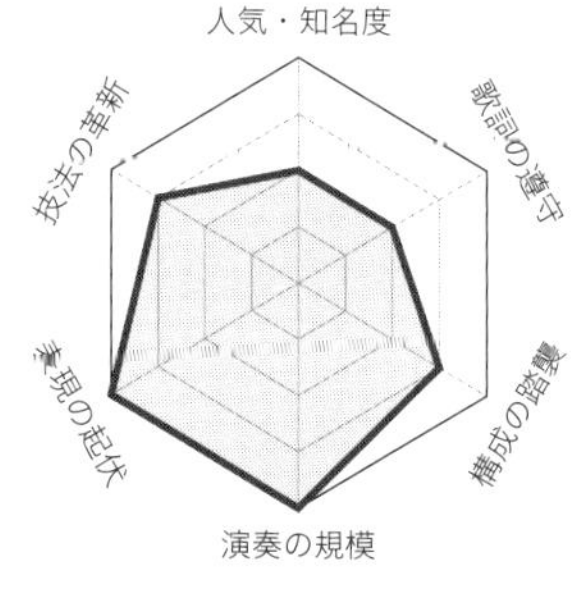

【作曲年】1760年
【初演】1760年
【編成】ソプラノ、メゾ・ソプラノ、テノール、バス、合唱、管弦楽（トロンボーン3、トランペット4、クラリネット4、ホルン4、ファゴット8を含む）

フランソワ＝ジョセフ・ゴセックはフランス国歌《ラ・マルセイエーズ》の管弦楽伴奏の作曲者としてベルリオーズと並び有名だ。95歳まで生きた長命な作曲家だが、この《レクイエム》はフランス革命以前のまだ20代の頃に書いた曲だ。それでも何か新しい表現がしたいという強烈な欲求は随所に見られる。全24楽章を演奏するのに1時間以上かかるし、ティンパニの連打から始めたり、木管・金管を増員して（ファゴットが8本！）2階の聴衆から見えない所に配置して驚かせたり、伝統的な定形文ではない聖句を歌詞にしたり、そして「ディエス・イレ」を導入したりとトガリまくっている。劇的効果を狙いすぎて大味なところもあるが、後期バロック音楽から古典派を飛び越えて初期ロマン派までを一気につなぐスケールの大きな快作だ。

『ゴセック：死者のための大ミサ曲／17声の交響曲』
D. ファソリス（指揮）、ルガーノ・スヴィッツェラ放送合唱団、スイス・イタリア語放送管弦楽団他
Naxos / 8.554750-51
典礼音楽を交響曲かオペラのつもりで書いているのが透けて見えるようで面白い。特に、少年時代にゴセックと会って自作を褒めてもらっているモーツァルトの《レクイエム》には、この曲からの直接の影響が感じられる。

ミヒャエル・ハイドン《大司教ジギスムント追悼のためのレクイエム》ハ短調 MH155
兄ヨーゼフと友アマデウスの間で

Michael Haydn (1737-1806)［墺］

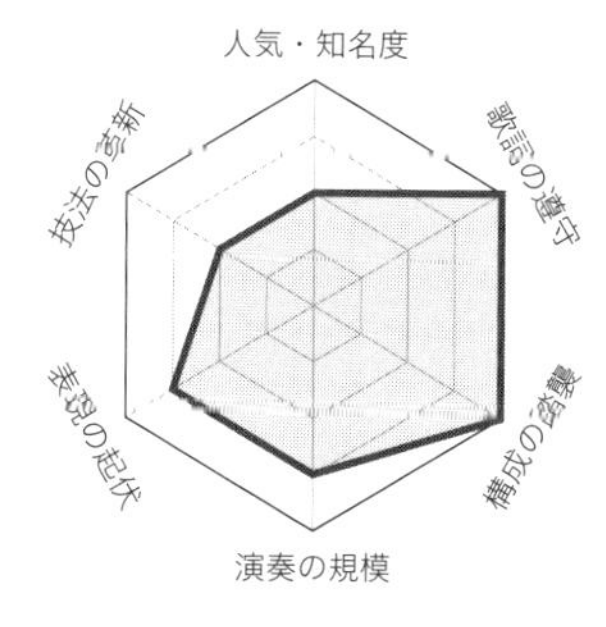

【作曲年】1771年
【初演】1772年
【編成】独唱と混声4部合唱、ファゴット2、トランペット4、トロンボーン3、ティンパニ、通奏低音を伴う弦楽合奏

フランツ・ヨーゼフ・ハイドンの5歳年下の弟ミヒャエル・ハイドンは、兄の名声の陰に隠れて不当に割を食っている感はあるが、実際はザルツブルクの宮廷楽団の楽長を務め――その時の同僚にモーツァルトの父レオポルトがいた――、ハプスブルク帝国の皇后マリア・テレジアから作曲を委嘱されるなど、かなりの大立者だった。若き友人モーツァルト†も父親と一緒に初演を含めて3回もこの曲を聴いている。ザルツブルク大司教ジギスムントの死と愛娘の死が重なったことで書かれたミヒャエルの《レクイエム》は、モーツァルトが自身の《レクイエム》を作曲する際の手本となった。そのせいか初めて聴くと、モツレクの原型と言ってもよさそうな響きや動機が聞こえてきてビックリする。兄ヨーゼフの葬儀でも演奏された。

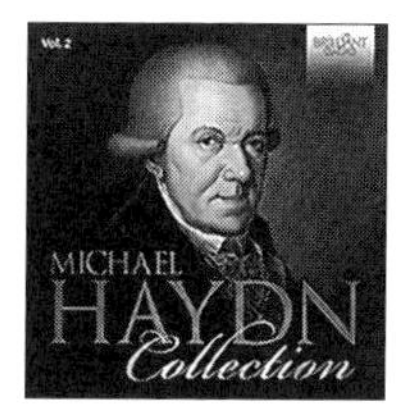

『ミヒャエル・ハイドン・コレクション2』
H. リリング（指揮）、ハンガリー放送合唱団、アムステルダム・フランツ・リスト室内管弦楽団他
Brilliant Classics / BRL95885
「交響曲の父」ヨーゼフ・ハイドンを兄に持ち、モーツァルトと同じく40曲以上の交響曲を書いたミヒャエルだが、彼の本領は声楽曲にあった。リリングの往年の名盤でその腕前のほどを確かめよう。

† ちなみに、モーツァルトの《交響曲第37番 ト長調》と思われていた曲は、じつはミヒャエルの《交響曲第25番》の冒頭にモーツァルトが序奏部分（アダージョ・マエストーソ）を付けたものだったことがのちに判明した。よって今日ではケッヘル番号も従来のK.444からK.425a/Anh.453に変更され、《第37番》は欠番となっている。この事実からも、ミヒャエル・ハイドンとモーツァルトとの間に厚い信頼関係があったことがわかる。

モーツァルト《レクイエム》ニ短調 K.626

Wolfgang Amadeus Mozart (1756-1791)［墺］

かなしさに追いついた涙

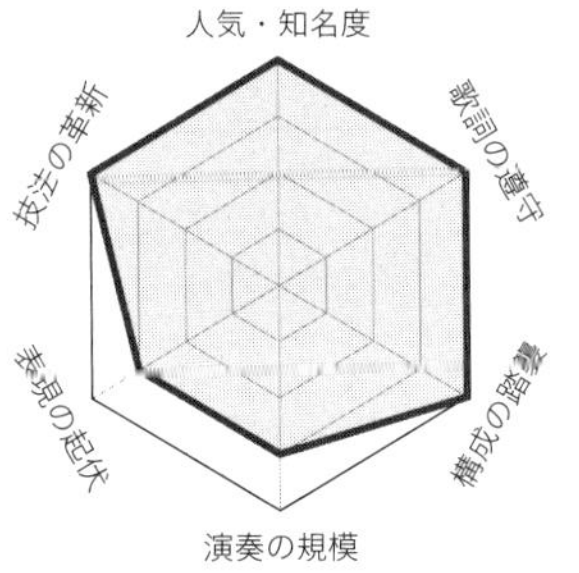

人気・知名度
歌詞の遵守
構成の緻密
演奏の規模
表現の起伏
技法の革新

【作曲年】作曲者の死（1791年12月5日）で未完成のまま絶筆 【初演】1793年 【編成】ソプラノ・アルト・テノール・バスの独唱および混声4部合唱、バセットホルン2、ファゴット2、トランペット2、トロンボーン3、ティンパニ、弦5部、オルガン

ヴォルフガング・アマデウス・モーツァルトの絶筆にして最高傑作である《レクイエム》について、彼の死の直後からじつに多くのことが語られてきた。楽曲分析や音楽評論はもちろん、戯曲にもなり映画化もされた（『アマデウス』、原作・脚本：ピーター・シェーファー、監督：ミロス・フォアマン、1984）。楽譜を補筆して曲を「完成」させた作曲家も一人や二人ではない。

そうしたことを知りながら今さらこれ以上モツレクについて（略称にするとたんに安っぽくなってしまう）何かを語ろうとするのは、物事をわきまえない愚か者の所業というべきだ。そしてその最も新しく現れた愚か者がこの文章を書いているわけだが、それもしかたがない。死にまつわるクラシック音楽をテーマにしている本書で、「死者のためのミサ曲」でありそれを書いている途中で作曲者自身が絶命してしまったこの曲を取り上げないなら、それはもう玉子がかかっていない玉子かけご飯と同じ、いやむしろ玉子はあるのに白飯がないのと同じだ。

ベートーヴェンの曲が総じて作曲者の自己表現の帰結としてあるなら、モーツァルトの曲は、作曲者がその時どんな思いや感情を抱いて書いたかということとはほとんど無関係に存在する。それが言い過ぎなら、その音楽を書いた時の作曲者の心のありようと出来上がった音楽との関係が、モーツァルトの場合きわめて見えにくいのだ。実際はそんな短絡的に決めつけられる話でもないだろうが、ベートーヴェンの音楽から感じられる作曲者の生身の〝実〟をモーツァルトの音楽から聴き取ることは、やはり難しい。

　しかしモーツァルトの曲のなかで、作曲者の〝実〟が生々しく聴き取れる稀有な曲、それがこの《レクイエム》ニ短調K.626だ。

　モーツァルトの他の曲に対してなら、〝自分はモーツァルトの手練手管に乗せられて簡単に感動してしまうような類の安っぽい人間じゃない〟といった青くさいセルフイメージを守ろうと、無理やり屁理屈をひねり出してアンチ・モーツァルトを装ってみようという気にもなる。けれどもこの《レクイエム》だけはその手が通用しない。ただ聴いて、ただ涙する。それ以外になす術がない――個人的な経験則からそう断言しよう。

　モーツァルトが《レクイエム》を書くに至った経緯は有名だ。1791年の夏のある日、モーツァルトのもとを灰色の服を着た男が訪ねてきた。とある依頼人の使いの者だと名乗るその男は、モーツァルトに死者のためのミサ曲を書いてくれるよう依頼した。報酬はオペラ並みの高額で、しかもそのうちの半分を前金で支払うという。ただし作曲者名をけっして明かさず匿名で、という条件がついていた。借金苦にあえいでいたモーツァルトはこの奇妙な依頼を引き受けた。

　結局モーツァルトは《レクイエム》のうちの〈イントロイトゥス〉の全部、〈キリエ〉〈セクエンツィア〉〈オッフェルトリウム〉の声と低音のパートを書き、〈ラクリモーサ〉の8小節めに差し掛かったところで（必ずしも第1曲めから順に書いたわけではない）、日付の変わった1791年12月5日、享年35で急逝した。

未完成の部分は初め、弟子のひとりヨーゼフ・アイブラーが補筆を担当したが途中で放棄したため、もうひとりの弟子フランツ・クサーヴァー・ジュスマイヤーによって補筆完成された。この「ジュスマイヤー版」が最もよく演奏される版だが、リヒャルト・シュトラウスや指揮者のブルーノ・ワルターら、補筆の出来が悪いと批判する者が少なくない。その後モーツァルトの自筆断片が発見されたこともあって、新たに別の補筆版がいくつも作曲されている。

モーツァルトに《レクイエム》を依頼した件の人物はフランツ・フォン・ヴァルゼック伯爵という富裕な地方領主で、使いの男は伯爵の知人フランツ・アントン・ライトゲープであることがのちに判明した。アマチュア音楽家だったヴァルゼック伯爵は、当時のプロの音楽家たちに匿名で曲を書かせ、それをわざわざ写譜し直して自分の名義で発表していた人物で、その年の初めに亡くなった妻の追悼のための《レクイエム》をモーツァルトに作曲させ、それも自分の曲として演奏しようとしていた。

そんな身も蓋もない現実の裏事情とはかけ離れた神秘的な伝説――モーツァルトはあの世からの使者の依頼で自らのために《レクイエム》を作曲した――が死後しばらくして流布（るふ）した。

その際しばしば引用されたのが、モーツァルトが台本作家ロレンツォ・ダ・ポンテに宛てた一節だ。

「例の見知らぬ男の姿が眼の前から追い払えないのです。懇願し、催促し、じりじり待遠しがりながら、小生の仕事をせきたてる彼の姿が絶えず目に入っているのです。……これはぼくの白鳥の歌です。完成せずに置くわけにはゆかないのです」†

† モーツァルトの手紙の翻訳は何種類かあるが、ここでは吉田秀和編訳の『モーツァルトの手紙』（講談社学術文庫、p.297）から採った。モーツァルトの手紙で有名なのがこの箇所と、もう一つが親密な間柄の従妹に宛てた、駄洒落とスカトロ趣味がてんこ盛りの「ベーズレ書簡」。そこに出てくる「ich scheiss dir auf d'nasen」という語句を、吉田はソフトな言い回しを諦めて「君の鼻に糞」と直訳しているのも面白い。他の訳はどうなのか知りたくなってきませんか？

◆モーツァルト《レクイエム》の構成

（ジュスマイヤー版）

曲順	曲名	声部	モーツァルト自身が作曲した部分
	イントロイトゥス（入祭唱）		
第1曲	**レクイエム・エテルナム**（永遠の安息を）	合唱・S独唱	全曲
第2曲	**キリエ**（憐れみの賛歌）	合唱	声部と低音パート
	セクエンツィア（続唱）		
第3曲	**ディエス・イレ**（怒りの日）	合唱	声部と低音パート
第4曲	**トゥーバ・ミルム**（奇しきラッパの響き）	SATB独唱・四重唱	
第5曲	**レックス・トレメンデ**（恐るべき御稜威の王）	合唱	
第6曲	**レコルダーレ**（思い出したまえ）	SATB四重唱	
第7曲	**コンフターティス**（呪われ退けられし者達が）	合唱	
第8曲	**ラクリモーサ**（涙の日）	合唱	第8小節めまで
	オッフェルトリウム（奉献文）		
第9曲	**ドミネ・イエス**（主イエス）	合唱・SATB四重唱	声部と低音パート
第10曲	**オスティアス**（賛美の生け贄）	合唱	
	サンクトゥス（聖なるかな）		
第11曲	**サンクトゥス**（聖なるかな）	合唱	（弟子のジュスマイヤーが作曲）
第12曲	**ベネディクトゥス**（祝福された者）	合唱・SATB四重唱	（同上）
	アニュス・デイ（神の小羊）		
第13曲	**アニュス・デイ**（神の小羊）	合唱	（同上）
	コンムニオ（聖体拝領唱）		
第14曲	**ルクス・エテルナ**（永遠の光）	合唱・S独唱	第1曲を流用

※S＝ソプラノ、A＝アルト、T＝テノール、B＝バス

この手紙についても偽作説があるが、読む者のイマジネーションを掻きたてる神秘的で謎めいた伝説にはちがいない。

謎めいた伝説といえば、アントニオ・サリエリによるモーツァルト毒殺説も然りだ。サリエリの晩年にはすでに広く流布していて、サリエリが没した5年後にはロシアの詩人・劇作家のアレクサンドル・プーシキンがその説をベースにして「モーツァルトとサリエリ」という舞台劇を書いている。そこでは、卓絶した天賦の音楽的才能が、努力を惜しまず芸術に献身的な愛を捧げる自分のような者にではなく、たいして努力もしないで易々と至高の音楽を生み出してしまう軽佻浮薄で下ネタ好きの輩に与えられたことに憤ったサリエリが、嫉妬の末にモーツァルトの杯に毒を盛る、という筋立てになっている。のちにリムスキー＝コルサコフがこの舞台劇を短いオペラ《モーツァルトとサリエリ》に仕立てている。

映画『アマデウス』では毒殺説こそ採っていないが、モーツァルトに対するサリエリの狂おしいまでの嫉妬を、サリエリ役でアカデミー主演男優賞を受賞した名優F・マーリー・エイブラハムが余すところなく表現している。

実際はどうだったのかといえば、むろん毒殺説は根も歯もない噂にすぎない。

ウィーンの宮廷楽長だったサリエリは後進の音楽家の育成と支援にも熱心な有徳の人物で、ベートーヴェンやシューベルトやリストも指導したし、なんとモーツァルトの息子フランツ・クサーヴァーも教えている。モーツァルトの最後のオペラ《魔笛》にも絶賛を惜しまなかった。モーツァルトの没後1年あまりのちの1793年1月2日に未亡人コンスタンツェのために開かれた慈善演奏会で、遺作《レクイエム》の初演を指揮したものサリエリだったようだ。なのにロッシーニから「本当にモーツァルトを毒殺したのか？」と訊かれてしまうなど、デマの流布には相当心を痛めた。

　嫉妬ということでなら、モーツァルトのほうがサリエリに対して「ウィーンで自分が高い地位につけないのはサリエリが邪魔になっているからだ」と――その才能にではなく地位に――嫉妬していた節（ふし）すらある。

　結局モーツァルトの死因は何だったのか？　２００９年にアムステルダム大学の研究チームが発表した最新の研究によると、１７９１年末にウィーンで流行していた連鎖球菌性咽頭炎に罹患し、腎合併症を発症したためらしい。†

　それにしてもモーツァルトの「白鳥の歌」が《レクイエム》なのは、矛盾する言い方だが、納得がいくと同時に納得がいかない。最期に書いたのが「死者のための」曲だったのは肯首できる。むしろ出来過ぎなくらいだ。一方で、死の床で筆をとっていたのが、新作オペラでもなければ42番目の交響曲でもなく、しばらく手がけていなかった宗教音楽だったのは、いささか腑に落ちないところがある。たまたまその時依頼されていたのが《レクイエム》だっただけなのだろうか？

『モーツァルト：レクイエム』
Ch. シェーファー（S）、B. フィンク（A）、K. ストレイト（T）、G. フィンリー（B）、N. アーノンクール（指揮）、ウィーン・コンツェントゥス・ムジクス、アルノルト・シェーンベルク合唱団他
RCA / SICC-30332
アーノンクールが1953年に立ち上げた古楽演奏の草分け的存在、ウィーン・コンツェントゥス・ムジクス創立50周年を記念して2003年に行なわれた演奏会のライブ録音。アーノンクール自身が「これまでの自分の録音の中で最高の出来」と評した1枚。モーツァルトの《レクイエム》をあたかも今できたばかりのホットな曲として演奏している。細部への学究的な見識を踏まえながらも、実演ではそれをあえて忘れたかのようなアーノンクールの熱演は、ライブ録音との相性もいい。くどくて暑苦しいと敬遠する向きもあるが、好き嫌いはともかく無視はできない演奏だ。ジュスマイヤー補筆版のオーケストレーションをF. バイヤーがさらに改訂した版に、さらに若干の独自の改訂を加えて使用。

† ワシントンのAFP通信が2009年8月19日に配信した記事による。当該論文は、アムステルダム大学のリチャード・ジーガーズ氏を中心とする研究チームによって18日に米学術誌『内科年報（Annals of Internal Medicine）』に発表されたもの。

じつは晩年のモーツァルトは、経済的にも音楽的にも、突破口を模索していた。1786年に上演されたオペラ《フィガロの結婚》は、同じハプスブルク朝オーストリアの領域内のプラハでは大ヒットしたものの、肝心の首都ウィーンでは人した人気を得られなかった。手っ取り早く収入の見込める自作のピアノ協奏曲の予約演奏会も、集客力が落ちていてなかなか開催できなかった。交響曲は1788年に書いた《第41番「ジュピター」》を最後に書いていない。そうした状況で彼が関心を示すようになっていたのが、宗教音楽だった。

教会の儀式すなわち典礼で演奏されるレパートリー曲を書くということは、世俗的評判とは異なる公的なお墨付きを得ることに他ならない。もちろん経済的な保証も見込める。

しかし当時のオーストリアは、皇帝ヨーゼフ二世が啓蒙君主的な立場から宗教音楽の演奏に制限を課していたため、宗教曲の発展が停滞していた。

そのヨーゼフ二世が亡くなって即位した弟のレオポルト二世がその制限を撤廃すると、モーツァルトは1791年の5月、ウィーンの聖シュテファン大聖堂の宮廷第二楽長のポストを新皇帝に請願した。このポストはあくまで補助職であり無給だったが、将来を見据えてそれを望み、承認された。6月には短いながらも静謐（せいひつ）この上ないモテット（宗教合唱曲）《アヴェ・ヴェルム・コルプス》（K.618）を作曲し、宗教音楽家としてのポテンシャルの高さを発揮している。

しかしモーツァルトは経済的な理由からのみ宗教音楽に目を向けたわけではない。ウィーンに出る前のザルツブルク時代にしばしば宗教曲を書いていたモーツァルトが[†]、再び宗教音楽に向き合いはじめたもうひとつの理由は、数々のオペラの経験を積んで得た、歌詞を重視した声楽中心の感情表現を、オペラとは別のジャンル・

† N.ザスロー編『モーツァルト全作品事典』（森泰彦監訳、音楽之友社、2006）で、モーツァルトが全生涯で書いた教会音楽の数を作品の規模などを無視して単純にカウントしてみると、なんと50曲にも及ぶ。これ以外にも教会の外すなわち劇場やホールで演奏されるために書かれた宗教的な内容のカンタータやオラトリオが数曲ある。特に日本ではあまりフォーカスされることがないが、モーツァルトには宗教音楽家としての側面も確かにある。

手法で活かす方途を模索していたからだ。そんな折に発注された《レクイエム》は、まさに渡りに船だった。

モーツァルトの《レクイエム》には、オペラなら見せどころ聴かせどころであるはずのアリアの独唱がない。ソプラノからバスまで揃っている独唱者も、四重唱を歌うか合唱をともなっている。あくまで合唱パートの和声が主役なのだ。オペラ《魔笛》の「夜の女王のアリア」のような超絶技巧の独唱とは対極にある。

旋律もあくまで優美でナチュラルだが、精妙な転調を声楽パートが担っていて、けっしてイージーではない。バッハやヘンデル、あるいはミヒャエル・ハイドンら同時代の作曲家たちが磨き上げたポリフォニー書法などの最先端の音楽技法を駆使して書かれていて、あたかも古い皮衣（かわごろも）に新しい酒を注いだかのようだ。

管弦楽は基本的に声楽を邪魔しないよう伴奏に徹している。音符の数も極力抑えられ、モーツァルト特有の、惜しみなく盛り込まれた音符群が躍動するさまは、元々が曲調の激しい〈ディエス・イレ〉を除いて、見られない。興味深いのは木管楽器群のチョイスだ。オーケストラの音色を鮮やかに引き立てるフルート、クラリ

『モーツァルト：レクイエム／アヴェ・ヴェルム・コルプス』
P. パーチェ（S）、W. マイヤー（Ms）、F. ロパード（T）、J. モリス（Bs）、E. エリクソン（合唱指揮）、ストックホルム室内合唱団、スウェーデン放送合唱団、R. ムーティ（指揮）、ベルリン・フィル
EMI Classics / TOCE-14063
モダン・オケの演奏に限っても、ワルター、チェリビダッケ、ベーム、シェルヒェン、ケルテス、マッケラス、アバド、リヒター、コルボなど多くの指揮者がモツレクの名盤を録音していて甲乙つけ難いが、ここではムーティ指揮ベルリン・フィル盤を選んだ。そもそもムーティの合唱の扱いが上手いことに加え、エリック・エリクソン率いる二つの世界トップクラスの合唱団、ストックホルム室内合唱団とスウェーデン放送合唱団の歌が精度が高くて美しい。モーツァルトの音楽の源泉が声楽にあることを再認識させてくれる。カップリングが小品ながら声楽曲の傑作《アヴェ・ヴェルム・コルプス》というのもありがたい。

ネット、オーボエといった明るい音色の木管楽器が使われていない。代わってファゴットとバセットホルンといった暗く沈んだ音色の木管楽器が選ばれた。

ある意味モーツァルトらしくないと同時にモーツァルトでないとけっして書けないこの宗教曲について、作家のE・T・A・ホフマンは『新旧の教会音楽』という著作でこのように語っている。

「彼（＝モーツァルト）は、ただ一つの教会作品（＝《レクイエム》）において、おのが内面を開示した。そこから発せられる燃えたぎるような祈り、神聖をきわめた恍惚に、誰が感動せずにいられようか。彼の《レクイエム》は、至近な時代が教会の文化に貢献として示し得た、おそらく最高のものであろう」

かつて文芸評論家の小林秀雄は、戦後すぐの1946年に発表した評論「モオツァルト」のなかで、「モオツァルトのかなしさは疾走する。涙は追いつけない」†という有名なフレーズを書いて、同時代の音楽ファンを大いに唸らせ、後世の受験生を大いに悩ませた。人口に膾炙（かいしゃ）したこのフレーズを借りるなら、こんなふうに言えるかもしれない。

――甘美でかなしいフレーズにずっと浸っていたいと願っても、モーツァルトの音楽は軽やかに転調し疾走していく。彼の音楽のかなしさに、聴衆はおろかモーツァルトその人自身の感情すらも追いつくことはできなかった。しかし最期のこの《レクイエム》において、とうとう涙＝感情がかなしさ＝音楽に追いつき、そして追い抜いてしまった。そのことに我々は涙しながら、それでもなお、永遠に疾走をやめてしまったモーツァルトの音楽のかなしさが、もしかしたら後ろから追いかけてきてくれやしないかと振り返っては、後世の音楽たちによる補筆完成版に今日も耳を傾けるのだ、と。

† 小林秀雄の件のフレーズが直接言及の対象としているのは、モーツァルトの《弦楽五重奏曲第4番 ト短調》（K.516）の第1楽章アレグロの冒頭。小林はそのフレーズの後に、「涙の裡（うち）に玩弄するには美しすぎる。（中略）彼は悲しんでいない。ただ孤独なだけだ」と続けている（小林秀雄『モオツァルト・無常という事』新潮文庫、1961、p.45-46）。

ジュスマイヤー《ドイツ・レクイエム》

Franz Xaver Süssmayr (1766-1803)［墺］

怒らない〈怒りの日〉

人気・知名度
歌詞の遵守
構成の堅牢
演奏の規模
表現の起伏
技法の革新

【作曲年】1786年？
【初演】不明
【編成】ホルン2、ヴァイオリン2、オルガン、合唱4部

モツレクを補筆・完成させたことで——そしてその出来が不評だったことで——知られるフランツ・クサーヴァー・ジュスマイヤー。モーツァルトの最期を看取ったほどの間柄だったことは確かだが、弟子だったかどうかはコンスタンツェ未亡人がそう言っているだけで確証はない。というよりもジュスマイヤーが師事したのはサリエリだった！

そしてまた彼自身にも《レクイエム》という完成作品がある。といってもこちらは18分ほどの短い曲で、ラテン語の典礼文をドイツ語に訳して使った通称《ドイツ・レクイエム》。これが悲痛さや哀切感のまるでない、ハイキングの途中で歌いでもしそうな朗(ほが)らかな曲調で驚くが、《レクイエム》だということさえ忘れれば、これはこれで十分に聴ける。

『モーツァルト：レクイエム／ジュスマイヤー：レクイエム』
A. アームストロング（指揮）、セント・オラフ管弦楽団＆合唱団
Avie Records / AV0047
第3曲（第5曲も同一旋律）の〈怒りの日〉がさっぱり怒っておらず、むしろ楽しげなメヌエット調なのがかえって面白い。最後の審判の昼食休憩といった感じ。カップリングがモツレクなのは仕方ないが、それでだいぶ損はしている。

アイブラー《レクイエム》ハ短調

Joseph Eybler (1765-1846)［墺］

モーツァルトとは違う仕方で

人気・知名度
歌詞の遵守
構成の独創
演奏の規模
表現の起伏
技法の革新

【作曲年】1803年
【初演】不明
【編成】ソプラノ、アルト、テノール、バス、合唱、管弦楽（オーボエ、クラリネット、ファゴット2、トロンボーン3を含む）

モーツァルトの未亡人コンスタンツェは、生前に夫が高く評価していた友人のヨーゼフ・アイブラーに夫の《レクイエム》の補筆完成を依頼した。アイブラーはいったん引き受けたものの、依頼を完遂できなかった。その理由は不明だが、おそらくモーツァルトの《レクイエム》のレベルの高さを痛感し、自分にはそれを補うことなどできないと考えたからだろう。そうした経緯を知ったうえでアイブラーの《レクイエム》を聴くと、その完成度の意外な高さに驚く。モーツァルトの《レクイエム》を補筆することによってではなく、自身の《レクイエム》を書くことで、モーツァルトへの畏敬の念を示してみせたようにも思える。晩年アイブラーは指揮中に脳卒中で倒れた。その時指揮していたのはモーツァルトの《レクイエム》だったという。

『アイブラー：レクイエム』
W. ヘルビッヒ（指揮）、アルスフェルト声楽アンサンブル、シュタイントル・バロック・ブレーメン他
CPO / 999234-2
アイブラーはモーツァルトの《レクイエム》の「ラクリモーサ」を2小節書いたところで補筆を放棄した。彼自身の《レクイエム》の、モーツァルトのとは違ってテノールが歌う感動的な「ラクリモーサ」には、その時の切ない記憶が漂っているのかもしれない。

ケルビーニ《レクイエム》ハ短調「ルイ16世の追悼に」

Luigi Cherubini (1760-1842)［伊、仏］

ベートーヴェンが憧れた《レクイエム》

人気・知名度
歌詞の遵守
構成の複雑
演奏の規模
表現の起伏
技法の革新

【作曲年】1816年
【初演】1817年
【編成】4声部の混声合唱、タムタム、管弦楽

ルイジ・ケルビーニはこのハ短調以外にも、晩年に自分用に書いたニ短調の《レクイエム》を遺しているが、そちらはハ短調のダイジェストのような感じで、10歳年下のベートーヴェンが「ケルビーニのようなレクイエムを書きたい」と憧れたのはこのハ短調のほう。そのベートーヴェン没後の2回の追悼ミサで演奏されたのが、モーツァルトとケルビーニの《レクイエム》だった。元々この曲は、革命で断首されたルイ16世の追悼のために、ナポレオン失脚後の王政復古の時代に書かれた。古典派らしい厳格で抑制の利いた曲調を突き破るかのように、ロマン的な劇的表現——タムタム（銅鑼）まで使っている——が時折り現れる。立派というほかない《レクイエム》だが、捧げられた人物がこの曲に見合うほど立派とは言えないのが玉に瑕。

『ケルビーニ：レクイエム ハ短調』
C. P. フロール（指揮）、ベルリン放送合唱団、ベルリン交響楽団他
Deutsche Schallplatten / TKCC-15130
オペラ作曲家として名をなしたケルビーニだが、オペラ風になるのを避けるため独唱者を置かず、技法的にも古い様式を採用している。「19世紀のパレストリーナ」と呼ばれるゆえんだが、それでもそこはかとなく漂うロマン派の香りが聴きどころ。

サリエリ《レクイエム》ハ短調

Antonio Salieri (1750-1825)［伊］

自分のために作曲したとても小さな被造物

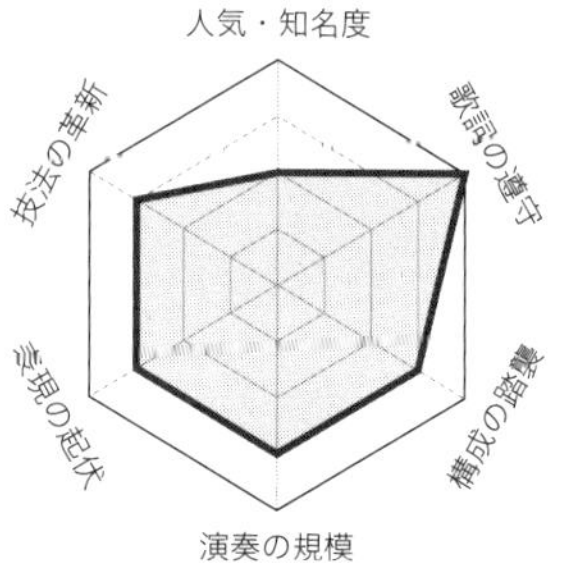

【作曲年】1804年
【初演】1825年
【編成】ソプラノ・アルト・テノール・バスおよび混声4部合唱、イングリッシュホルンを含む管弦楽、オルガン

アントニオ・リリエリ（サリエーリ）ほど栄光と悲惨の振り幅の大きい人生を送った音楽家もいない。ドイツ語を話せないイタリア人でありながら、神聖ローマ皇帝ヨーゼフ二世に音楽の才能を認められ、死ぬ前年までの36年間ウィーンの宮廷楽長の地位にあった。オペラ作曲家として成功し、弟子にはベートーヴェン、シューベルト、リスト、チェルニーなどの有名な名前が並ぶ。モーツァルトの息子のフランツ・クサーヴァーもサリエリの指導を受けた。

にもかかわらず最晩年の数年間、サリエリはまったく身に覚えのないスキャンダルに悩まされた。凡庸な作曲家サリエリがモーツァルトの天才に嫉妬したあまり毒殺したという筋書きの、いわゆるモーツァルト毒殺説だ。われわれにとっては、ミロス・フォアマン監督の映画『アマデウス』およびその原作であるピーター・シェーファーの戯曲で――もっと溯ればプーシキンの戯曲『モーツァルトとサリエリ』で――おなじみだが、この噂が晩年のサリエリを実際に襲った。

サリエリは困窮する音楽家を経済的に支える活動に熱心に取り組んだりするなど、慈悲深く高い倫理観をもつ人物だった。モーツァルトに対しても、《魔笛》を高く評価し、その葬儀にも参列している。モーツァルトの《レクイエム》の初演者はサリエリなのだ。

そのサリエリがモーツァルトを毒殺したという噂が立った背景には、ドイツのナショナリズムの勃興が関係していた。当時のウィーンの音楽界で幅を利かせていたのはイタリア音楽であり、ドイツは文化的後進国の扱いだった。ウェーバーのドイツ語オペラ《魔弾の射手》も、ロッシーニの人気には太刀打ちできなかった。

そこで、事態を打開したいドイツ派の音楽家は、すでに神格化が始まっていたモーツァルトをイタリア人のサリエリが殺したというデマを流布することで、イタリア派の追い落としを狙ったのだった。噂が立ったのがモーツァルトが没した1791年直後ではなく、それから20年近く経ってからなのも、そのせいだ。†

モーツァルト毒殺説とはちがう、ひとつの謎がある。1804年、働き盛りのサリエリは誰に依頼されたわけでもなく《レクイエム》を作曲し、のちにその楽譜を遺言執行人に託している。なぜそんなタイミングで「私が自分のために作曲した小さなレクイエム」（自筆譜に記載）を書いたのか。こちらの謎は解けそうもない。

『サリエリ：レクイエム ハ短調／ベートーヴェン：カンタータ「静かな海と楽しい航海」他』

A. ズーカーマン（S）、S. イヴァス（Ms）、A. ズニコウスキ（T）、L. ロドリゲス（Br）、L. フォスター（指揮）、リスボン・グルベンキアン合唱団、グルベンキアン管弦楽団他

PentaTone / PTC5186359

自分のために《レクイエム》を書くことは、モーツァルトにも誰にもできなかったことだ。人気絶頂のオペラ作曲家で宮廷楽長でもあった人物が、忙しい業務の合間をぬってこっそり自分のためだけに書いた、「死者」のためのミサ曲。トロンボーンと大太鼓がひときわ力強く響く「ディエス・イレ」はヴェルディの《レクイエム》を思わせる。最終曲の「リベラ・メ」では弦楽器が沈黙し、代わって管楽器が合唱を支える。そこに作曲者が込めた想いを聴き取るためには、モーツァルト暗殺説は邪魔になるだけだ。なお、ニ短調の《レクイエム》もあるが、こちらは断片のみ。

† イタリア派対ドイツ派の暗闘については、水谷彰良『サリエーリ モーツァルトに消された宮廷楽長』（復刊ドットコム、2019、音楽之友社から2004年に刊行された書籍の再編集版）に詳しい。サリエリの全作品目録も付いていて、これ以上詳細な研究書は本場ヨーロッパでもお目にかかれないだろう。よくぞ復刊してくれた！

チマローザ《レクイエム》ト短調

Domenico Cimarosa (1749-1801)［伊］

人気オペラ作曲家が書いたスタンダードなミサ曲

人気・知名度
歌詞の遵守
構成の踏襲
演奏の規模
表現の起伏
技法の革新

【作曲年】1787 年
【初演】1787 年
【編成】ソプラノ、アルト、テノール、バス、4 声部の合唱、管弦楽

オペラ・ブッファ（喜歌劇）の第一人者ドメニコ・チマローザは、彼の高名を耳にしたロシアのエカテリーナ二世に招かれペテルブルクの宮廷楽長を務めていた時に、急逝した要人の追悼曲が必要になってこの《レクイエム》を作曲した。宗教音楽とはそれほど縁のない世俗の人気オペラ作曲家に突然ミサ曲のオーダーが来たわけだ。さぞかしオペラチックな曲調なのかと思いきや、あえてイタリア・オペラの華麗な節回しもバロックの高度なフーガの技法も避けて古いルネサンスのスタイルを採用し、死者のためのミサ曲の典礼文も省略改変せず全部律儀に作曲している。その意味では、同時代人のモーツァルトのような突出した個性はあまり感じられないが、この曲が《レクイエム》としては最も標準的かもしれない。隠れた秀作だ。

『チマローザ：レクイエム』
E. アーメリング（S）、V. ネグリ（指揮）、モントルー音楽祭合唱団、ローザンヌ室内管弦楽団他
PHILIPS / PHCP-20037
チマローザには４曲の《レクイエム》があるらしく、そのうち音盤化されているのはこのト短調のものだけのようだ。ここに挙げたのは、この曲を発掘・校訂した音楽学者ネグリによる決定版。古い録音（1968 年）のわりに音が良い。「ラクリモーサ」は秀逸。

ディッタースドルフ《レクイエム》ハ短調

Carl Ditters von Dittersdorf (1739-1799)［墺］

「怒りの日」が「涙の日」に聞こえる

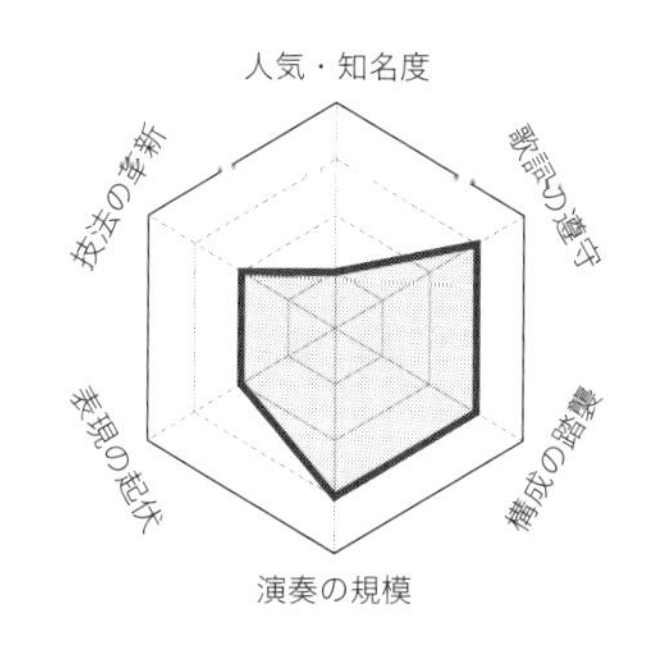

【作曲年】1784年
【初演】？
【編成】ソプラノ、アルト、テノール、バス、合唱、管弦楽

カール・ディッタース・フォン・ディッタースドルフはヴァイオリンの名手で、とあるパーティーでハイドン、モーツァルト、弟子のヴァンハルと4人でカルテットを組んで演奏したこともある。今日では《コントラバス協奏曲》を書いた作曲家程度の知名度しかないが、当時の人気はモーツァルトを凌ぐものがあった。

比較的コンパクトなこの《レクイエム》全体に落ち着いた静寂が貫かれていて、激しくなりがちな「ディエス・イレ」の箇所でもそれは失われていない。じつは1780年に同じハ短調のもっと大規模な《レクイエム》を書いていて、十数年前に校訂譜も出ているのだが、演奏録音はまだないようだ。マリア・テレジアの葬儀のために書かれたというから、楽譜を見る限りでも壮大な曲だ。ぜひ演奏を聴いてみたい。

『ディッタースドルフ：レクイエム／聖母マリアのためのリタニア』
G. ラツィンガー（指揮）、レーゲンスブルク大聖堂合唱団、ミュンヘン・コンソルティウム・ムジクム他
Ars Musici / AM232221
「怒りの日」が「涙の日」に聞こえるような曲、とでも言ったらこの曲の魅力的な特徴が伝わるだろうか。古典派の精髄のような端正な《レクイエム》で、のちのフォーレの《レクイエム》に通じるものがある。

ベルリオーズ《レクイエム（死者のための大ミサ曲）》ト短調 作品5

Hector Berlioz (1803-1869)［仏］

個人の怒りを劇的にデザインし直す

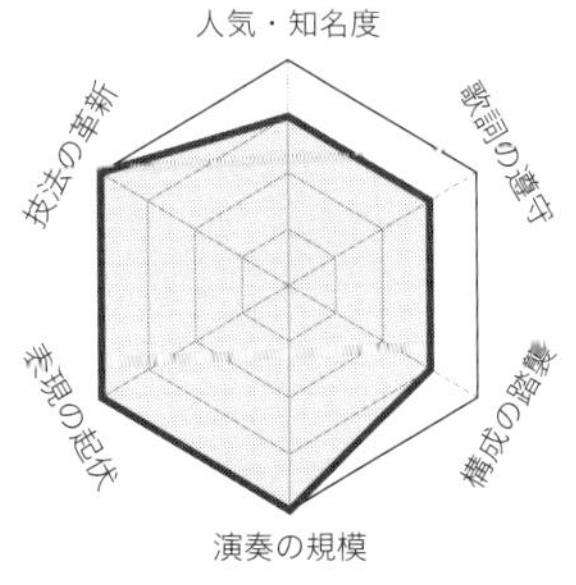

【作曲年】1837年
【初演】1837年
【編成】テノール独唱、6声部の混声合唱（ソプラノ80人、テノール60人、バス70人）、管弦楽（ホルン12、ティンパニ8対、シンバル10対含む）、金管のバンダ4組

エクトル・ベルリオーズの《レクイエム》の正式名称は《死者のための大ミサ曲》（Grande Messe des morts）。その名のとおり、108人の弦パート、210人の合唱隊、打楽器はティンパニとシンバルが各10対に4つのタムタム（銅鑼）と二つの大太鼓、極めつきは4組の金管楽器のバンダ（舞台の外に配置された別働隊の金管アンサンブル）など、400人を超えるあきれるほど巨大な編成となっている。そしてこの編成もじつは最小限のもので、スペースが許せば合唱を2～3倍に増やし、それにあわせてオーケストラも増やすよう指示がある。

1837年3月末、七月革命（1830）の犠牲者らのためその年の夏に慰霊祭の開催が計画され、そこで演奏するレクイエムの作曲がフランス政府の内務大臣からベルリオーズに依頼された。この時ベルリオーズはまだ34歳。作曲順に付けられているわけではないとはいえ、作品番号は一桁台の5。《幻想交響曲》（1830、作品14）や《交響曲「イタリアのハロルド」》（1834、作品16）などですでに名をなしていたことを割り引いても、キャリアと曲の規模がマッチしていない異例のオーダーだ。小さなことからコツコツと、などという地味な考え方は

† W.デームリング『ベルリオーズとその時代』（池上純一訳、西村書店、1993、p.50）より。

ベルリオーズにはない。どうせやるなら一発どでかいのをかましたろうぜ！　これがベルリオーズの、そして革命後のフランス市民社会の流儀だ。のちに式典の規模が縮小されたため、せっかく作曲した《レクイエム》は演奏されないことになり焦ったが、アルジェリアで戦死した将軍と将兵の追悼式典用に目的を変更して、1837年12月にアンヴァリッド（廢兵院）の礼拝堂で無事初演に漕ぎつけた。

ある研究者はベルリオーズがこの曲でなそうとしたことを、音楽史上初の「音楽による空間デザイン」だと的確に評しつつ、「死を想え、という抽象的な呼びかけでもなければ、死を悼む挽歌でもなく、もとより逝ける者たちに捧げる祈りでもない。それは、一個の人間が発する不安の叫びにほかならない」と述べている。[†] そのとおりベルリオーズ以後「ディエス・イレ」は、聴衆一人ひとりの怒り・不安・恐怖といった感情を直截に表現したものとして、レクイエムのうちで最も重要な部分となった。取って代わるように、復活による魂の永遠の安息という従来レクイエムの根幹をなしていた宗教的信念は、ベルリオーズがデザインした劇的な音響空間の中に埋没して聞こえなくなっていった。

DVD『小澤征爾指揮 ボストン交響楽団 日本公演 1994』

V. コール（T）、ジョン・オリヴァー（合唱指揮）、タングルウッド祝祭合唱団、小澤征爾（指揮）、ボストン交響楽団
NHK エンタープライズ / NSDS-17849

前年に結婚した皇太子と皇太子妃（今上天皇と雅子皇后）列席のもと、サントリーホールで行なわれた小澤征爾（††）& ボストン交響楽団の来日公演の DVD。音だけで選ぶなら他に名盤 CD もあるが、この曲の超弩級のスケール感を実感するには映像が伴っているほうがいい（それでもこの演奏は作曲者が希望した編成の半分にも満たない）。「ディエス・イレ」や「ラクリモーサ」では色彩豊かなオーケストレーションが存分に発揮されているが、一方「クエレンス・メ」（わたしを尋ねようとして）では無伴奏のアカペラ合唱を採用している。巨大編成だからといって始終大きな音を鳴らしっ放しにするような無粋さは、ベルリオーズにはない。

†† 本書校了直前の 2024 年 2 月 6 日、小澤征爾氏の訃報が入った。享年 88。2006 年、病気療養から復帰して久しぶりに新日本フィルを振った演奏会で、小澤征爾氏が、ラヴェルのピアノ協奏曲を熱演したピアニストのユンディ・リをアンコールに引っ張り出し、恐縮するユンディ・リの横で体育座りをしながら、若者が奏でるピアノの調べに楽しそうに耳を傾けていた姿が印象に残っている。合掌。

シューマン《レクイエム》変ニ長調 作品148

Robert Schumann (1810-1856)［独］

狂気の手前で書かれた堂々たる秘曲

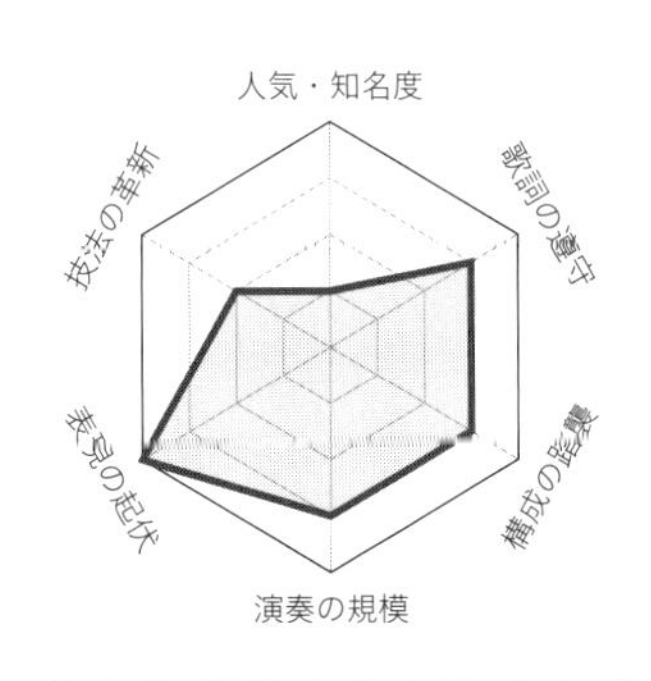

【作曲年】1852年？
【初演】1976年
【編成】ソプラノ、アルト、テノール、バス、混声合唱、管弦楽

ロベルト・シューマンは宗教音楽に無関心だったわけではないが、結果としてほとんど作曲しなかった。晩年近くなってようやく――晩年といっても彼が精神を患って亡くなったのは46歳の時だが――「教会音楽に力を尽くすことが、芸術家の最高の目標」と語るようになった。

シューマンは「レクイエム」と名の付く曲を3曲書いている。ゲーテの詩による《ミニョンのためのレクイエム》（1849、次項参照）、レーナウの詩による《6つの詩とレクイエム》（1850）の終曲、および本曲だが、シューマンの宗教曲は「演奏されるに値しない」とまで言う評論家もいたほど不当に評価が低い。そのせいかこの《レクイエム》はなんと20世紀の後半まで初演されなかった。

正確な作曲年は不明だが、シューマンの精神が悪化の一途をたどっていた晩年の作品と推定されている。シューマン独特の厚塗りのオーケストレーションも要所で健在だが、歌唱の妨げになることはなく、独唱・合唱の各声部もコントラストが明確に書き分けられていて、この曲から狂気の気配は微塵も感じられない。ちょっと立派すぎるくらい立派なレクイエムだ。知る人ぞ知る秘曲にしておくのは勿体（もったい）ない。

シューマン《ミニョンのためのレクイエム》作品98b

Robert Schumann (1810-1856)［独］

ミサ曲をやめたレクイエム

人気・知名度
歌詞の遵守
演奏の規模
表現の起伏
技法の革新

【作曲年】1849年
【初演】1850年
【編成】ソプラノ2、アルト2、バス、混声合唱、管弦楽

シューマンの《ミニョンのためのレクイエム》は、1849年のゲーテ生誕百年を記念して作曲された作品のひとつ。ミニョンとはゲーテの『ヴィルヘルム・マイスターの修業時代』に登場する薄幸の少女で、幼くして誘拐され、旅芸人一座の踊り子をしている。ヴィルヘルムに思いを寄せながら、病に斃（たお）れ死んでしまう。感受性の強いシューマンはミニョンに深く感情移入し、同書の第8巻第8章、ミニョンの葬式シーンで詠（うた）われている詩に曲をつけた。† 当然歌詞はドイツ語であり、通常のレクイエムで用いられるラテン語の祈禱文を採用していない。レクイエムでありながら典礼とは無関係で、実在の人物ではなく虚構のキャラのために書かれている。レクイエムが「ミサ曲」であることをやめ「鎮魂曲」に変わっていく嚆矢（こうし）となった一曲だ。

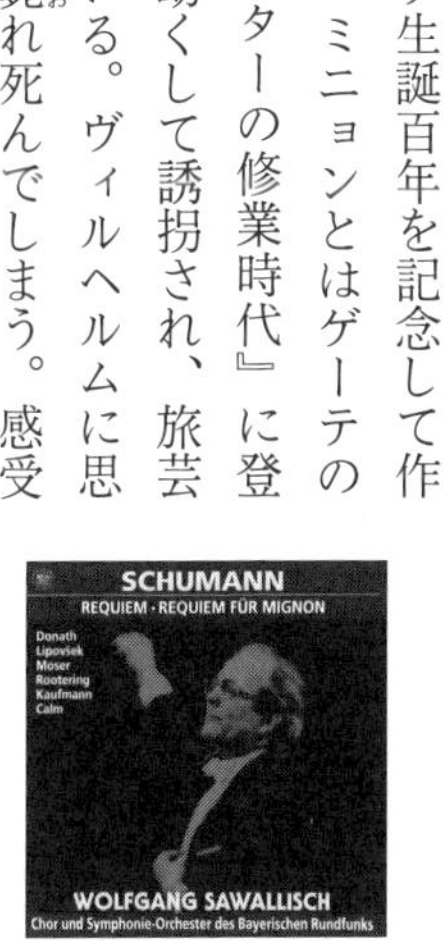

『シューマン：レクイエム 変ニ長調／ミニョンのためのレクイエム』
H. ドーナト（S）、W. サヴァリッシュ（指揮）、バイエルン放送交響楽団、バイエルン放送合唱団他
RCA / BVCC-38200
《レクイエム》と《ミニョン》の両方を収録。サヴァリッシュのシューマンは交響曲をはじめどれも知的でありながら熱っぽさを失わない。ともすれば暑苦しいとされる管弦楽法に手を入れて減らす必要なし！と思わせてくれる。

† シューマンの妻クララはこの曲について、「詩と音楽とがこれほどひとつになった例はまれで、それらはひとつの心から生まれ出たという印象を受ける。（中略）このすばらしい音楽はわたしを圧倒し、この心のよろこびに言うべき言葉を知らない」と絶賛の言葉を日記に書き残している。

リスト《レクイエム》S・12／R・488

Franz Liszt (1811-1886)［ハンガリー、独］

伝統を装った前衛音楽

人気・知名度
歌詞の遵守
構成の踏襲
演奏の規模
表現の起伏
技法の革新

【作曲年】1868年
【初演】1868年
【編成】テノール2、バス2、男声合唱、トランペット2、トロンボーン2、ティンパニ（改訂の前後で楽器編成に変更あり）。

愛人を侍（はべ）らせながら自作の難曲《ラ・カンパネラ》を弾きこなすイケメンのピアニスト、というフランツ・リストの華麗な前半生をイメージしたまま、後半生に多く書いた宗教音楽を聴くと、間違いなく面食らう。表舞台を退き下級聖職者になったリストが書いたこの《レクイエム》には、彼の看板である名人芸（ヴィルトウオーゾ）的な要素がまるでない。独唱・合唱はすべて男声のみ。弦楽器を欠くうえに、50分もの演奏時間で楽器の出番はほんのわずか。オルガンも合唱の下支えに徹している。調性もはっきりしないところがあり、途中で「本当にリストの曲か？」とCDのジャケットを確かめることになる。しかし、終曲の「リベラ・メ」に至ってはじめて〝突き抜けた〟感が出る。そうか、これは伝統的な宗教音楽の形式を借りた前衛音楽なのだ。

LISZT
REQUIEM
HUNGARIAN ARMY MALE CHORUS
JÁNOS FERENCSIK

『リスト：レクイエム』
アルフォンス・バールタ（T）、J. フェレンチク（指揮）、ハンガリー軍男声合唱団他
Hungaroton / HCD11267
これ以外の演奏を聴いたことがないので比較のしようがないが、これ1枚で十分。変な言い方だが、この曲の恐ろしさと人気のなさが納得できる。ショスタコーヴィチの後期の曲から諧謔と小太鼓を取ったらこんな感じの曲になる、と言うとさすがに誤解を招くか。

ブルックナー《レクイエム》ニ短調WAB・39

Anton Bruckner (1824-1896)［墺］

ブルックナーよりもモーツァルトに近い"ブルレク"

人気・知名度
歌詞の遵守
演奏の規模
表現の起伏
技法の革新

【作曲年】1849年（1892年改訂）
【初演】1849年
【編成】ソプラノ、アルト、テノール、バス、混声合唱、管弦楽、オルガン

アントン・ブルックナーがオルガニストを務め、今もその地下の納骨堂には彼の遺骸を納めた棺があるという聖フローリアン修道院。そこで彼が演奏し作曲した宗教音楽がブルックナーにとって抜き差しならぬ重要性を持っているとはわかっていても、彼の交響曲のずば抜けた壮大さと比べるとどうしても分が悪い†。

本作は彼が25歳の時に書いた初の管弦楽付き作品。「ディエス・イレ」の弦の激しい下降音型が要所で反復され全体的な構成感をなしているところなど、のちに大成するシンフォニストの萌芽を見出せる。しかし、ニ短調の《レクイエム》という点でもモーツァルトのそれを思わせ実際に曲調も近い部分があることから、ブルックナーよりもモーツァルトに近いブルックナー作品としてこの佳曲を聴く手もある。

『ブルックナー：レクイエム／詩篇112／114』
J. ロジャース（S）、M. ベスト（指揮）、コリドン・シンガーズ、イギリス室内管弦楽団他
Hyperion / CDA66245
第2曲「ディエス・イレ」の激情、第5曲「クワム・オーリム」のフーガ、第9曲「レクイエム」のアカペラなど意外な聞きどころ満載。本人も「これは悪くない」と気に入っていたようで、晩年に改訂を加えている。

† 日本のブルックナー・オタクこと「ブルオタ」の言動を共感溢れる筆致でカリカチュアライズした高原英理の小説『不機嫌な姫とブルックナー団』（講談社、2016）でも、交響曲については微に入り細に亘って言及がなされているのに、宗教曲についは何も触れられていない。ブルオタにすら人気がイマイチなのだから、そうでない者にとっては言わずもがなだ。

ブラームス《ドイツ・レクイエム》作品45

"復活"を"魂の癒し"に読み替えて

Johannes Brahms (1833-1897) ［独］

人気・知名度
歌詞の遵守
構成の踏襲
演奏の規模
表現の起伏
技法の革新

【作曲年】1866年（第5楽章のみ1868年）【初演】1867年（第1～3楽章）、1868年（第5楽章を除く）、1869年（全楽章）【編成】ソプラノ、バリトン、混声4部合唱、ハープ（少なくとも2）、オルガン（任意）、管弦楽（任意でコントラ・ファゴット1含む）

ヨハネス・ブラームスがこの曲を書いたのは、精神を患ったシューマンが1856年に逝去したことがきっかけだったと言われている。全7楽章のうち第1、2楽章を書いたところでいったん筆が止まったが、1865年にブラームスの母親が亡くなったことで再び筆をとり、構想から10年以上の歳月をかけて完成させた。

1867年に行なわれた第1～3楽章までの部分の初演（試演）は他人が指揮して演奏がうまく行かず、のちにブラームス派（というより反ワーグナー派）になる批評家のハンスリックからも低い評価を受けたが、翌年の、まだ完成していなかった第5楽章を除く全楽章の初演では、自らが指揮して大成功をおさめた。それまでもブラームスは室内楽の分野では一定の評価を得ていたが、この曲でその名声は一挙に高まった。この時ブラームスはまだ35歳。管弦楽を用いた作品を書くことに慎重だった彼は、これ以前には元々は室内楽編成だった2曲の《セレナード》や、最初は2台のピアノのためのソナタとして構想された《ピアノ協奏曲第1番》ぐらいしか作曲していない。「ベートーヴェンの第10交響曲」と絶賛された《交響曲第1番》すらまだ10年近く先のことになる。

この曲の最大の特徴は歌詞にある。ラテン語の典礼文ではなくルター派のドイツ語訳聖書から採られている点もそうだが、ドイツ語のテクストを使った先例がないではない。メンデルスゾーンの《交響曲第2番「讃歌」》がそうだし、この章でも先に触れたシュッツの《ムジカーリッシェ・エクセークヴィエン》からは直接の影響も受けている。しかしブラームスの《ドイツ・レクイエム》は、彼自身が新旧聖書や外典から慎重に文言を選び抜き、音楽に合うように一部語句の順番まで入れ替えている。そうすることでブラームスは、復活の伝説を魂の癒しの物語に読み替えて——ブラームス自身「キリストの復活に関わる部分は注意深く除いた」と述べている——、神への讃歌を人間への共感に再構成した。旧い主題や手法をあえて用いながらそれを改変することにより、新しい音楽世界を拓いてみせる、いかにもブラームスらしいロマン主義的アプローチがそこにはすでにある。†

第1楽章の冒頭で合唱が一語一語噛みしめるように歌う'Selig sind'（ゼーリヒ ズィント）（幸いなるかな）以下の旋律が主要動機となり、分割・逆行を施されて全楽章に統一感を与えるが、技法が前面に出て曲調を乱すことはない。しみじみとした名曲だ。

『ブラームス：ドイツ・レクイエム』

M. ヘガンデル（S）、S. ローレンツ（Br）、H. ケーゲル（指揮）、ライプツィヒ放送交響楽団＆ライプツィヒ放送合唱団他
CAPRICCIO / 0845221080147

２台のハープや任意ながらオルガンとコントラ・ファゴットまで入る編成は、ブラームスの管弦楽曲としては最大規模のものだが、オーケストレーションはあくまで控えめで歌の邪魔をすることはない。そうなると、声楽の良し悪しが決めてとなる。

名盤も数多い。カラヤンは第二次世界大戦直後の演奏活動禁止処分から解除された最初のコンサートで《ドイツ・レクイエム》を振るほどこの曲に入れ込み、録音も複数遺しているが、美しさに流れすぎて「しみじみ」感を欠くきらいがある。そこで選んだのがこの１枚。合唱指揮者からキャリアをスタートさせたケーゲルならではの細部まで彫琢された燻銀の合唱が胸に迫る。なおケーゲルはこの録音の５年後にピストル自殺をしている。

† ブラームスは自作の草稿のほとんどを破棄したため創作の背景の解明は困難だったが、聖書・古楽・民謡などを熱心に研究してその成果を《ドイツ・レクイエム》に結実させたことを、西原稔『《ドイツ・レクイエム》への道　ブラームスと神の声・人の声』（音楽之友社、2020）が明かしている。

ドヴォルザーク《レクイエム》変ロ短調 作品89 B.165
絶頂期に書かれた伸びやかな追悼曲

Antonín Dvořák（1841-1904）［チェコ］

人気・知名度
歌詞の遵守
構成の踏襲
演奏の規模
表現の起伏
技法の革新

【作曲年】1890年
【初演】1891年
【編成】ソプラノ、アルト、テノール、バス、混声合唱、管弦楽（ハープ、タムタムを含む）、オルガン

アントニン・ドヴォルザークは数こそ少ないが《スターバト・マーテル》のような傑出した宗教作品を遺している。《レクイエム》もそのひとつだが、《スターバト・マーテル》がわずか2年ほどの間に3人のわが子を亡くしたことが契機となって書かれたのとは違い、誰か特定の人物の死を悼んで書かれたわけではない。むしろ《交響曲第8番》の英国初演が大成功をおさめるなど、彼の音楽人生の絶頂期に演奏会用作品として書かれた。書法も円熟していて、冒頭で弱音器付きのヴァイオリンとチェロが狭い音域で奏でる、FG♭EF（ファソ♭ミファ）というショスタコーヴィチを連想させる不安げなモチーフが、1時間半前後もかかる大曲に構成感をもたらす。「ディエス・イレ」もグレゴリオ聖歌に依らないオリジナルのメロディだ。

『ドヴォルザーク：レクイエム 変ロ短調／ミサ曲 ニ長調』

J. マッカーシー（合唱指揮）、アンブロジアン・シンガーズ、I. ケルテス（指揮）、ロンドン交響楽団他
London / POCL-3898/9
将来を嘱望されながら遊泳中の不慮の事故で若くして亡くなったハンガリーの指揮者ケルテス渾身の1枚。至るところに現れるいかにもドヴォルザークらしい素朴で美しい旋律を、伸びやかに歌わせている。

サン＝サーンス《レクイエム》ハ短調 作品54

Camille Saint-Saëns (1835-1921)［仏］

矛盾を孕んだ美しさと予期せぬ追悼

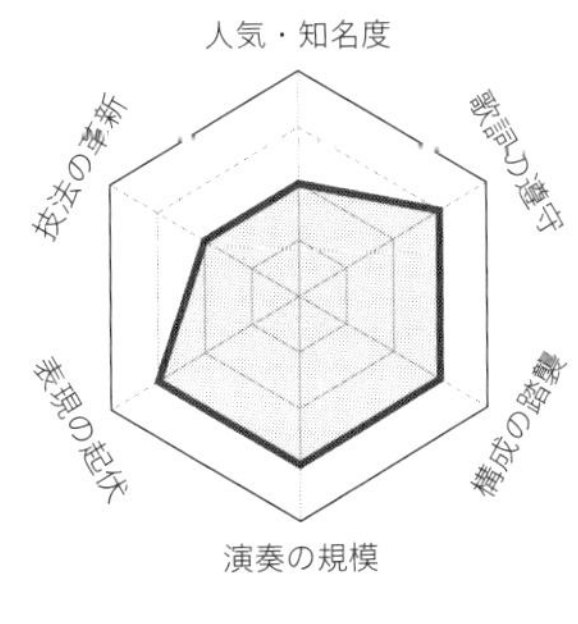

【作曲年】1878年
【初演】1878年
【編成】ソプラノ、アルト、テノール バス、混声合唱、管弦楽（コーラングレ2、ハープ4を含む）、オルガン

カミーユ・サン＝サーンスの音楽には矛盾する要素が詰まっている。最盛期こそフランス音楽界を代表する音楽家として世界的な名声を誇ったが、晩年は時代遅れの保守的な形式主義者として軽んじられた。パリの聖マドレーヌ教会のオルガニストを長く務めた†にもかかわらず、無神論者だった。しかし、教会からのオーダーではなく、急逝した友人を悼むという個人的な動機で書かれたこの曲を虚心坦懐に聴くなら、そうした讃美／軽視、保守的／革新的、篤信／無信仰といった矛盾がどうでもよくなるような安らぎを見出せる。そして自らが初演したその数日後、彼の2歳半の息子が窓から落ちて亡くなり、《レクイエム》を捧げる予期せぬ対象が一人増えてしまったことを作曲者がどう感じたか、せめて想像してやりたい。

『サン＝サーンス：レクイエム／無伴奏合唱曲集』
D. ファソリス（指揮）、ルガーノ・スヴィッツェラ放送合唱団、スイス・イタリア語放送管弦楽団他
Chandos / CHAN10214
演奏時間は30分程度で短い。編成は大きいがベルリオーズの《レクイエム》のような派手さはなく、むしろフォーレに近い。冒頭の「キリエ」や終曲の「アニュス・デイ」はほとんど名作映画の音楽のように感情を揺さぶってくる。

† オルガニストとしての経歴や《交響曲第3番「オルガン付き」》の人気もあって、オルガンはサン＝サーンスの代名詞のように言われることもあるが、この《レクイエム》では圧倒的な音響世界を構築するための楽器としてではなく、合唱を導く伴奏用オルガン（楽譜には Orgue d'accompagnement と書かれている）の役割で用いられている。

グノー《レクイエム》

Charles-François Gounod (1818-1893)［仏］

CG 80

クセになるレトロな味わい

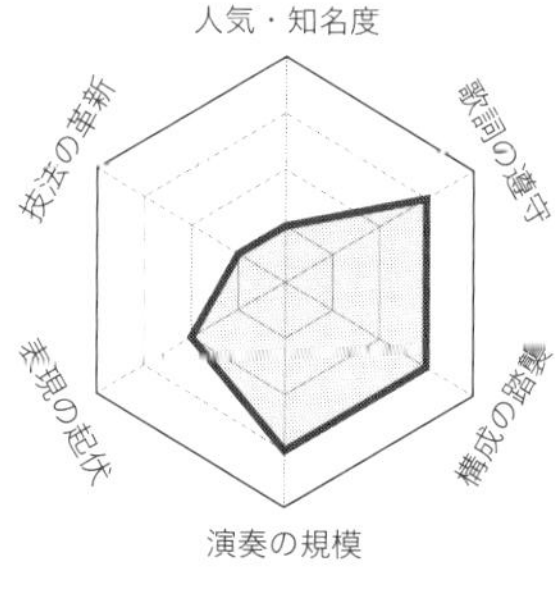

【作曲年】1893年
【初演】1894年
【編成】ソプラノ、アルト、テノール、バス、混声4部合唱、管弦楽（ハープを含む）、オルガン

シャルル・グノーは聖職者になるか音楽家になるか悩んだ末に後者を選んで成功し、代表作のオペラ《ファウスト》は兄弟子筋のベルリオーズから賞賛され、また葬儀の際にはヴェルディも駆けつけた。それほどの作曲家が最晩年に書いた《レクイエム》だからと、さぞかし劇的で技巧の極みのような曲をイメージすると、肩透かしを食らう。† たしかに編成そのものは大きいが、トゥッティ（全楽器がフルで鳴るところ）はほとんどない。フーガなどの高度な技法も見当たらず、同じフレーズを一節ごとに違う声部が呼応するシンプルな形式が多い。有体（ありてい）に言えば〝今さら〟な音楽だ。それなのになんだろう、繰り返し聴きたくなるこの味わいは。この曲が傑作だとは言わないが、この曲を聴いたあとは小津安二郎の映画を観たくなることは請け合おう。

『グノー：レクイエム／カトリック典礼のイントナツィオによる荘厳ミサ曲』
Ch. ミュラー＝ペリエ（S）、V. ボナール（Ms）、M. コルボ（指揮）、ローザンヌ器楽＆声楽アンサンブル他
Mirare / MIR129
おそらく弦の首席奏者が組むのであろうカルテットのほうが管弦楽よりも出番が多い、ちょっと変わった形式の曲で、演奏によっては初めから別立てのカルテットを用意する場合も。自分より先に亡くなった孫のための曲だが、それが自分の「白鳥の歌」にもなった。

† 相良憲昭は『音楽史の中のミサ曲』（音楽之友社、1993、p.317-8）で、サン＝サーンスの「グノーのオペラ作品は図書館の埃の中に埋もれてしまうだろうが、彼の宗教音楽は十九世紀フランス音楽の至宝として、将来にわたって残ることになるだろう」という予言を紹介しつつ「私も同感であるが、今のところサン＝サーンスの予言は的中したとはいえない」と書いていて面白い。

グヴィ《レクイエム》変ホ短調 作品70

Louis Théodore Gouvy (1819-98)［仏］

知られざるロマン派宗教音楽の精髄

人気・知名度
歌詞の遵守
構成の妙
演奏の規模
表現の起伏
技法の革新

【作曲年】1874年
【初演】1876年
【編成】ソプラノ、アルト、テノール、バス、混声4部合唱、管弦楽、オルガン（任意）

テオドール・グヴィが知られざる巨匠であるのには二つの理由がある。まず国籍。フランスとドイツの境にあるアルザス＝ロレーヌ地方のザールブリュッケン近郊に、資産家の息子として生まれ、フランス人として教育を受けた。しかし普仏戦争の結果故郷がプロイセン領に編入されたため外国人扱いされパリ音楽院に入学できず、活躍の場をドイツに求めなくてはならなかった（この曲の初演もパリのオケに拒否された）。そしてジャンル。本質的にグヴィは交響曲を10曲近くも遺しているシンフォニストであり、†当時の人気作曲家の必須条件であるオペラをほとんど書かなかった。その知られざる巨匠の知られざる大曲《レクイエム》のなんと堂々たることか。ドイツ的堅実さとフランス的洗練が融合したロマン派の宗教音楽の精髄だ。

『グヴィ：レクイエム／春のカンタータ』
S. グリーンワルド（S）、J. オトマン（指揮）、ウィーン・スコラ合唱団、オンブール・オー男声合唱団、ロレーヌ・フィル他
Phaia Music /K617046
作曲から120年後の1994年に初録音された記念碑的1枚（今のところこれしか録音がない）。まずは「ディエス・イレ」を聴いてそのカッコいいオーケストレーションに驚こう。気に入ったら、メンデルスゾーン風の交響曲に進もう。

† グヴィは《第1番》から《第6番》（作品87、《第7番》としてカウントされることも）までのほかにも交響曲に分類される曲をいくつか書いていて、その中には《幻想交響曲》という名前の曲もある。ベルリオーズはグヴィの交響曲をいち早く取り上げて批評したが、グヴィはベルリオーズの作風は好みではなかったようで、グヴィの《幻想》にベルリオーズ的な破天荒さはない。

ヴェルディ 《マンゾーニの命日を記念するための レクイエム》

Giuseppe Verdi (1813-1901)［伊］

オペラのように、オペラを超えて！

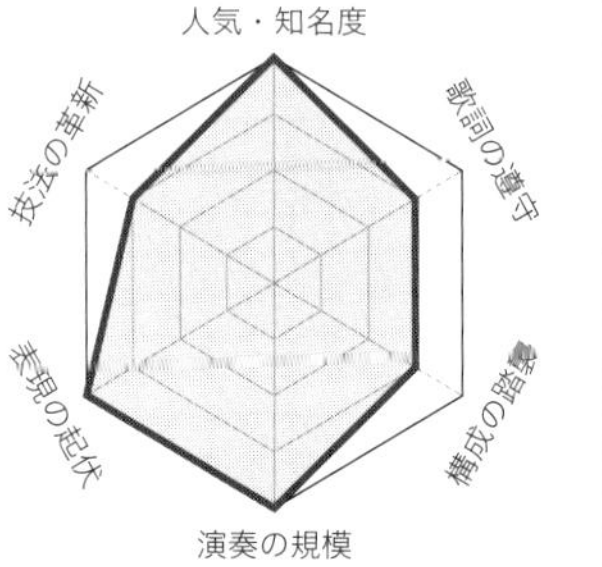

人気・知名度
歌詞の遵守
構成の踏襲
演奏の規模
表現の起伏
技法の革新

【作曲年】1873–74年　【初演】1874年　【編成】ソプラノ、メゾソプラノ、テノール、バスの独唱、混声4部合唱、管弦楽（バンダ：トランペット4）

モーツァルト、フォーレ、そしてヴェルディのいわゆる「三大レクイエム」うちで、ヴェルディのものは他の二つと性格を大きく異にする。匿名の人物からの依頼を自分の死に重ねた「モツレク」、自分の個人的な動機から書かれた「フォーレク」に対して、この「ヴェルレク」は、ヴェルディが深く敬愛していたアレッサンドロ・マンゾ（ツォ）ーニというイタリアの国民的大詩人を悼んで作曲された。すなわちヴェルディのそれは、当時分裂状態にあったイタリアの統一＝リソルジメントという悲願を果たすための愛国的な音楽イベントという性格を、作曲開始の時点から背負っていた。イギリスやフランスに比べ近代的な国民国家の形成で遅れをとっていたイタリアにとって、統一のための求心力のある表象――「これこそがイタリアだ！」――が必要で、その役割を文学の面で担ったのがマンゾーニであり、音楽ではヴェルディだった。よってヴェルディの《レクイエム》は、オペラ作曲家としての彼が得意としていたドラマチックな大仕掛けでなくてはならず、人の魂を慰めるよりは人の魂を高揚させるものでなくてはならなかった。† それゆえ初演時からこの曲は「僧衣をまとったオペラ」（ハンス・フォン・

† M.ドラーはS.ジジェクとの共著『オペラは二度死ぬ』（中山徹訳、青土社、2003）で、「ワーグナーとヴェルディが一九世紀において大成功を手にしたひとつの理由は、彼らが、国民国家として成立していなかった二つの国にとって神話的な支えとなることができたからである。オペラは、いわば失われた国家の場所を占めていた」と述べている（p.169）。

ビューロー）と揶揄（やゆ）されもした。

　最大の聴きどころはやはり打楽器と合唱が龍虎の対決のように咆哮しあって始まる「ディエス・イレ」だ。本来なら人間の不行状に対する天の怒りを表しているはずが、この曲ではむしろ、自分が被った過酷な運命に対する人間の側の怒りに聞こえる。怒る主体が神から人へと入れ替わったかのようだ。この容赦ない激烈なフレーズは「ディエス・イレ」以外、第3曲、第5曲および最終曲でも登場する。最終曲の「リベラ・メ」は本来のレクイエムの構成には必ずしも必要のないオプショナルな部分だが、ヴェルディはそこに、かつてロッシーニの追悼のために企画されながら諸般の事情で流れてしまった、13人の作曲家による共作の《ロッシーニ・レクイエム》で自分が担当した「リベラ・メ」を流用している。

　このレクイエムは確かに宗教曲にしてはオペラ的だし、オペラで培ったノウハウがあればこそできた曲であることは疑いない。一方でヴェルディは、このミサ曲をオペラと同じように歌ってはいけないと歌唱陣に注意を促してもいる。きっとヴェルレクは、オペラのように書かれながら、オペラを超えたレクイエムなのだ。


『ヴェルディ：レクイエム』
A. ゲオルギュー（S）、D. バルチェッローナ（Ms）、R. アラーニャ（T）、J. コンスタンティノフ（B）、C. アバド（指揮）、スウェーデン放送合唱団、ベルリン・フィル他
WARNER Classics / WPCS-23102/3
これだけの大曲となると、あちこちに難所が潜んでいる。例えば第5曲「アニュス・デイ」の冒頭の13小節をソプラノとメゾ・ソプラノの二人がア・カペラで歌った後に、合唱とオーケストラがユニゾンで続くのだが、ア・カペラの途中で高音のピッチが狂いがちだ。そしてそのピッチが合っているのか不安なまま、独唱を引き継がなくてはならない合唱の難しさを、合唱指揮者の安藤常光氏が告白している。スタジオ録音ならその部分だけ録り直しも可能だが、ライブだとそうは行かない。しかしその緊張感がこの曲にはむしろふさわしいようにも思える。ということで、病床から復活したアバドがベルリン・フィルを振った渾身のライブ録音を。

フォーレ《レクイエム》ニ短調 作品48

Gabriel Fauré (1845-1924)［仏］

「怒りの日」を削ぎ落とした新しいスタンダード

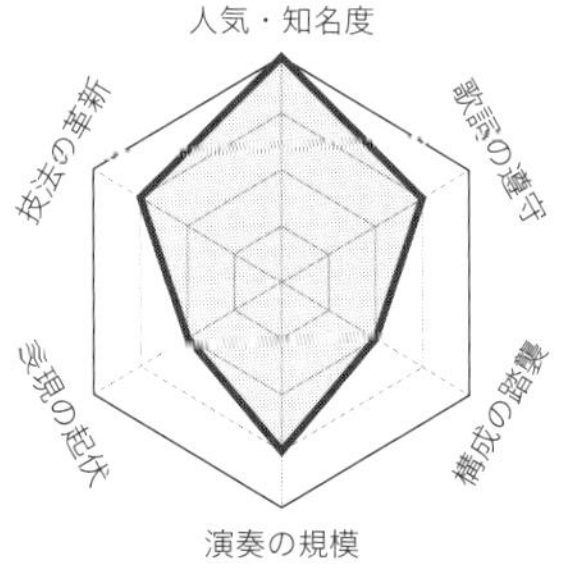

人気・知名度
歌詞の遵守
構成の踏襲
演奏の規模
表現の起伏
技法の革新

【作曲年】1887–1900?年　【初演】第1稿：1888年、第3稿：1900年　【編成】第3稿：独唱（ソプラノまたはボーイソプラノ）と合唱（女声合唱または少年合唱）、管弦楽2管編成、ハープ、ティンパニ、オルガン

フォーレは、パリのニーデルメイエール音楽学校で11年間の寄宿舎生活をおくり古典宗教音楽を叩き込まれ、成人してからはマドレーヌ教会などいくつかの教会でオルガニストを務めた。音楽学校で作曲法を教えていたサン＝サーンスとは生涯にわたって深い親交をむすんだが、サン＝サーンスが紹介したリストやワーグナーなどロマン派の音楽に惹かれつつも――ドイツでワーグナーの《ニーベルングの指環》も聴いている――、作曲の面では不思議なほど影響を受けなかった。

のちにパリ音楽院の院長にまで上り詰めるフォーレだが、それまでは苦難の連続だった。20代で普仏戦争に志願し歩兵としてパリ包囲線を戦い、5年間付き合ったフィアンセに婚約を破棄され――「あの人、なんか怖い」というのが理由だったらしい――、30代はたびたび襲ってくるうつ症状に悩まされ、40代になって別の女性と結婚して子どもをもうけたが、家族を養うためにマドレーヌ教会のオルガニストの職に忙殺され作曲のための時間をなかなか確保できなかった。そして両親の相次ぐ他界。

そんな状況で、本人曰く「それ自体の楽しみのために」書かれた「フォーレク」には、死者のためのミサ曲には定番となっている「ディエス・イレ」がない。フォーレは自分の《レクイエム》についてこう述べている。「死に対する恐怖感を表現したものではないと言われており、中にはこの曲を死の子守歌と呼んだ人もいた。しかし、私には死はそのように感じられるのであり、それは苦しみと言うよりもむしろ永遠の至福と喜びに満ちた解放感にほかならない。（中略）私の『レクイエム』について言うならば、恐らく本能的に慣習から逃れようと試みたのであり、長い間画一的な葬儀のオルガン伴奏をつとめた結果がここに現われている。私はうんざりして何かほかのことをしてみたかったのだ」[†]。全人類のためではなく個人のための《レクイエム》に必要なのは、安らぎと喜びなのであって怒りではない。それが「フォーレク」に孤高の位置を与えている。

旋律はあくまでレトロな優しさを湛えているが、それを支える和声は独特だ。古い教会旋法すら越えて、ギリシャ・ローマ時代の異教的な響きすらある。死者のためのミサ曲というカトリックの典礼音楽から、余計なものを削ぎ落として純化していった先にたどり着いた古くて新しい響きに、弟子のラヴェルたちが魅了された。

『フォーレ：レクイエム』
A. クレマン（Boy-S）、Ph. フッテンロッハー（Br）、M. コルボ（指揮）、サン・ピエール・オ・リアン・ド・ビュル聖歌隊、ベルン交響楽団他
Erato / WPCS-22092
フォーレクはスイスの名合唱指揮者ミシェル・コルボの代名詞のようなもの。虚飾を一切剝ぎ取ったしみじみ感が半端ない。コルボには自身が創設したローザンヌ声楽器楽アンサンブルを振った新録音や2005年の来日時のライブ録音もあるが、あえて1972年に録音され人気が高く再プレスされたこの1枚を選んだ。ソプラノが独唱する「ピエ・イエズ」を、ボーイソプラノの素直な声で歌わせているのが成功している。心が洗われる、とはまさにこのこと。
今日通常の演奏されるのは弦5部の管弦楽版だが、ヴァイオリンが独奏者のみで、第一、第二ヴァイオリン群を欠く弦3部が特徴的な響きをかもし出す初稿（1888年稿）版の演奏も捨てがたい。

† フォーレの《レクイエム》を「異教的」と批判した記事に対する反論として、フォーレが1902年7月12日付の『Paris-Comoedia』紙上で行なった発言。J.-M. ネクトゥー『ガブリエル・フォーレ：1845-1924』（新装版、大谷千正編訳、新評論、2008、p.83）より。

ディーリアス《レクイエム》

Frederick Delius (1862-1934)［英］

汎神論的でパストラルな慰め

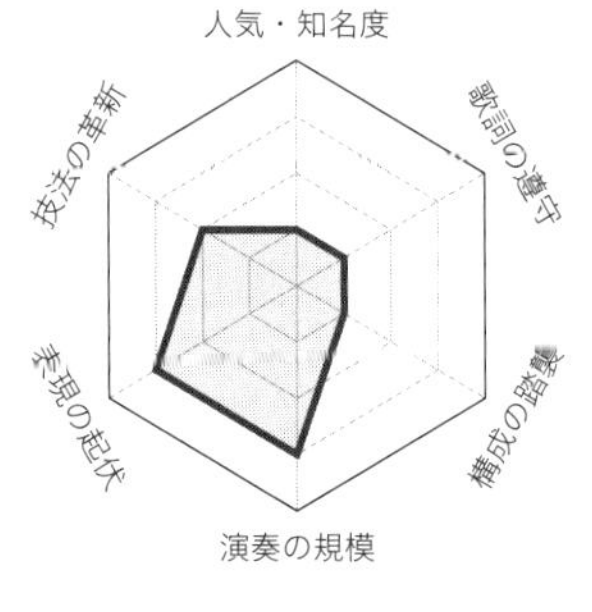

【作曲年】1913-16 年
【初演】1922 年
【編成】ソプラノ、バリトン、合唱（2群）、チェレスタ、ハープ、管弦楽（バスオーボエ、バスクラリネット、サリュソフォーン含む）

フレデリック・ディーリアスの《レクイエム》は奇妙な曲だ。「戦争に倒れたすべての若き芸術家の記憶に」という献辞があるが、第一次世界大戦の開戦前に書きはじめられているし、そもそも彼は無神論者なのにキリスト教のミサ曲の形式を採用しているのも変だ。それでいて歌詞（英語）は典礼文を採用せず、ニーチェやシェイクスピアなどの文言を自由に改変・引用しているし（楽譜には作詞者名の記載なし）、女声が「ハレルヤ」と歌う一方で、男声が「アッラー」と唱える箇所もある。ゆえに作曲者の自信とは裏腹に、汎神論的なこの宗教曲が戦争で傷ついた人びとの心を捉えることはなかった。それでもディーリアスお得意のパストラルな抒情性はしっかり聴き取れる。この曲に共感できるのは、あるいは「兵（つわもの）どもが夢の跡」に親近感を覚える日本人かも。

『ディーリアス：レクイエム／人生のミサ』
R. エヴァンス（S）、P. コールマン＝ライト（Br）、R. ヒコックス（指揮）、ボーンマス交響合唱団・交響楽団他
Chandos / CHAN9515-16
イギリス生まれだが両親ともドイツ人で、フランスに永住したディーリアスのボーダーレスな音楽を理解するのは一筋縄ではいかないが、「英国紳士流の上品な印象派」に止まる作曲家でないことは、この曲を聴けばわかる。

レーガー《ヘッベルによるレクイエム》作品144b

Max Reger (1873-1916)［独］

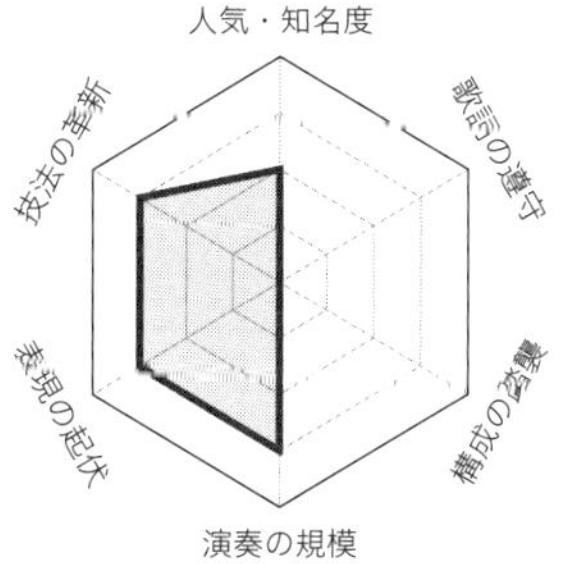

もしバッハが大戦の戦没者の曲を書いたら

人気・知名度
歌詞の遵守
構成の巧緻
演奏の規模
表現の起伏
技法の革新

【作曲年】1915年
【初演】1916年
【編成】アルト（あるいはバリトン）、混声4部合唱、管弦楽

一流のオルガニストで、厳格な対位法を駆使する〝シブい〟作曲家である「第二のバッハ」ことマックス・レーガーは、最晩年に、自分の教え子を戦場で亡くしたショックから2曲のレクイエムの作曲を試みている。ひとつが、大作として構想されながら未完に終わった《ラテン・レクイエム》（作品145a）で、もうひとつが15分ほどの短い本曲だ。歌詞はラテン語の典礼文ではなく、詩人フリードリヒ・ヘッベルが第一次大戦の死者に捧げて書いた「魂よ、彼らを忘れるな／魂よ、死者を忘れるな！」というドイツ語の詩による。ワーグナーの《トリスタンとイゾルデ》をより複雑にしたような半音階的和声が構築する音響世界に、伝統的な死者のためのミサ曲の残（なご）りは希薄だが、それでもこれは紛れもなく死者のためにのみ書かれた音楽だ。

MAX REGER
Requiem
An die Hoffnung　Der Einsiedler
GUSTAV MAHLER
Orchestral Songs
Anke Vondung　Tobias Berndt
Chorus Musicus Köln
Das Neue Orchester
CHRISTOPH SPERING

『レーガー／マーラー：管弦楽伴奏歌曲』
A. フォンドゥング（Ms）、Ch. シュペリング（指揮）、コルス・ムジクス・ケルン（合唱）、ダス・ノイエ・オルケスター他
CAPRICCIO / C5512
ロマン派の楽曲をピリオド奏法で演奏することに取り組んでいるシュペリング＆ダス・ノイエ・オルケスターが、レーガー生誕150年を記念して録音した、《レクイエム》を含む後期ロマン派の管弦楽付き合唱作品集。

ストラヴィンスキー《レクイエム・カンティクルス》

Igor Stravinsky (1882-1971)［露］

ポケットの中のレクイエム

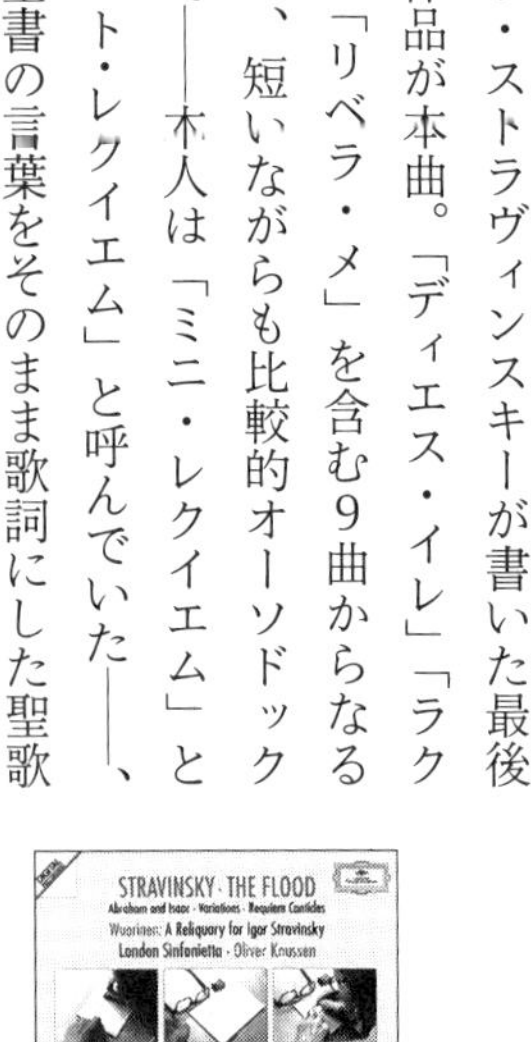

【作曲年】1965-66 年
【初演】1966 年
【編成】アルト、バス、混声合唱、管弦楽

イーゴリ・ストラヴィンスキーが書いた最後の管弦楽作品が本曲。「ディエス・イレ」「ラクリモーサ」「リベラ・メ」を含む9曲からなる15分ほどの、短いながらも比較的オーソドックスな構成で――本人は「ミニ・レクイエム」とか「ポケット・レクイエム」と呼んでいた――、歌詞も、聖書の言葉をそのまま歌詞にした聖歌という意味の「カンティクル」の名のとおり、ラテン語の典礼文をそのまま使っている。ストラヴィンスキーの音楽は後期になればなるほど難解さを増していく傾向があるが、構成や歌詞がお馴染みのものであるせいか、聴いていて難解さに振り回されることはない。それでも器楽のみで演奏される前奏曲・間奏曲・後奏曲などに、いかにもストラヴィンスキーらしい簡潔ながらひねりの利いた独特な管弦楽法が聴ける。

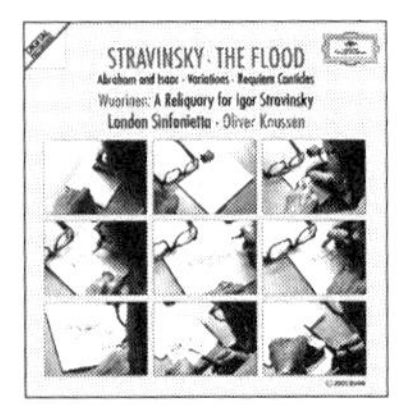

『ストラヴィンスキー：音楽劇《洪水》、レクイエム・カンティクルス他』
S. ビックリー（A）、O. ナッセン（指揮）、ニュー・ロンドン室内合唱団、ロンドン・シンフォニエッタ他
DG / UCCG-2106
ストラヴィンスキーが遺したスケッチを一つの作品にまとめ上げたCh. ウォーリネンの《聖遺物箱》も収録。それにしても「ディエス・イレ」や「リベラ・メ」といった定番曲が、ストラヴィンスキーにかかるとこうなるのか！

ヒンデミット《我らが愛する人々のためのレクイエム》 第二次大戦版《亡き子をしのぶ歌》

Paul Hindemith (1895-1963)［独］

人気・知名度
歌詞の遵守
構成の複雑さ
演奏の規模
表現の起伏
技法の革新

【作曲年】1946年
【初演】1946年
【編成】メゾ・ソプラノ、バリトン、混声合唱、管弦楽

ナチスドイツから「堕落の旗手」として批判され（ヒンデミット事件†）、スイスを経てアメリカに亡命したパウル・ヒンデミットは、第二次世界大戦終戦直後の1946年、戦争の犠牲者への哀悼を込めてこのレクイエムを作曲した。歌詞にはホイットマンの原詩を改編して使用し、「前庭に最後にライラックが咲いたとき」という副題のほうで呼ばれることも多い。

ヒンデミットといえば「拡大された調性」の作曲家として知られるが、その特性は大規模な管弦楽作品の場合、異なる調性の声部が重なったりして十分に発揮されないこともある。その点、事実上管弦楽伴奏付きの歌曲かオラトリオのような本曲にそうした聴きにくさは無い。その分、かつての「退廃音楽」家のトンガッた感じは薄れているきらいが無きにしも非ずか。

『ヒンデミット：レクイエム「前庭に最後のライラックが咲いたとき」』
B. ファスベンダー（Ms）、D. フィッシャー＝ディースカウ（Br）、W. サヴァリッシュ（指揮）、ウィーン交響楽団他
Orfeo / C112851A
第10曲のお終いに近いあたりで、聴いたことのある米軍の葬送ラッパのメロディが聞こえてきてハッとさせられる。この曲はマーラーの《亡き子をしのぶ歌》か《大地の歌》のように聴くのが案外いいのかもしれない。

† ユダヤ人音楽家と親しく活動していたヒンデミットを快く思っていなかったナチスは、1934年、ヒンデミットのオペラ《画家マティス》の上演禁止を通達。これに怒った指揮者のW. フルトヴェングラーは新聞にヒンデミットを擁護する論評「ヒンデミット事件」を載せた。これに対しナチスは断固たる処置に出て、結果ヒンデミットは亡命を余儀なくされ、フルトヴェングラーも一時ベルリン・フィルの音楽監督の辞任に追い込まれた（のち復帰）。

ヴァイル《ベルリン・レクイエム》

Kurt Weill (1900-1950)［独］

弦と女声を欠くソリッドな追悼曲

人気・知名度
歌詞の遵守
構成の踏襲
演奏の規模
表現の起伏
技法の革新

【作曲年】1928年
【初演】1929年
【編成】テノール、男声3部合唱、ギター、バンジョー、オルガン（またはハーモニウム）、管楽（弦楽器は使用せず）

クルト・ヴァイルの《ベルリン・レクイエム》の歌詞は、同じ1928年に作曲され大ヒットとなった音楽劇《三文オペラ》でもタッグを組んだベルトルト・ブレヒトによるもの。第一次大戦終結10周年を記念して放送協会からラジオ放送向け作品の台本を依頼されたブレヒトは、ドイツ軍に逮捕され殺害された「赤いローザ」こと革命家ローザ・ルクセンブルクのことを盛り込んだため、いくつかの放送局から拒否された。ドイツ人のブレヒトのみならず、ユダヤ人だったヴァイルもこの頃から当局に目をつけられ、ナチスによる公演妨害をたびたび被ることになり、1935年にはアメリカに亡命せざるを得なかった。弦楽器も女声合唱もないソリッドな響きの《ベルリン・レクイエム》は、少しばかり早すぎる故国ドイツへの追悼となった。

『ヴァイル：ベルリン・レクイエム／ヴァイオリン協奏曲／森に死す』
A. タイラー（T）、Ph. ヘレヴェッヘ（指揮）、シャペル・ロワイヤル合唱団、アンサンブル・ミュジーク・オブリク他
Harmonia Mundi / HMA1951422
弦楽器抜き、独唱・合唱も男声だけの硬質な響きがいかにもヴァイルらしい。ヘレヴェッヘ盤は完成稿によっているが、完成稿では削除された合唱曲「樫の下なるポツダムに寄せて」を収録したアクセルロッド盤も出ている。

デュリュフレ《レクイエム》作品9

Maurice Duruflé (1902-1986)［仏］

フォーレを経てグレゴリオ聖歌へ溯る

【作曲年】1947年（1961年改訂）
【初演】1947年
【編成】フルオケ版＝メゾソプラノ、バリトン、オルガン、チェレスタ、混声4部合唱、管弦楽／オルガン伴奏版＝合唱、オルガン、チェロ独奏／室内オーケストラ版（1961年版）

　モーリス・デュリュフレは傑出したオルガニストで、演奏の録音がいくつか残っている。同時代のフランスの作曲家たちが書いたオルガンの新曲を多く初演してもいる。一方で自分が書いた曲はそれほど多くなく、出版されたのも14曲分しかない。《レクイエム》は作品番号で数えると9番目と若いが、これをデュリュフレが書いたのは40代半ばになってからのこと。

　一聴してわかるのはフォーレの《レクイエム》の影響だ。人気曲の「ディエス・イレ」を欠き、最後は「イン・パラディスム」で終わるというフォーレクの特徴的な構成をそのまま踏襲している。異なるのは、ほとんどの楽章でグレゴリオ聖歌のフレーズを引用している点。デュリュフレはフォーレクに深く入り込むことを通して、原点たるグレゴリオ聖歌に行き着いた。

『デュリュフレ：レクイエム』
P. ホフマン（Ms）、P. マッティ（Br）、M. ヴァイエル（org）、G. グラーデン（指揮）、聖ヤコブ室内合唱団他
BIS / BIS602
20世紀に甦ったグレゴリオ聖歌ともいうべきこの曲の人気は高く、フルオケ版の他にオルガン伴奏版や室内オケ版も作られ、録音も多い。ここではチェロ独奏付きのオルガン伴奏版を選んだ。第4曲「サンクトゥス」のオルガン伴奏など、奇跡的な美しさだ。

ブリテン《シンフォニア・ダ・レクイエム》作品20

歌うべき言葉を失った反戦歌

Benjamin Britten (1913-1976)［英］

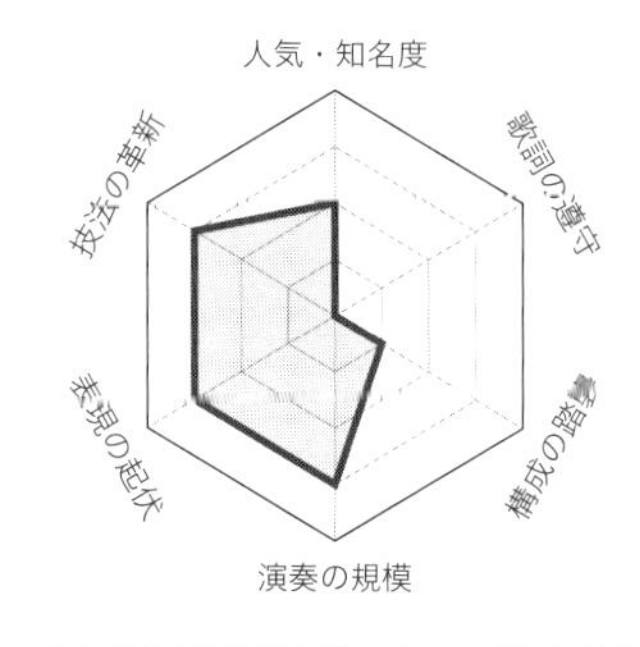

【作曲年】1939–40年
【初演】1941年
【編成】管弦楽（バスドラム、スネアドラム、タンバリン、鞭、鉄琴を含む）、ハープ2（2台目は任意）、ピアノ

ベンジャミン・ブリテンの《シンフォニア・ダ・レクイエム》は、皇紀2600年（＝1940年）の奉祝曲として日本政府から委嘱されながら、式典で演奏されなかった。「奉祝曲なのにレクイエムとは皇室に失礼だ」というのが理由だと言われたが、それとは別に、曲の編成が大きすぎて練習を重ねても演奏がうまく行かず、天皇の目の前で失敗するわけにはいかないと見送られた、という実際的な裏事情があったらしい。曲は「ラクリモーサ」「ディエス・イレ」「レクイエム・エテルナム」の3楽章構成で、20分ほどで終わる。最大の特徴は、曲目に「レクイエム」と付いていながら声楽のない管弦楽曲である点だ。歌うべき言葉を失ったこのレクイエムは、二度目の戦争に突入した世界に対する、良心的兵役拒否者ブリテンの抵抗の証なのだ。

『20世紀イギリスの管弦楽作品集』
M. グラジニーテ＝ティーラ（指揮）、バーミンガム市交響楽団
DG / 4861547
優秀な指揮者でもあったブリテン自身が振った録音も残っているが（南西ドイツ放響盤とニュー・フィルハーモニア管盤）、ここはグラジニーテ＝ティーラが音楽監督時代にバーミンガム市響を指揮した最新のものを。ウォルトン《トロイラスとクレシダ － 交響的組曲》ほかイギリスの作曲家たちの曲も収録。

ブリテン《戦争レクイエム》作品66

Benjamin Britten (1913-1976)［英］

聖書の世界と現実とを重ね合わせる

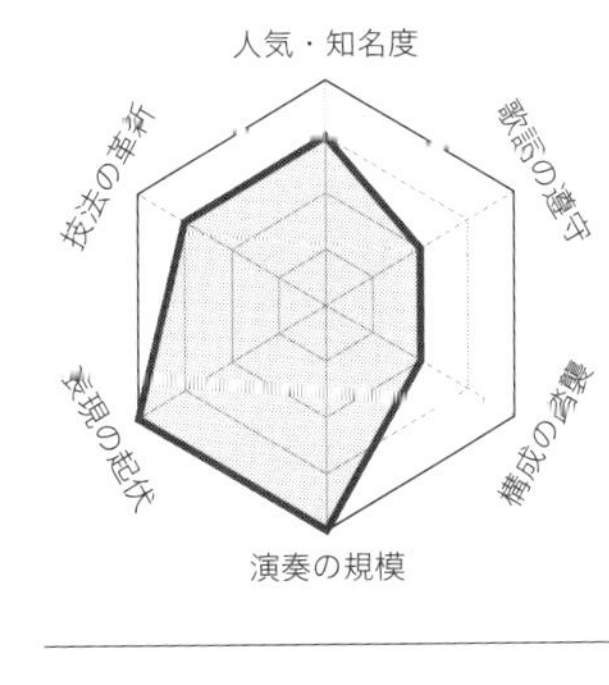

【作曲年】1958-62年
【初演】1962年
【編成】①ソプラノ独唱、混声合唱、管弦楽（フルオケ）、②少年合唱、オルガン、③テノール、バリトン、室内アンサンブル

ブリテンの《戦争レクイエム》は《シンフォニア〜》と違い、1時間半ちかくかかる声楽付きの大曲だ。構成が少し変わっている。歌詞はレクイエムの伝統に則ったラテン語の典礼文の箇所と、第一次大戦時に25歳の若さで戦死したイギリスの詩人ウィルフレッド・オーウェンの英語の詩の箇所とが、巧みに組み合わされていて、典礼文の箇所はソプラノの独唱、混声合唱、フルオケが担当し、離れた場所から少年合唱がオルガンの伴奏付きで歌うが、オーウェンの英詩の箇所はテノールとバリトンの独唱が室内オーケストラの伴奏で歌う。そうすることで、「最後の審判」のラッパが軍隊の消灯ラッパと重なって聞こえ、聖書の世界と現実の世界が交錯する。まさに「人間精神の偉大な作品」（ショスタコーヴィチ）と呼ぶにふさわしい傑作だ。

DECCA
BENJAMIN BRITTEN
WAR REQUIEM

『ブリテン：戦争レクイエム』
G. ヴィシネフスカヤ（S）、P. ピアーズ（T）、D. フィッシャー＝ディースカウ、B. ブリテン（指揮）、ロンドン交響楽団・交響合唱団他
Decca / UCCD-51095
作曲者自身の指揮だからというだけでなく、歌手、プロデューサー（カルショー）、エンジニア（ウィルキンソン）など、これ以上望めない布陣ゆえの決定盤。1962年の録音だが、時代は感じさせても古さは感じさせない。（†）

† この時のリハーサルをプロデューサーのカルショーがこっそり隠し録りしていた音声が残っていて、これがまた面白い。自分が書いた曲なのにブリテンが「難しい」と漏らすと、ソプラノのヴィシネフスカヤが通訳を介して「どうしてそんなに難しくしたの？」と笑いながら尋ねると、ブリテンが「自分で指揮をするとは思ってなかったんでね」と答えるくだりが聞こえる。

リゲティ《レクイエム》

György Ligeti (1923-2006)［ハンガリー］

【作曲年】1963-65年
【初演】1965年
【編成】ソプラノ、メゾソプラノ、2組の混声5部合唱、チェレスタ、チェンバロ、ハープ、管弦楽

慰めと安息を無化する恐怖の音の塊

ユダヤ系ハンガリー人の家に生まれたジェルジュ・リゲティの前半生は壮絶だった。父と兄は強制収容所で没し、本人も強制労働に従事。戦後の社会主義リアリズムにもなじめず、自作曲の演奏機会はほとんどなかった。1956年、ハンガリー動乱にソ連軍が介入した時に、ラジオから流れてきた西側のシュトックハウゼンの電子音楽を聴いて衝撃を受け、亡命を決意する。

そんな人生を送ってきた人の書く《レクイエム》に甘美な慰めがあるはずもなく、存在論的な恐怖と絶望がトーン・クラスター（ある音名から別の音名までのすべての音を同時に鳴らした音の塊）を駆使して表現される。キューブリックが映画『2001年宇宙の旅』のモノリス（神を象徴する石板）が猿人の前に出現するシーンで本曲第2曲「キリエ」を使ったのは卓見だった。†

『リゲティ：レクイエム／アヴァンチュール／ヌーヴェル・アヴァンチュール』
M. ギーレン（指揮）、フランクフルト放送交響楽団他
Wergo / WER60045
《レクイエム》も《アヴァンチュール》も『2001年』で使用された。それが、現代音楽＝怖いという一般的なイメージの、先鞭をつけたとは言えないにせよ決定づけたと言っていいのでは。なお指揮者のギーレンは初演も振っている。

† 『2001年宇宙の旅』（1968）にはR. シュトラウスの《ツァラトゥストラはかく語りき》やJ. シュトラウス2世の《美しく青きドナウ》などのクラシック音楽がBGMに使われているが、リゲティからは《アトモスフェール》《レクイエム》《ルクス・エテルナ》《アヴァンチュール》の4曲が使われている。とは言っても無断使用だったため、一時訴訟沙汰に発展した。

リゲティ《ルクス・エテルナ》

György Ligeti (1923-2006)［ハンガリー］

レクイエムを自己否定するレクイエム

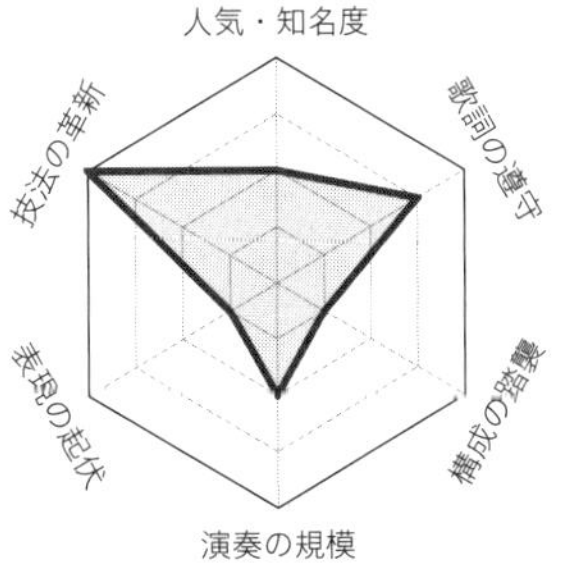

人気・知名度
歌詞の遵守
構成の複雑さ
演奏の規模
表現の起伏
技法の革新

【作曲年】1966年
【初演】1966年
【編成】無伴奏16部混声合唱

「永遠の光」という訳語で知られる10分もかからないこの短い合唱曲は、歌詞に、死者のためのミサ曲で歌われる固有文「コンムニオ」（聖体拝領唱）をそのまま使っている、らしい……と曖昧な言い方をしたのは、いくつもの声部の入りや終わりのタイミングを微妙かつ複雑にずらしつつ、和声をぶ厚く重ねていく「ミクロ・ポリフォニー」の技法を使って、歌詞や旋律が聴き取りにくいようわざと書いているからだ。

本来ミサ曲は聖なる歌詞を正しく伝えるのが第一の眼目であり、だからこそ多声や楽器の使用を制限・禁止した歴史があったわけだが、本曲は典礼文をそのまま歌詞に使っているにもかかわらず、それが聴き取れないようにしてある。† その意味で本曲は、レクイエムでありながらレクイエムであることを自ら否定する曲なのだ。

『リゲティ：ルクス・エテルナ／3つの幻想曲、ヘッペナー：イム・ゲシュタイン他』
D. ロイス（指揮）、カペラ・アムステルダム他
Harmonia Mundi / HMC901985
無伴奏で声部が16にも別れるこの曲は、合唱団員個々のスキルの高さが問われる。難曲ではあるが、それだけ自分たちのレベルの高さを証明する曲目にもなっており、多くの名だたる合唱団がトライしている。

† 《ルクス・エテルナ》も『2001年宇宙の旅』で、ムーンバスが月面を低空飛行するシーンに使用されている。無音であるはずの宇宙空間に流れる音楽としては、何か意味のある言葉を歌っているように聞こえるが、何を言っているのか聴き取れず、もしかしたらそれは神の声なのかもしれない、といったような想いを抱かせる本曲ほどふさわしい曲もない。

ペンデレツキ《ポーランド・レクイエム》

Krzysztof Penderecki (1933-2020)［ポーランド］

大曲でなければ盛り込めない悲劇的歴史

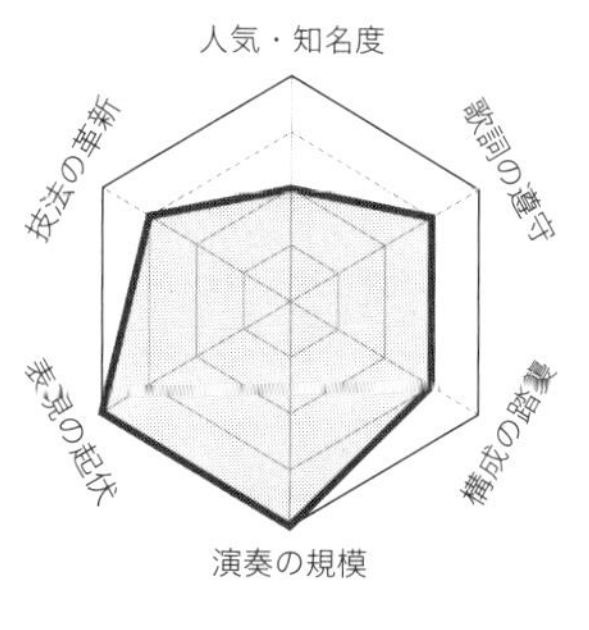

【作曲年】1980-84年
【初演】1984年（「サンクトゥス」を除く。全曲初演は1993年）
【編成】ソプラノ、アルト、テノール、バス、混声合唱、管弦楽

全曲完成までに13年以上を要し、演奏に1時間半以上もかかるクシシュトフ・ペンデレツキのこの大曲には、それだけの長さを必要とするポーランドの悲劇的な歴史が幾重にも刻まれている。グダニスク暴動（1970）で犠牲となった造船労働者を追悼する曲として、レフ・ワレサを議長とする自主独立労組「連帯」から委嘱されて書いた「ラクリモーサ」や、アウシュヴィッツ強制収容所で囚人の身代わりとなり餓死刑に処せられたコルベ神父の列聖を記念した「リコルダーレ」などが、ラテン語の典礼文だけでなくポーランド語の聖歌も歌詞に取り入れつつ構成されている。ネオ・ロマン主義的な調性感を残した部分も前衛的な無調の部分もあって「折衷的」と批判されたりもしたが、そんなことはどうでもいいと思わせる切迫感がある。

『ペンデレツキ：ポーランド・レクイエム』
I. ハウボルト（S）、K. ペンデレツキ（指揮）、北ドイツ放送響・合唱団他
TOWER RECORDS UNIVERSAL VINTAGE COLLECTION / PROA-78
作曲者自身の指揮による1989年ルツェルン音楽祭での演奏。ただし「サンクトゥス」など欠けている曲がある。全曲は作曲者が振ったロイヤル・ストックホルム・フィル盤やワルシャワ・フィル盤で聴けるが、1時間半以上かかる。

シュニトケ《レクイエム》

Alfred Schnittke (1934-1998)［露］

棺の中に古さと新しさを合わせ入れる

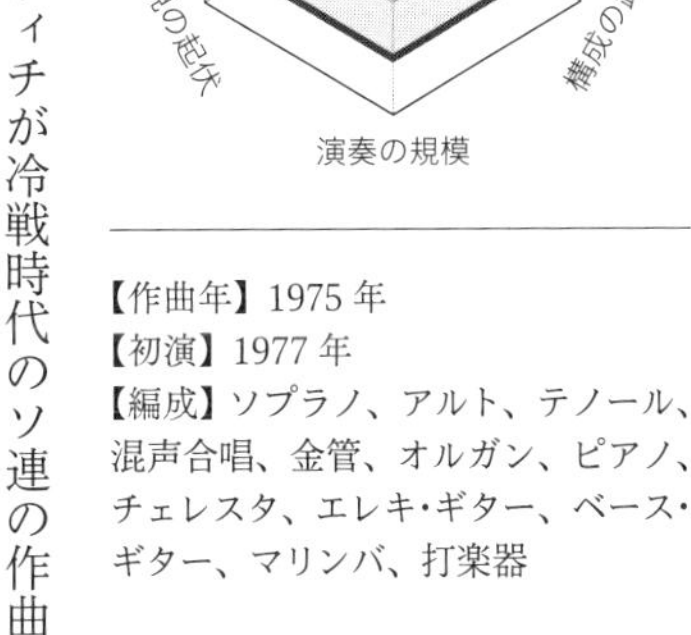

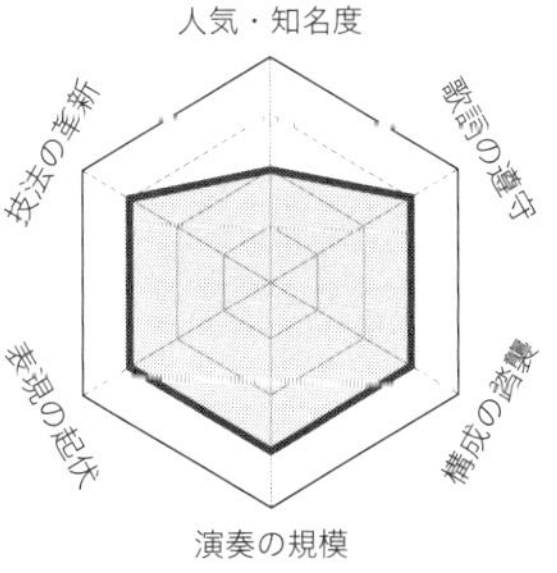

【作曲年】1975年
【初演】1977年
【編成】ソプラノ、アルト、テノール、混声合唱、金管、オルガン、ピアノ、チェレスタ、エレキ・ギター、ベース・ギター、マリンバ、打楽器

を求めるのは諦め、ある古い素材と別の古い素材の組み合わせの妙に独自性を見出す「ポストモダン」の思想潮流に与するものだとも言える。この曲もレクイエムという古い皮衣の中に、ロックバンドのような楽器編成――代わりに弦楽器と木管楽器がない――、中世風の教会旋法、十二音技法などが注がれ、古いようで新しい不思議な耳馴染みの曲に仕上がっている。

ショスタコーヴィチが冷戦時代のソ連の作曲家なら、アルフレート・シュニトケは雪どけ時代のソ連のドイツ・ユダヤ系作曲家だ。突如入ってきた西側の前衛音楽やポピュラー音楽とどう向き合うかが問われるなか、映画音楽で糊口を凌いでいたシュニトケが選んだのは、複数のジャンルや技法を混在させる「ポリスタイリズム」（多様式）だった。素材そのものに独自性

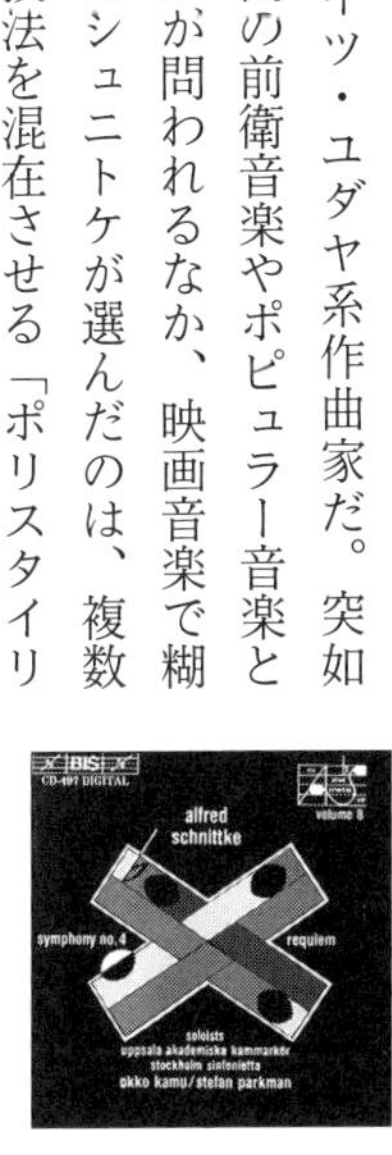

『シュニトケ：交響曲第４番／レクイエム』
K. H. サロモンソン（S）、I. H. シェーベリ（S）、S. パルクマン（指揮）、ウプサラ・アカデミー室内合唱団、ストックホルム・シンフォニエッタ他
BIS / BIS-CD-497
ポリスタイリズムという技法ゆえに14もある各楽章がバラバラに聞こえるかと思いきや、弦と木管を欠いていて音色に制限があるせいか、意外に散漫な印象はなく聴きやすい。

ロイド＝ウェッバー《レクイエム》

Andrew Lloyd Webber (1948-) ［英］

最も聴きやすい20世紀のレクイエム

人気・知名度
歌詞の遵守
構成の階層
演奏の規模
表現の起伏
技法の革新

【作曲年】？年
【初演】1985年
【編成】ソプラノ、テノール、ボーイ・ソプラノ、混声合唱、管弦楽

ミュージカル《キャッツ》《オペラ座の怪人》《ジーザス・クライスト・スーパースター》などで有名な人気作曲家アンドリュー・ロイド＝ウェッバー（ウェバー）が宗教音楽の《レクイエム》を書いたのには、二つの理由があった。一つはロンドンの王立音楽大学の学長だった父の死。もう一つは、ポル・ポト政権下のカンボジアで、手足を失った姉を殺すか姉の代わりに自分が死ぬかの選択を迫られた少年が、自分が生きるほうを選んだ、という新聞記事を読んだからだった。† あたかもその少年の魂が乗り移っているかのようなボーイ・ソプラノの歌声が印象的な本曲は、20世紀以降に書かれた最も聴きやすくポピュラーなレクイエムとなった。全曲を録音したレコードとCDはアメリカで大ヒットし、グラミー賞のクラシック部門を受賞した。

『アンドリュー・ロイド＝ウェッバー：レクイエム』
S. ブライトマン（S）、P. ドミンゴ（T）、L. マゼール（指揮）、ウィンチェスター大聖堂聖歌隊、イギリス室内管他
Decca / 028944861624
ボーイ・ソプラノが美しい第8曲「ピエ・イエズ」は人気が高く単独で取り上げられることも多い。第7曲「ホザンナ」はほぼミュージカルだが、さすが本領発揮といった感じでイイ！　全曲盤はこれだけなので、新録を期待したい。

† 矢野暢『20世紀音楽の構図　同時代性の論理』（音楽之友社、1992、p.105-6）。『ニューヨーク・タイムズ』紙に載ったというオリジナルの記事は未確認。

伊福部 昭《ゴジラ－レクイエム》

Akira Ifukube (1914-2006)［日］

荒ぶる神の魂を鎮めるために

人気・知名度
歌詞の遵守
構成の踏襲
演奏の規模
表現の起伏
技法の革新

【作曲年】1995年
【初演】1995年
【編成】女声合唱、管弦楽他

レクイエムと呼ぶにふさわしいミサ曲を伊福部昭が書いたわけではなく、ゴジラ映画のうちの1作『ゴジラVSデストロイア』（1995）の劇伴音楽を構成する短い曲に、トラックナンバー程度の意味で「レクイエム」と付けたにすぎない。それでも個人的な思い入れから強引にレクイエムのリストに入れたことをご海容願いたい。この映画は平成ゴジラシリーズの掉尾（とうび）を飾る作品で、ラストでゴジラ自身が内側からメルトダウンを起こし崩壊する。その劇的なシーンで流れるのがこの曲なのだ。同時にこの曲は伊福部の最後の映画音楽ともなった。女声合唱による物悲しい旋律は初代『ゴジラ』（1954）で乙女たちが歌う「平和への祈り」を思い起こさせ、最後はゴジラを表す「ドシラ」の音型†が繰り返される。まさしくゴジラへの鎮魂歌だ。

『「ゴジラVSデストロイア」オリジナル・サウンドトラック』
今井聡（指揮）、スタジオミュージシャン他
EMIミュージック・ジャパン / TYCY-5468
このレクイエム（No.36 M-44A）に続くエンディング・テロップでかかるのが、《SF交響ファンタジー第1番》と同じ構成の曲で、伊福部マーチを含むまさに東宝特撮映画音楽の集大成。CDの入手が難しければ映画でぜひ。

† 1954年に公開された『ゴジラ』でゴジラを表す「ドシラ｜ドシラ｜ドシラソ♯｜ラシドシ｜ラ」という音型は、1948年に作曲された『ヴァイオリンと管絃楽のための協奏曲』の第1楽章に登場している。ということはつまり、ゴジラは映画よりも6年も前に音楽で誕生していたというわけだ。

ベリオ、湯浅譲二ほか《和解のレクイエム》第二次世界大戦の犠牲者の思い出に 14人の作曲家による共なる祈り

Luciano Berio (1925-2003), Joji Yuasa (1929-) etc. ［伊、日ほか］

人気・知名度
歌詞の遵守
構成の踏襲
演奏の規模
表現の起伏
技法の革新

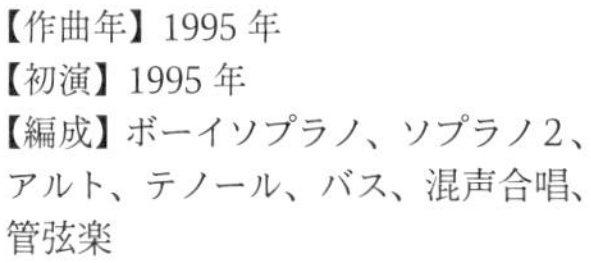

【作曲年】1995年
【初演】1995年
【編成】ボーイソプラノ、ソプラノ2、アルト、テノール、バス、混声合唱、管弦楽

第二次大戦終結から50年目の年、シュトゥットガルトの国際バッハ・アカデミーの芸術監督ヘルムート・リリングが世界の14人の作曲家に依頼して共同製作した異色のレクイエムが本曲だ。委嘱を受けた作曲家にはペンデレツキ、ルチアーノ・ベリオ、ヴォルフガング・リームら名だたる現代音楽の作曲家の名前が並んでいて、日本からは湯浅譲二が参加して「レスポンソリウム」を書いている。委嘱にあたっては使える編成が決まっているほかは自由だったようで、14人もの作曲家の共作ゆえに統一感はさすがに乏しいが、テーマの求心力のおかげか意外に気にならないし、むしろ作曲家それぞれの個性が聴けるのがいい。イスラエル・フィルが演奏しているのも意義深い†。初演から2年後には日本でも大野和士指揮の都響が再演した。

『和解のレクイエム（14人の作曲家による合作）』
H. リリング（指揮）、クラクフ室内合唱団、シュトゥットガルト・ゲッヒンゲン聖歌隊、イスラエル・フィル他
hänssler / COCO-78776～7
どの曲も基本的には伝統的な典礼文をテクストに用いているなかで、ドイツ系ユダヤ人の詩人パウル・ツェランの詩を引用したベリオによるプロローグと、典礼文を使わず母音だけで歌わせるリームの「コンムニオＩ」がかえって印象的。

† 1936年にトスカニーニの指揮で旗揚げ公演を行なった「パレスチナ管弦楽団」が、戦後「イスラエル・フィル」に改称。2023年にも来日公演が予定されていたが、イスラエル軍のガザ地区侵攻が国際的な非難を浴びるなかで中止に。オケ自体に罪はないとはいえ、ジェノサイドを行なう今のイスラエル国家を代表するオケに、この曲の初演団体たる名誉はふさわしくない。

田中利光《鎮魂曲「墓」》

Toshimitsu Tanaka (1930-2020)［日］

現世／来世、土俗／前衛の往還

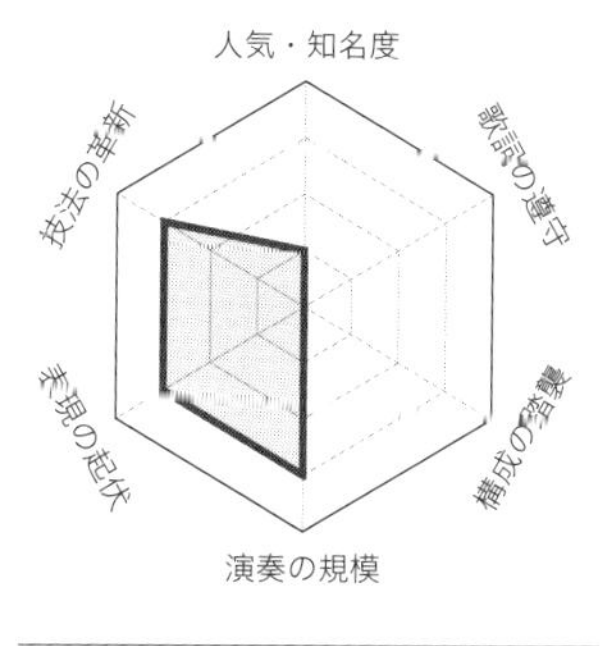

【作曲年】1972年
【初演】1993年
【編成】混声合唱、ピアノ、管弦楽（和楽器含む）

田中利光には「管弦楽によるレクイエム四部作」というシリーズがあり、本曲がその第1作で、以下第2作《群像》、第3作《パトス》、完結編《迷路》と続く。作曲者は作家の太宰治と同じ旧制青森中学出身で、太宰が母校で行なった講演——難破した船乗りにまつわる人間の不条理な運命についての話——を聞いて感銘を受け、作曲家になろうと決意したと述懐している。

そして作曲家になった田中は故郷青森にちなむ曲を次々と書いてゆく。本曲でも、海に出たまま不帰の人となった漁師を供養する八戸地方の神楽（かぐら）「墓獅子」が題材となっている。とはいえ土俗芸能的な要素はあくまでテーマに止まり、音楽自体は、荒れ狂う波や三陸北部に吹き荒（すさ）ぶ「やませ」が、頻繁に現れるオスティナート（執拗反復）によって激しく表現されている。

『田中利光：管弦楽作品集』
Y. P. トルトゥリエ（指揮）、ベルリン放送合唱団・交響楽団他
フォンテック / FOCD-3195
もしバルトークが青森に生まれていたら書いたであろう交響詩、といった印象の曲。合唱には歌詞はなく母音唱。そのことも手伝って外国人にも受け入れやすく、かといって安手の「オリエンタリズム」にも与しない純度の高い管弦楽曲ゆえ、海外での評価が高い。初演もベルリン芸術祭で行なわれた。

三木稔《レクイエム》

Minoru Miki (1930-2011)［日］

南の島での死者との対話

人気・知名度
歌詞の遵守
構成の独創
演奏の規模
表現の起伏
技法の革新

【作曲年】1963年【初演】1963年
【編成】初稿：バリトン、男声合唱、管弦楽（弦はコントラバスのみ）。のち2台のピアノ伴奏版や混声合唱版などに何度か改訂。最終的に新しく「花の歌」の楽章を加えて全6楽章形式になり、ソプラノソロも加わった。

三木稔といえば「日本音楽集団」の創設者・音楽監督として邦楽器曲の名作を多く遺した作曲家だが、それ以前は合唱作品が多く、本曲も自身が所属していた東京リーダーターフェルのために書き下ろされた男声合唱曲の名曲だ（のち混声合唱に改訂）。歌詞にはドイツ人の文化人類学者が書いた本の邦訳書に載っていた「ポリネシア・マンガヤ島住民の〝ヴェラを悼む葬送の歌〟」に、三木の妻の那名子が翻案修正を加えたものを採用している。バリトンのソロが死の国への険しい道程を歌い、男声合唱が死者の霊を鼓舞しせき立てる。死出の旅でありながらミサ曲のような観念性は薄く、うねる波濤（はとう）（ポリネシアのクック諸島はサイクロンの多発地帯）とそれに翻弄される死者たちの物理的・身体的な運動性が、変拍子の激しいリズムで表現される。

『三木稔：レクイエム／もぐらの物語』
勝部太(Br)、黒川正宏、加藤訓子(perc)、小林研一郎（指揮）、東京リーダーターフェル 1925、東京交響楽団他
カメラータ・トウキョウ / 30CM-529
ポリネシア人→ドイツ人の文化人類学者→日本人のドイツ文学者→三木稔と何重ものフィルターを通っているわりに、太平洋に面する海洋民族としての同じ根っこのようなものを感じさせる曲。最終改訂版の録音が望まれる。

三木稔《二十絃箏と邦楽器群のための コンチェルト・レクイエム》

Minoru Miki (1930-2011) ［日］

新しい邦楽器のための新しい葬送曲

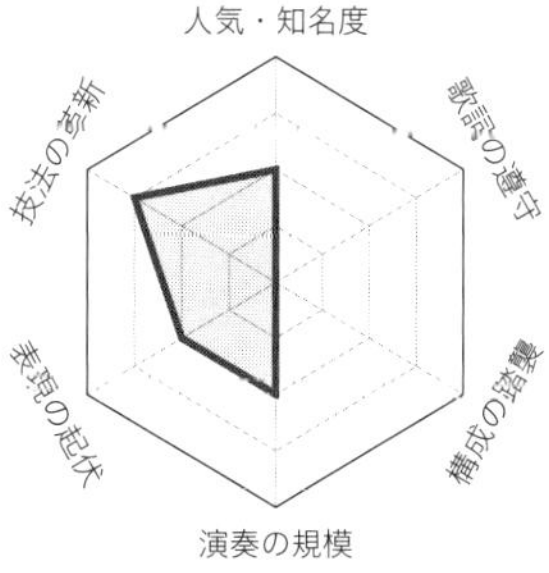

人気・知名度
歌詞の遵守
構成の強靭さ
演奏の規模
表現の起伏
技法の革新

【作曲年】1981年
【初演】1981年？
【編成】二十絃箏、笛、尺八、三味線、琵琶、パーカッション他

三木稔にはもうひとつ、二十絃箏と邦楽器群のための《コンチェルト・レクイエム》という曲——別名《箏協奏曲第３番》——もある。伝統的な箏は桐の木の胴に13本の絃が張ってあるが、１９６９年に箏奏者の野坂恵子（野坂操壽）が「もう少し音が欲しい」と要望したことがきっかけで、三木稔らが共同開発して中低音域の絃を増やしたのが二十絃箏だ。それにより音域は４オクターブに広がり、音色が豊かになった。その後も低音の絃が増えてゆき、今では二十五絃箏まである。楽器ばかり新しくなっても、その新機能を十全に発揮できる曲がなくては、ということで書いた新作のひとつが本曲だ。折口信夫が『死者の書』で描いた、鳴弦や乙女たちの足踏みといった悪霊退治のための古の儀式をふと想起させる、古くて新しい曲になっている。

『The Art of The Koto Vol.4 : Works By Miki And Yoshimatsu』
吉村七重（箏、二十絃箏）、プロ・ムジカ・ニッポニア（邦楽アンサンブル）他
Celestial Harmonies / 013711318920
二十絃箏奏者吉村七重の全４巻の作品集のうち、二十絃箏のために三木稔と吉松隆が書いた新作を収録した巻。《コンチェルト・レクイエム》のほか、三木の《竜田の曲》、吉松の《夢あわせ夢たがえ》も入っている。

武満 徹《弦楽のためのレクイエム》

Toru Takemitsu (1930-96) ［日］

言葉なき鎮魂曲

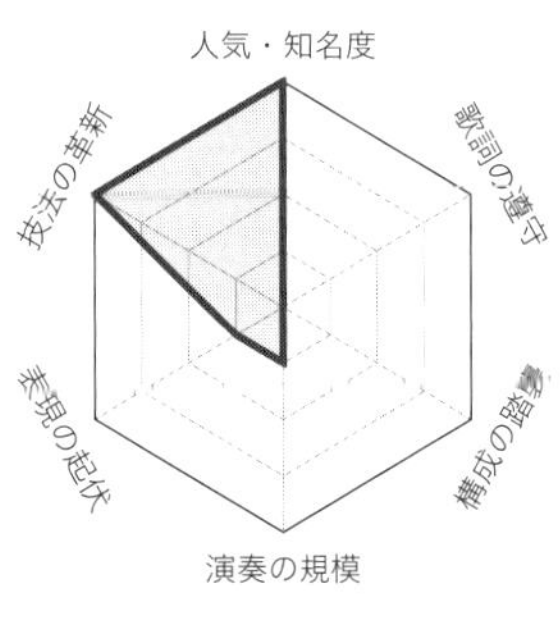

【作曲年】1955–57 年
【初演】1957 年
【編成】弦 5 部

キリスト教のミサ曲の一種であるレクイエムは、聖書の一節をラテン語で合唱し、死者が天国で安息を得られるよう神に請うのがその本来の性格であって、死者の魂を鎮めるためのものではない。その意味でいうと、キリスト教と無関係で、合唱を欠き、弦楽器のみで演奏される10分足らずの武満徹の《弦楽のためのレクイエム》は、どうしたって「死者のためのミサ曲」ではありえない。けれども、本来とは異なる「鎮魂曲」という意味でならば、この曲はまぎれもなくレクイエムだ。

作曲者自身の表現によれば「人間とこの世界とをつらぬいている音の河の流れ」（初演時のプログラムノート）が沈黙の底から静かに湧き上がり、緩やかに走りだす。聴き手はガンジスの川面を流れゆく牛の亡骸（なきがら）の如く、その音の河に身をゆだねるほかない。

いま何拍子の何拍めの音が鳴っているのか拍節感をつかめずにいると、中間部で咳き込むような三連符の短い動機が繰り返される。やがてまた重苦しい沈黙が訪れ、曲は定かでなかった始まりと同じく、定かでないままに終わる。それゆえ、どこから来てどこへ行くのかわからない人間の一生についなぞらえたくなるが、しかし西洋の安息も東洋の無常もこの厳しい音楽は容易に受け付けてはくれない。

この曲を書いていた当時、武満は重い結核で肺に大きな穴が空いており、否応なしに自分の死を意識せざるをえなかった。加えて、作曲家仲間の早坂文雄――早坂が音楽を担当した『七人の侍』（監督：黒澤明、1954）のオーケストレーションを武満も手伝っている――が同じ結核のため41歳の若さで逝去したことに、武満は大きな衝撃を受けた。そして、書きかけていたこの曲のタイトルを『メディテーション』（瞑想）から「レクイエム」に変更し、2年かかって完成させた。

こうして出来上がった《弦楽のためのレクイエム》は、「私が作曲家として書いた最初の音楽」と言える初期武満作品の代表作となった。1959年、来日中のイーゴリ・ストラヴィンスキーがこの曲の録音テープを聴いて、「このような、きびしい音楽が、あんな、ひどく小柄な男から、生まれるとは」と驚嘆したというエピソードは有名だ。†

2011年の東日本大震災以後、追悼と復興を祈念するコンサートで、この曲が日本のみならず世界中で実演されている。

『武満徹：セレモニアル／系図／マイ・ウェイ・オブ・ライフ／弦楽のためのレクイエム』

小澤征爾（指揮）、サイトウ・キネン・オーケストラ他

Decca / UCCD-90231

武満は「私はまず音を構築するという観念を捨てたい。私たちの生きている世界には沈黙と無限の音がある。私は自分の手でその音を刻んで苦しい一つの音を得たいと思う。そして、それは沈黙と測りあえるほどに強いものでなければならない」と語っていて、《弦楽のためのレクイエム》はその具体例とも言える。三部形式というスタイルや動機の展開は意外に古典的だが、そこに詰め込まれている一つひとつの音の扱いが独特で、唯一無二の響きを創りだしている。となると、やはり緊張感に溢れた弦の響きが美しい演奏で聴きたい。岩城宏之＆N響や若杉弘＆都響なども捨てがたいが、弦にコンサートマスター級の名手が揃っている小澤＆サイトウ・キネンを選んだ。

† 1959年4月5日に来日したストラヴィンスキーは、約1カ月の滞在期間中、記者会見を1度したきりでそれ以外の取材に応じず、自作の指揮のほかは日本の観光と日本人の作曲家の曲を聴くことに専念した。武満の《弦楽のためのレクイエム》を聴いたストラヴィンスキーは、彼を目白の椿山荘のランチに誘ったが、武満はガチガチにあがってしまい、握手した手が「マシュマロのように柔らかかった」ことぐらいしか憶えていない、と語っている。

三善 晃 《混声合唱とオーケストラのための レクィエム》

Akira Miyoshi (1933-2013) [日]

死の瞬間に引き戻す剝き出しの音

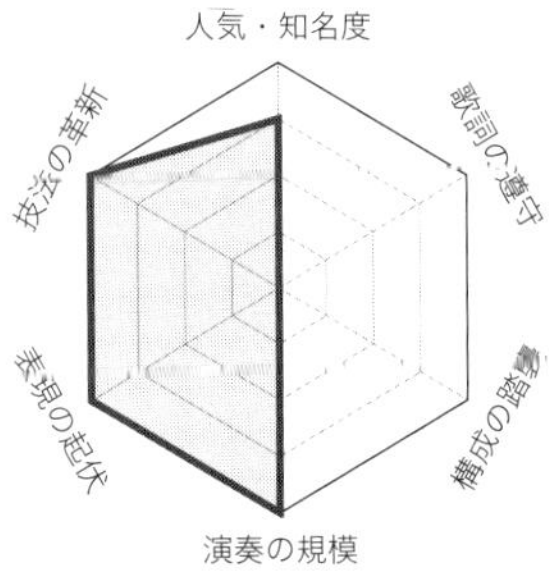

どんなレクイエムであれそれが音楽である以上、聴き手の魂を浄化する働きをもつ。レクイエムのような死者を悼む音楽を聴いて涙を流すのは良いことだ。しかしそれはあくまで聴き手にとってそうなだけで、その曲を捧げる対象の死者にとっても良いことである保証はない。無慈悲な言い方をすれば、死者の魂の安らかなることを願うレクイエムといえど、その実は聴き手すなわち生者が心安く生きるために死者を巧みに利用しているだけとも言える。それでも良いではないか、それ以外にどうしようがある、と反論することは可能だ。けれども、曲を聴いて魂が浄化されることを容易に許さない厳しさ、平たく言えば「あ～良い曲だったなあ。さて、じゃあ明日から仕事を頑張ろう」という気にさせてくれない厳しさが、この《レクィエム》

人気・知名度
歌詞の遵守
構成の独創性
演奏の規模
表現の起伏
技法の革新

【作曲年】1971-72年
【初演】1972年
【編成】混声4部合唱、管弦楽、ムチ、ハープ、ピアノ、チェレスタ、テープ収録および会場内再生装置他

三善晃が書いた声とオーケストラのための三部作《レクィエム》[†]、《詩篇》(1979)、《響紋》(1984)は、別名「反戦三部作」と呼ばれている。戦争反対を掲げた曲はあまたあるし、戦没者を追悼するレクイエムも多く書かれた。本書でもそのいくつかを取り上げたが、どれも素晴らしいものだ。しかし三善晃の《レクィエム》はそれらの作品とは次元を異(こと)にしている。

† 楽譜に記載された本作のタイトルの正式表記は、通常の「イ」を用いた《レクイエム》ではなく、小さい「ィ」の《レクィエム》とのことで、本書でもそれに従っている。

にはある。

　そう言えるのは、三善晃はすでに死んでしまった者たちのためにこの曲を書いたわけではなく、死者をその死の瞬間まで連れ戻し、今まさに死のうと――殺されようと――している者たちに向けてこの曲を書いているからだ。そのために作曲者は、上野壮夫の反戦詩の一節「誰がドブ鼠のようにかくれたいか！」に始まり、金子光晴や黒田喜夫ら有名詩人の詩から愛媛県の小学四年生の女の子の詩にいたるまで、いくつもの詞句を取り上げ断片化し再構成してテクストとしている。そうすることによって、死者は遠い昔に死んでしまった者から、今まさに死のうとしている者へと蘇り、そして死者と生者は限りなく近づくのだ。その作業の過程が三善晃の著書『遠方より無へ』†に採録されたスケッチに見ることができるが、その過程を終えてから三善はやっと音符を書きはじめる。

　そうして出来上がったこの曲の、聴いている途中で失神する者や嘔吐する客が出てもおかしくない剝き出しの音の圧力に、戦慄や慟哭はあっても哀切や感傷の入る余地はない。三善晃の《レクィエム》を聴くとは、戦火と殺戮の現場に立つのと変わらない聴取体験の謂なのだ。

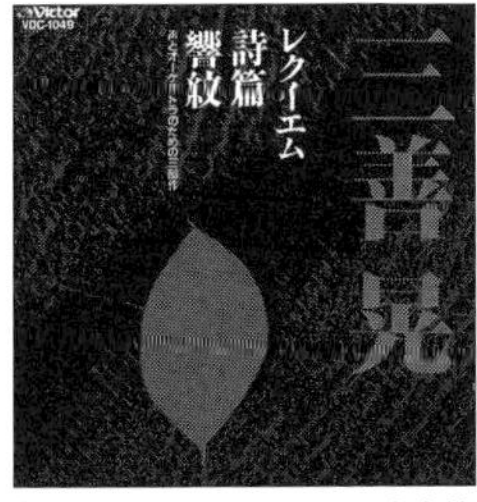

『三善晃：レクイエム／詩篇／響紋』
尾高忠明（指揮）、東京混声合唱団、NHK 交響楽団他
ビクター / VDC-1049
本文で書いたように、死者のために書かれていながらその実は生者のための音楽であるレクイエムを、死者たちのものとして死者の側から捉え直し書き直そうとしたのが三善晃の《レクィエム》だった。それに対して生者の側からどのようなことが言えるのかを、宗左近の詩「縄文」をテクストにして音楽化したのが三部作の第２作《詩篇》であり、そして死者と生者の交わりが鬼遊びの唄「かごめかごめ」に託して響き合うのが、第３作《響紋》だと言える。
2023 年、都響が山田和樹の指揮でこの反戦三部作を演奏した。そして同じ年、イスラエル軍がガザ地区に侵攻し、傷病人・難民・子供を多数収容した病院や学校を「ハマスの拠点になっている」という理由で爆撃した。今、三善晃の《レクィエム》から、パレスチナの叫びが聞こえる。

† 三善晃『遠方より無へ』（白水社、1979、のち新装復刊、2002）。なお、三善晃がさまざまな反戦詩をどのように再構築して《レクィエム》のテクストとしたかについて、中島国彦「言葉を紡ぐ行為、言葉を消す行為　三善晃「レクィエム」は、反戦詩をどう音にしたか」（早稲田大学比較文学研究室「比較文学年誌」50 号、2014）に詳細な分析がある。

三枝成彰《レクイエム 曾野綾子のリブレットによる》

Shigeaki Saegusa (1942-)［日］

日本語で死者のためのミサ曲の復活を

人気・知名度
歌詞の遵守
構成の踏襲
演奏の規模
表現の起伏
技法の革新

【作曲年】1998年
【初演】1999年
【編成】ソプラノ、テノール、混声合唱（男性合唱版もある）、管弦楽

良し悪しはともかくレクイエムが「死者のためのミサ曲」というカトリックの典礼としての本義を失い、死者一般を悼む「鎮魂曲」に変質した20世紀の、しかも日本において、宗教曲としての本来の意味を復活させようと試みたのが、三枝成彰の《レクイエム》だ。とはいえラテン語のまま歌われるのではなく（1962年の第二バチカン公会議以降、ミサは何語で行なってもよいことになった）、作家の曾野綾子が平明な日本語に翻訳（というより翻案）したテクストを用いている。† 構成上も「ディエス・イレ」を省く代わりに「四つの頌歌（しょうか）」が置かれ、また末尾には「アヴェ・マリア」と「葬送の歌」が並ぶ。現代音楽の作曲家のなかでは一、二を争うメロディメーカーで、数多くのオペラを作曲している三枝の美しい旋律が堪能できる。

『三枝成彰セレクション VOL.02』
佐藤美枝子（S)、吉田浩之（T)、大友直人（指揮)、東響コーラス、東京交響楽団他
キング・インターナショナル / KDC-5040
この演奏は管弦楽伴奏付きの混声合唱版で、東響コーラスが歌っているが、これ以外に、日本の政界、財界、学界、文化人を中心に結成された「六本木男声合唱団」が歌うピアノ伴奏付きの男声合唱版もCD化されている。

† 近年はすっかり右翼論壇の重鎮となり、アパルトヘイト擁護発言で南アフリカの駐日大使から抗議を受けたり、「高齢者は『適当な時に死ぬ義務』がある」などの発言で物議を醸すことの多い曾野綾子だが、この曲のテクストに関しては元々が典礼文なので余計な色はついていない。とはいえ、数々の妄言のせいでせっかくの美しい曲が割を食ってしまった感は否めない。

細川俊夫《ヒロシマ・レクイエム》
Toshio Hosokawa (1955-)［日］

あの日、世界を満たしていた音

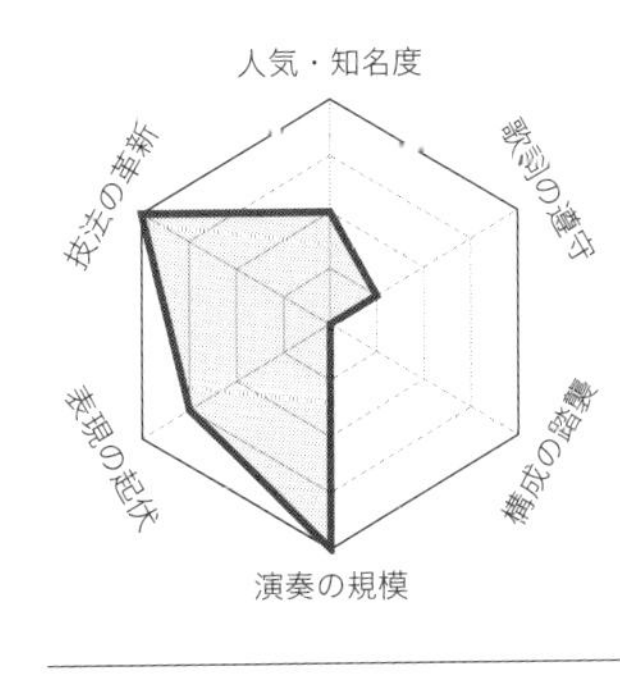

【作曲年】1989年
【初演】1989年
【編成】語り（3人）、独唱（4人ないし8人）、混声合唱、児童合唱、テープ、管弦楽

広島に生まれドイツで音楽修行をした細川俊夫は、この曲について「戦後の広島に生まれた一日本人としての、個人的な魂の痛みを感じながら作曲した」「私の、祈りの音楽」だと語っている。† "ヒロシマ" が彼にとって向き合うべき音楽的課題だったことは疑いないが、かとって悲劇と反戦を訴えることにこの曲の主眼が置かれてはいない。あの日、どんな人間が生きて活動し、それがどのような音として世界を満たしていたのか、それを表現することに力点がある。そのため、被爆した子どもたちの手記が朗読され、児童合唱が「ディエス・イレ」を歌い、舞台前方に設置された3台のスピーカーからは、当時のラジオ放送、ヒトラーや東条英機の演説、爆撃音などのテープ音声が流れる。音として現れた歴史を音楽として再現する試みが、本曲だ。

『細川俊夫作品集 音宇宙Ⅳ「ヒロシマ・レクイエム」』
田中信昭（合唱指揮）、合唱団OMP、東京少年少女合唱隊、今村能（指揮）、新交響楽団他
フォンテック / FOCD9118
のちに新しく3つの楽章を加筆して全5楽章の《ヒロシマ・声なき声》に改訂された。そちらはS. カンブルラン指揮バイエルン放響によるライブ演奏が『細川俊夫作品集Ⅷ「ヒロシマ・声なき声」に収録されている。

† CD『細川俊夫作品集Ⅳ「ヒロシマ・レクイエム」』のライナーノートに掲載された、作曲者本人の曲目解説より。

以上、王だったレクイエムの名作を取り上げてみたが、一説にはレクイエムの数は200曲以上にものぼるとも言われていて、紙幅と能力の都合上、到底すべてを紹介することはできなかった。例えば、ピエール・ド・ラ・リュー（1460?～1518）、オルランド・ディ・ラッソ（オルランドゥス・ラッスス、1532～94）、クリストバル・デ・モラーレス（1500?～53）、ジャン・ジル（1668～1705）、ヨハン・アドルフ・ハッセ（1699～1783）、ジギスムント・フォン・ノイコム（1778～1858）、イルデブランド・ピツェッティ（1880～1968）、ハンス・ヴェルナー・ヘンツェ（1926～2012）、ジョン・タヴナー（1944～2013）らのレクイエムを扱えなかったのは残念だ。

本書を読んでさらに深くレクイエムの世界を知りたいと思ったなら、例えば本書でも大いに参考にさせていただいた、相良憲昭『音楽史の中のミサ曲』（音楽之友社、1993）、井上太郎『レクイエムの歴史　死と音楽との対話』（平凡社、1999、のち河出文庫、2013）、西原稔『神と向かい合った作曲家たち　ミサ曲とレクイエムの近代史　1745-1945』（音楽之友社、2022）などを読むことをお薦めしたい。

第4楽章

葬送行進曲——棺に納まって担がれているのは誰か

ゆっくりした曲を急いで書け

人の死を弔う儀式に直接かかわるクラシック音楽のカテゴリーとしては、やはりレクイエムが最も有名だが、レクイエムは本来あくまで宗教音楽だ。もっと世俗的なものとしては、葬送音楽なかんずく「葬送行進曲」がある。故人の遺体を納めた棺を担いで葬儀会場から墓場まで歩く際に流すという実用的な役割が葬送行進曲にはある。レクイエムにも「イン・パラディスム」という出棺から埋葬までに歌われるミサ曲もあるにはあるが、省略されることが多い。

現代の日本だと、近親者が葬列の棺を担ぐことはほとんどなく、遺体は葬祭業者の黒塗りの専用車——神社の屋根を積んだような壮麗な「宮型霊柩車」は近ごろほとんど見かけなくなった――に乗せられて火葬場まで運ばれるため、途中で音楽を流すこともない。昔の日本では、遺体には「死穢（しえ）」と呼ばれる穢（けが）れがあるとされ、それを地域社会内部の日常に持ち込まないよう比較的遠くの場所すなわち「野辺（のべ）」に埋葬していた。その埋葬地まで近親者が棺を担いでいくことを「野辺送り」と呼ぶ。伝統的な野辺送りでは、松明（たいまつ）あるいは高灯籠（たかどうろう）を掲げた人が先頭に立って葬列を先導し、棺を担ぐ（土地によっては棺を載せた御車を曳く）者や近親者のほか、位牌、飯、水桶、香炉、紙華（しか）、天蓋の六種類の葬具をそれぞれ手に持つ「六役」らが葬列に加わる（葬具の種類・数・呼び名は地方によって異なる）。また道中では、米、紙吹雪、小銭などを撒きつつ、死者がこの世に戻ってこれないよう迷わせるため、わざと不必要な回り道をしながら進む。

　では、野辺送りの際に何か音楽を演奏するしきたりはあったろうか。嫁入り行列なら「長持唄」を歌ったりするが、葬列の場合、僧侶が経文を唱えたり鉦（かね）や太鼓を鳴らしたり、「六斎念仏（ろくさいねんぶつ）」のように葬儀の参列者が念仏を唱和する習俗はある。韓国や東南アジアあたりでは、出棺時に楽隊が楽器を派手に打ち鳴らしながら死者を送り出すという葬送文化がしばしば存在する。ただ、それらはどれも宗教曲であって世俗曲ではない。また、特定の故人のためだけの特別な曲が作られることもなく、既存の曲が演奏されるのが普通だ。

　その点、西洋ではどうか。教会の葬儀で宗教曲が歌われたり演奏されたりするのは普通だが、それとは別に、亡くなったのが著名人の場合、葬送のための世俗曲が特別に作曲・演奏されることがある。その代表例が葬送行進曲だが、それには葬儀の会場で流れるミサ曲などとはいささか異なり、作曲にあたっての特有の難しさがある。

まず、棺を担いで行進するのに歩きやすい――実際には行進曲に合わせて棺を運ぶことはそれほど多くはなかったろうから、あくまで歩きやすいと「思える」――テンポと拍でなくてはならない。当然ゆっくりとしたテンポ、三拍子ではなく二拍子が選ばれる。

使用楽器も限られてくる。葬送にふさわしい曲だからといって、オーケストラを丸ごと引き連れて歩いたり、グランドピアノを引っ張りながら演奏するわけにはいかない。必然的に金管楽器や太鼓などポータブルな楽器のみで演奏可能な曲、あるいはそのようにアレンジされた曲が選ばれる。現代なら電子機器でどのような楽器編成の曲でも移動演奏や再生は可能だが、軍楽隊を有する国で要人を国葬するような場合、軍楽隊が葬送のための曲を、持ち運び可能でかつ野外でもしっかり聞こえる大きな音量が出せる楽器を用いて生演奏する。†

もっと決定的な難しさもある。王侯貴族など富裕な上流階級の葬儀ともなると家格の面子もあるので、既存の曲を使い回すのではなく、故人のためにオリジナルの新曲を用意したいと考える。そこで、ふだんからパトロンとして庇護している作曲家に発注するわけだが、依頼された作曲家が頭を悩ませるのは、スケジュールがタイトなことだ。葬送の曲を

† 例えば2021年にイギリスのエリザベス二世の夫・フィリップ殿下（エディンバラ公）逝去の折りには、慣例にしたがい棺がウィンザー城からセントジョーンズチャペルへ向かう際に、軍楽隊が葬送行進曲を演奏した。ちなみにその際に演奏された曲のうちの一つ《葬送行進曲第1番》は、ヨハン・ハインリヒ・ヴァルヒ（1776～1855）作曲のものだが、以前はベートーヴェンが作曲したものと伝わっていた（WoO Anh.13）。

あらかじめ書いておくわけにもいかないから、件の人物が亡くなってから書きはじめる。葬儀とは別に追悼式が数カ月後や一周忌に催されるならまだしも、遺体の埋葬に間に合わせるとなれば、数日のうちに曲を書き上げなくてはならない。そのうえ仮に曲がすぐ書けたとしても、それを写譜に回し、さらに演奏者が練習するための時間が必要だ。しかしその間にも亡骸は容赦なく傷んでゆく。一から新曲を書いている余裕はなく、既存の曲をそれとわからないよう再利用してなんとか納期に間に合わせようとする。それでも結果どうしても間に合わず、せっかく書いた曲が演奏されずに終わった、なんてこともある。

5日間しかない！——J・S・バッハ

では実際のところ、どれくらいの時間が許されているのだろうか。それを知るための手がかりは滅多にないが、幸いなことにかのJ・S・バッハ絡みの史料が残っている。†

1723年、バッハはアンハルト＝ケーテン侯（公）国の宮廷楽長の職を辞して、ライプツィヒの聖トーマス教会のカントル（音楽指導者）となったが、ケーテン時代に世話になったケーテン侯のレオポルドとはライプツィヒに移ってからも親交を重ねていた。そのレオポルド侯が1728年11月19日早朝、34歳の誕生日を目前にして亡くなった。遺体は冬の間はひとまずケーテン城内の礼拝所に安置され、年が明け春3月になるのを待って聖

† 日本語で読める史料を含む研究書・論文としては、フリードリヒ・スメント『バッハ叢書V ケーテンのバッハ』（角倉一朗、小岸昭訳、白水社、1978）の第十章（p.144-163）および第十一章（p.164-191）、樋口隆一「アンハルト・ケーテン公レオポルトのための葬送音楽BWV 244aの成立とパロディーの諸問題」（日本音楽学会編『音楽学』20号、p.98-116）などがある。

ヤコブ教会の地下納骨堂に埋葬されることになった。

レオポルド侯が没した日の8日後の11月27日には、ケーテンの宮廷から葬送音楽の写譜および銅版作成の代金が業者に支払われた記録が残っている。この時の葬送音楽がバッハが書いたアンハルト＝ケーテン侯レオポルドのための世俗カンタータ**《嘆け、子らよ、全世界に向って嘆け》**＊（BWV 244a）のことを指しているのはほぼ間違いない。つまりレオポルド侯死後のたった8日後には葬送音楽が出来上がっていたことになる。

しかもその期間をフルに作曲に充てられたわけではない。ケーテンからライプツィヒまでは東京－鎌倉間ほどの距離があるから、馬車を走らせても半日、往復で丸一日は取られる。かつ、写譜と銅版作成の時間が必要だから、作曲にかけられる時間は5日ほどしかない計算になる。それで出来上がった葬送音楽は演奏に1時間以上もかかる大曲だ。バッハ

＊J. S. バッハ《嘆け、子らよ、全世界に向って嘆け》

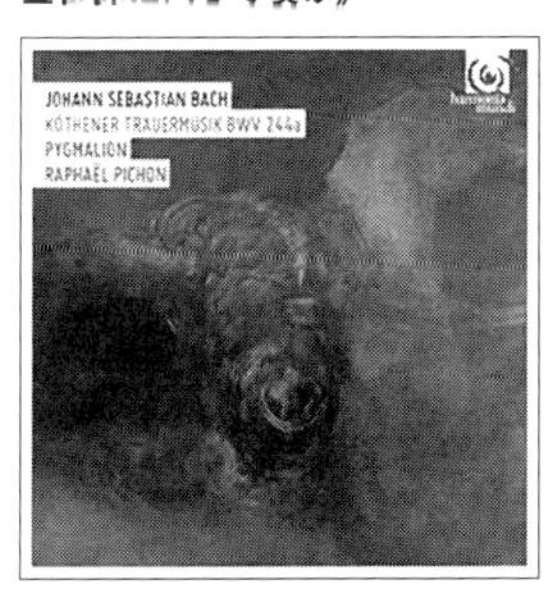

『J. S. バッハ：嘆け、子らよ、全世界に向って嘆け』
S. ドゥヴィエル(S)、D. ギヨン(A)、Th. ホッブズ（T)、Ch. イムラー(B)、R. ピション（指揮)、ピグマリオン
Harmonia Mundi / HMC902211
ケーテン侯レオポルドは自身も優れた演奏家で、それまでケーテンにはなかった宮廷楽団を創設するほど音楽に入れあげた。そしてその宮廷楽長にと招かれたのがバッハだった。音楽を愛する理想的な雇い主を得て、バッハは《ブランデンブルク協奏曲》や《平均律クラヴィーア曲集 第1巻》など多くの世俗曲の傑作をケーテン時代に書いた。しかしケーテン侯国に財政負担が重くのしかかり、王妃が音楽に理解がないことなども手伝って、結局バッハはケーテンを離れることになった。このレオポルドのための葬送音楽は、《マタイ受難曲》を転用しているとはいえ《マタイ》のような厳しさは影をひそめ、悲しさと懐かしさが静かに息づいている。

がいかに天才であろうともこれは不可能だ。

ということは、すでに基となる曲がいくつかあって、その一部を適宜改変して使ったのだろうと考えられている。そのうちで最も有名かつ重要なのが、かの受難オラトリオの傑作**《マタイ受難曲》***（BWV244）だ。《マタイ受難曲》はケーテン侯レオポルドが没した前年の1727年に初演されている。†おそらくバッハはそれを、《マタイ受難曲》の台本を書いた筆名ピカンダーことクリスティアン・フリードリヒ・ヘンリーツィと相談して台本・歌詞を改変し――ピカンダーの詩集『まじめで、こっけいで、辛辣な詩』から多くを採用している――、併せて曲の一部も新しい歌詞に合うように書き直して使用したのだろう。つまりバッハは、教会カンタータを世俗カンタータに書き直す、言い換えるならセルフパロディーとして処理することで、葬送に間に合わせたわけだ。

この葬送音楽が実際に演奏されたのは翌1729年の3月23日と24日に行なわれた葬儀の際で――バッハとアンナ・マグダレーナ夫妻も息子を連れて列席している――、まだ4カ月も先だから、そんなに急いで曲を作らなくても間に合うのではないかと思わなくもないが、国家行事で演奏する1時間半もかかる大曲だ。もろもろの手配や準備に時間がかかるだろうことを考えると、それでも時間が足りなかったかもしれない。

† 細かいことだが念のため音楽史的な事実を書いておくと、《マタイ受難曲》はバッハの存命中も何度か再演されているが、1736年の演奏の際にバッハは改訂を施し、その自筆浄書がほぼ完全な形で残っている。今日演奏される《マタイ》はこの1736年版だが、バッハが1728年にケーテン侯レオポルドの葬送音楽を書くにあたってパロディとしてベースにした《マタイ》は1736年版ではありえず、1727年の初期稿である。

立派な曲ほど追悼式に間に合わない——ベートーヴェン

特定の人物のために書かれた葬送音楽なのに、肝心の追悼式に間に合わずお蔵入りになった曲に、行進曲ではないが、ウィーンに出る前のボン時代の若き**ルートヴィヒ・ヴァン・ベートーヴェン**が書いた**《皇帝ヨーゼフ二世の葬送カンタータ》***（WoO†87）がある。

神聖ローマ帝国の皇帝でありながら「人民皇帝」や「皇帝革命家」とも呼ばれ、モーツァルトを庇護したことでも知られる啓蒙君主ヨーゼフ二世が、1790年——前年に隣国フランスでは革命が勃発している——に48歳の若さで亡くなった。皇帝の訃報を耳にして、ボンの改革派知識人たちが結成していたグループ「読書クラブ（レーゼゲゼルシャフト）」の面々は、自由と平等のための「上からの改革」が挫折したことを悲しんだ。

＊J. S. バッハ《マタイ受難曲》

『J. S. バッハ：マタイ受難曲』
E. ヘフリガー（T）、I. ゼーフリート（S）、K. エンゲン（Bs）、A. ファーベルク（S）、D. フィッシャー＝ディースカウ（Br）、K. リヒター（指揮）、ミュンヘン・バッハ合唱団、ミュンヘン・バッハ管弦楽団他
Profil / PH12008
「カール・リヒターの1958年盤マタイ」として知られる不朽の名盤のリマスタリング。この演奏もそうだが、昔はモダンオケがモダン楽器で《マタイ受難曲》を演奏していた。古楽器による演奏が主流をなすようになった今日では、モダン楽器による演奏のほうがむしろ「オールドファッション」に感じるという逆転現象が生じている。しかしこういう名演奏を聴くと、そんな違いはどうでもいいと思えてくる。リヒター自らが団員募集のビラを撒いてまでミュンヘン・バッハ合唱団を結成したというが、そうした情熱と緊張感がこの演奏から溢れ出している。それに比べて同じリヒターの1979年の再録音盤は、ずいぶんと角が取れて丸くなった感がある。好みにもよるが、イエスの受難の物語なのだからやはり切迫感があってほしい。

† ベートーヴェンの楽曲を整理するための記号は何種類かある。ベートーヴェン自身が自分の楽曲に付けた番号をOp.（Opus 作品番号）と呼ぶのに対して、作品番号の付いていない曲はWoO（Werke ohne Opuszahl 作品番号なし）で整理される。ほかにもHess番号、Biamonti番号、Unv番号などがある。

そのうちの一人に、クリスティアン・ゴットロープ・ネーフェがいた。ネーフェは「読書クラブ」の主宰者でもありボンの宮廷楽団のオルガニストでもあったが、われわれにとって何より重要なのは、少年ベートーヴェンの師だったことだ。ネーフェはベートーヴェンにJ・S・バッハの《平均律クラヴィーア曲集》を与えてバッハの音楽の偉大さを教え、ベートーヴェンを「必ずや第二のモーツァルトになる」とまで言ってその才能を高く評価していた。

そのほかにも「読書クラブ」には、ボンの宮廷楽団のコンサートマスターを務めていたフランツ・アントン・リース（彼の長男がベートーヴェンの弟子で回想録を執筆したフェルディナント・リース）、ボン時代からのベートーヴェンのパトロンで、彼が《ピアノ・ソナタ第21番ハ長調「ヴァルトシュタイン」》（作品53）を献呈したフェルディナント・フォン・ヴァ

＊ベートーヴェン《皇帝ヨーゼフ二世の葬送カンタータ》

『ベートーヴェン：ヨーゼフ二世のカンタータ集』

R. ハーヴィスト（S）、J. コティライネン（Bs）、アボエンシス大聖堂聖歌隊、L. セーゲルスタム（指揮）、トゥルク・フィル他
NAXOS / 8.574077

この曲が19歳の時にベートーヴェンが書いた、演奏されることのなかった幻の作品であることを知らずに楽譜を読んだブラームスが、ハンスリック宛の手紙で「ベートーヴェンに似ている」と看破したように、この時点からすでにベートーヴェンはベートーヴェンだった。さらに興味深いのは、この曲が《交響曲第3番「英雄」》の第2楽章の葬送行進曲や《交響曲第5番「運命」》と同じハ短調で書かれていること。どうやら現実の出来事によって衝撃を受け、内面に強い葛藤が生じた時、ベートーヴェンはハ短調を選ぶ傾向があるらしい。

ルトシュタイン伯爵、ボン大学でベートーヴェンも聴講したドイツ文学の教授オイロギウス・シュナイダーらがいた。彼らのあいだで、偉大な皇帝を追悼する立派な音楽が必要だということになり、詩人で聖職者のセヴェリン・アントン・アヴェルドンクに歌詞が委嘱された。そして作曲者として、まだ19歳のベートーヴェンに白羽の矢が立った。

そうして出来上がった《皇帝ヨーゼフ二世の葬送カンタータ》は、フルオーケストラをバックに四部の独唱と混声合唱が歌う、40分前後もかかる堂々たるカンタータで、ベートーヴェン自身にとってもこれほど大規模な曲を書いたのはこれが初めてだった。

しかし残念なことに、追悼式まであまりにも時間がなさすぎて、とうとう追悼式には間に合わなかった。ヨーゼフ二世という特定の個人のために書かれた曲なので、ほかに使い回すこともできない。結局ベートーヴェンは生前、この曲の実演の機会を得ることはなかった。

さらに新皇帝としてヨーゼフ二世の次弟レオポルド二世が即位するにあたって、ベートーヴェンは《皇帝レオポルド二世の戴冠式カンタータ》(WoO 88)も作曲したが、理由不明ながらこれもお蔵入りとなって演奏されずじまいだった。

とはいえ、まったく無駄に終わったかというと、そうでもない。実演の機会にこそ恵まれなかったが、ベートーヴェンはこの曲を書いたことで自信をつけた。出来栄えには満足し愛着もあったようで、のちに書いたベートーヴェン唯一のオペラ《フィデリオ》のフィナーレ部分に、《葬送カンタータ》の一部を転用している。

さらに特筆すべきことが、1792年に起きた。同年、巨匠ヨーゼフ・ハイドンがボンに立ち寄った際、ベートーヴェンはヴァルトシュタイン伯爵の口利きでハイドンに《皇帝ヨーゼフ二世の葬送カンタータ》を見てもらうことになったのだ（《戴冠式カンタータ》だった可能性もあり）。ハイドンは曲の出来栄えに驚嘆し、ヨーゼフ二世の末弟のケルン選帝侯マクシミリアン・フランツに、ぜひベートーヴェンを音楽の都ウィーンに留学させるよう進言した。その結果ベートーヴェンは給費留学生としてウィーンで学ぶことができた。

この種の「機会音楽」は世に出るチャンスとなる一方で、まったくの徒労に終わることも少なくない。しかしそんなこととは無関係に作品そのものに全精力をそそぐと、思わぬ幸運が開けることがある。ベートーヴェンの《葬送カンタータ》はその良い例だ。

とはいいながら、式に間に合わせるのが至上命題の機会音楽として大規模な曲を書くのは、さすがにリスクが大きすぎる。そういう理由からというわけでもないのだろうが、ベートーヴェンは1812年、リンツの大聖堂の万霊節（死者の日）のために**《3つのエクアーレ》**＊（WoO 30）という短い曲を書いている。

エクアーレ（エクアールともいう）とは複数の同一楽器用の曲という意味で、これは4本のトロンボーンのために書かれている（6本のための、という説もある）。[†] 全部演奏しても5

† トロンボーンという楽器はヨーロッパ人にとって久しく「縁起が悪い」楽器だった。それが言い過ぎなら、神や自然あるいは死といった人間存在を超越したものを表現する楽器と見なされていた。トロンボーンに限らず、ある楽器が特定の概念と結びついて使用されるケースについては、佐伯茂樹『名曲の暗号　楽譜の裏に隠された真実を暴く』（音楽之友社、2019）が面白くかつ詳細に解説してくれている。

分とかからない小曲だが、当時の金管楽器では唯一半音階を出せたトロンボーンの特性を活かして書かれていて、演奏の難易度は高い。けっして強く鳴らされることはなく、長い旋律線が静かに、まるで親しい者たちが集まって故人の思い出を「あ〜あの時、アイツあんなこと言ってたなあ」「そうそう、愉快なヤツだったよなあ」と淋しげに懐かしがっているかのように響く。トロンボーン奏者にとって憧れの曲だそうだ。

そして、万霊節というすべての死者の魂に祈りを捧げる日のために書かれたこの《3つのエクアーレ》が、1827年3月29日、ベートーヴェン自身の葬儀でも奏でられた。そしてその《エクアーレ》を聞いたウィーンの群集のなかに、フランツ・シューベルトがいた。そのシューベルトも《大葬送行進曲 ハ短調》（作品55、D〔ドイチュ番号〕859）という四手のためのピアノ曲を書いている。

＊ベートーヴェン《3つのエクアーレ》

『ベートーヴェン：行進曲集／ピアノ四重奏曲／6つのメヌエット』
W. カルチェスキ、Ch. フーリハン、S. ウィーブ、N. ローパー（tb）他
Naxos / 8.574040-41
この時代は金管楽器の技術改良がいろいろと試行錯誤されていた時代であり、ベートーヴェンも金管楽器にかなりの興味を寄せ、いくつかの曲のなかで金管楽器の性能を引き出す試みを行なっている。この曲でもパートによっては演奏困難な音域もあり、短い曲でありながら簡単な曲ではない。実際の演奏ではアルトトロンボーンに代えてトランペットまたはホルンで吹かせることもある。あるいはホルンだけ、クラリネットだけの四重奏曲として演奏されることもある。それにしてもしみじみした良い曲だと思う。数あるベートーヴェン作品のなかでベートーヴェン自身の葬儀の時に演奏されたのがこの曲だったというから、誰か知らないが選んだ人のセンスの良さに感服せざるをえない。

機会音楽ではない葬送曲へ

このように葬送曲は、著名人が亡くなったときにその故人の死を悼んで書かれる機会音楽という性格が強い。つまり、誰のために書かれた曲なのかがはっきりしているケースが多いのだ。なかんずく葬送行進曲はその代表例といえる。

一方で、葬送のための曲のはずなのに、誰のために書かれたのか、そもそも誰か特定の人物のために書かれたわけではない曲もある。むしろこの種の葬送曲のほうが、機会音楽として書かれた葬送曲が原則的に一回こっきりしか演奏されないのに比べて、繰り返し演奏されその結果有名になることがしばしばある。その代表がショパンの《ピアノ・ソナタ第2番 変ロ短調「葬送行進曲付き」》(作品35)であるわけだが、ショパンについては後述するとして、もう少しベートーヴェンについて述べてみたい。というのも、ベートーヴェンには葬送のための曲と呼べる作品が、少なくともあと二つあるからだ。

そのうちの1曲が《英雄(エロイカ)》の標題で知られる**《交響曲第3番 変ホ長調》***(作品55)であるのはいうまでもない。その第2楽章が葬送行進曲(Marcia funebre: Adagio assai)だ。

ベートーヴェンは1804年、世界を自由と平等にみちびく英雄ナポレオン・ボナパルトを讃える曲としてこの交響曲を書いたものの、完成後まもなくナポレオンが皇帝に即位すると、「奴も俗物にすぎなかったか」とナポレオンへの献辞の書かれた表紙を破り捨て、「ある英雄の思い出のために」と書き加えた、という話はクラシック音楽史上最も有名なエピソードだ。†

けれどもこれにも異説があり、ベートーヴェンはナポレオンへの尊敬の念を終生抱いていて、献辞を取り下げたのは、英雄に捧げる曲なのに葬送行進曲があるのは失礼と考えたからともいわれる。ナポレオンが皇帝に就いたことに激怒して当てつけのように葬送行進曲を後から書き加えたのであれば、前者の通説をいっそう裏づけるだろうし、後者の異説は否定されるよりほかない。しかし、葬送行進曲はナポレオンの皇帝就任以前にすでに出来上がっていることを考えると、異説が成立する余地もなくはない。

また、そもそもここでの「ある英雄」はナポレオンとは別人なのではないか、という説

＊ベートーヴェン《交響曲第3番変ホ長調「英雄」》

DVD『「英雄」　永遠に音楽が変わった日』

イアン・ハート（ベートーヴェン役）、ジャック・ダヴェンポート（ロプコヴィッツ侯役）、サイモン・セラン・ジョーンズ（監督）、J. E. ガーディナー（指揮）、オルケストル・レヴォリュショネール・エ・ロマンティーク他

Opus Arte / OA0908D

《英雄》ほどの曲ともなると、名盤が目白押しだ。誰が振ってもそれなりに立派に聞こえてしまうのが、この交響曲の良いところでもあり、同時に難しいところでもある。ならばいっそのこと、と選んだのがコレ。1804年12月、ロプコヴィッツ侯爵の邸で《英雄》が非公開初演された時の様子を再現ドラマにした本編と、レヴォリュショネール・エ・ロマンティークの古楽器による全曲演奏を収録したDVDだ。《英雄》という曲が演奏家なかんずくトランペット奏者にとってどれほど驚くべき、そしてシンドイ曲だったかが可視化されていて面白い。

† 第3楽章のスケルツォについても、それを「軍隊行進曲」と見なす者も当時はいたようだ。それについてチャイコフスキーは自伝『一音楽家の想ひ出』（堀内明訳、角川文庫、1950）の中で「熱烈なスケルツォを、人々はさまざまに説明しようと試みた。（中略）しかし愚かな努力の餘り、例へば、ベートーヴェンはこのスケルツォで、騎兵隊の敵の歩兵への襲撃を音楽的に表現したのだ、などと説明するまでに至った」と呆れ気味に書いている。

もある。最終的にこの曲は、ナポレオンにではなく、ベートーヴェンの有力なパトロンで芸術の普及活動に熱心だったフランツ・ヨーゼフ・マクシミリアン・フォン・ロプコヴィッツ侯爵に献呈され、1804年12月にロプコヴィッツ侯爵の居城のひとつラウドニッツ城の付属オーケストラによって非公開ながらに初演されている（翌年4月にアン・デア・ウィーン劇場にて公開演奏）。その後もベートーヴェンは《交響曲第5番 ハ短調「運命」》や《第6番 へ長調「田園」》、弦楽四重奏曲のいくつかを侯爵に献呈しているので、「ある英雄」とはこのロプコヴィッツことだとは古くからいわれてきた。

さらには、プロイセン王子ルイ・フェルディナントこそが「ある英雄」だとする説もある。ルイ・フェルディナントはナポレオン戦争で活躍したプロイセンの軍人だが、ベートーヴェンを崇拝し、音楽家としても優れた室内楽曲を作曲する才人だった。ベートーヴェンも《ピアノ協奏曲第3番 ハ短調》（作品37、1803年初演）を献呈しているほどだったが、1806年のイエナの会戦において33歳の若さで戦死した。ちなみにルイ・フェルディナントも、ロプコヴィッツ侯爵邸での《交響曲第3番「英雄」》の非公開初演を聴いている。

そして「ある英雄」についてのさらなる異説がある。それは、この「ある英雄」とは、聴覚を失うという音楽家として致命的な病に侵され、一度は「ハイリゲンシュタットの遺書」を書くほどの絶望の淵に立たされながら、そこから再び立ち上がってきたベートーヴェン自身のことではないか、というものだ。

ベートーヴェンが音楽史上の英雄の名に値することは疑いもないので、この説もそれなりの説得力がなさにしもあらずだが、「ある英雄の思い出のために」という言い回しがどうしても引っかかる。ベートーヴェンは音楽家としてのプライドの高い人ではあったが、それは音楽は万人のものという確固たる信条から宮廷におもねることを潔しとしなかったがゆえであって自己顕示欲が人一倍強かったわけではない。それゆえ自分の曲に自分自身のことを「ある英雄」とつけるベートーヴェンは想像できない（リヒャルト・シュトラウスあたりならシレッとやりそうだが）。やはりこの説は無理筋というべきか。

もっといえば、この《英雄》という曲は、ソナタ形式や変奏曲といった純粋に音楽的な音世界を交響曲というフォーマットのなかで追究した絶対音楽なのであって、少なくとも誰か特定の英雄的な人物を音で表象した機会音楽ではない。この視点から見るなら、「ある英雄」とは具体的な人間のことではなく、もっと概念的なものだといえる。すなわち英雄の抽象化だ。

英雄の大衆化とコントルダンス

あるいは、「ある英雄」とは特定の誰かを指しているわけではない、つまり、万人が英雄なのであって、誰か一人だけがそうなのではない、という平等主義的な思想に基づく考えもある。英雄の大衆化といえばいいだろうか。

その傍証となりそうなのが、《英雄》の第4楽章に取り入れられた「コントルダンス」だ。少し寄り道になるが、この交響曲のバックボーンを理解するうえで必要なので紹介しよう。

隣国の革命を自由と平等のための革命と考えて支持したベートーヴェンだったが、フランス革命が周辺各国に波及しナポレオン戦争へと拡大していくと、困ったことが起きた。ベートーヴェンを経済的に支援してくれていたパトロンの貴族たちが戦費の調達やら自らの出陣やらで、支援する余裕が無くなってきたのだ。

曲の注文が減って窮したベートーヴェンが糊口をしのぐために始めたのが、編曲仕事だった。つまり自分のオリジナル曲を書くコンポーザーから、他人の書いたメロディーをブラッシュアップしたり伴奏部分を付け足したりするアレンジャーに、一時的に転身したのである。

18世紀の終わり頃はドイツでも民謡・民俗音楽へ幅広い関心が寄せられていた。教会で歌われる聖なる響きや宮廷で演奏されるノーブルな調べとはちがう、時に情熱的で時に幻想的な、地方色豊かな旋律や伝承がロマン派の芸術家たちを刺激した。† そうした人びとのあいだで人気があったのがブリテン島、とりわけスコットランドやウェールズおよびアイ

† ドイツの民謡収集熱を主唱したヨハン・ゴットフリート・ヘルダー（1744-1803）の、文芸とはそもそも諸民族の贈り物であって、一部の教養人の私有財産ではない、という考えに触発されたのが、若きゲーテ。ゲーテは各地を流浪し「老婆の喉からひったくる」ようにして12の民謡を集めた（そのうちの1編が「野ばら」）。

ルランドの民謡だった。

イギリスにジョージ・トムソン（1757〜1851）という民謡採集家がいた。アマチュアのヴァイオリニストであり、ロバート・バーンズやサー・ウォルター・スコットらイギリスの詩人たちとも交流があったトムソンは、スコットランド民謡や歌詞を採集してまわり、それを作曲家に頼んで編曲してもらい、楽譜として出版するという音楽プロモーターとして活動していた。

アマチュアが楽しく歌い弾ける程度に演奏の難易度を抑えて編曲するよう作曲家に指示したのが功を奏して、この企画は成功をおさめた。編曲を依頼した相手は当初ハイドン（その弟子のプレイエルやコジェルフら）だったが、ハイドンが老齢のせいでその仕事を続けられなくなり、1803年にはとうとう亡くなってしまった。そこでトムソンが次に目をつけたのが、ベートーヴェンだったわけである。

家計が逼迫（ひっぱく）しつつあったベートーヴェンにとって、この依頼は渡りに船だったことは確かだ。しかし日銭を稼ぐためだけの〝やっつけ仕事〟として引き受けたのではない。ベートーヴェンはもともと民俗／民族音楽的なものに興味をもっていた。

特にベートーヴェンの興味をひいたのが「コントルダンス」だ。コントルダンスとはイギリスの素朴な「カントリーダンス」から発祥し、フランスの宮廷経由でオーストリアに入ってきた舞曲で、ヨーゼフ二世の治世（1765〜90）に流行した。身分に関係なく誰でも踊りの輪に加わることが許され、19世紀後半にワルツやポルカに取って代わられるまでしばしば演奏され、踊られた。

その啓蒙主義時代の平等思想的なところが気に入ったのか、ベートーヴェンは**《12のコントルダンス》***（WoO 14）というピアノ曲を書いている。今日ではあまり演奏されることのないこの作品を初めて聴く人は、みな驚くにちがいない。というのもその第7曲は、あの《交響曲第3番「英雄」》の終楽章の主題そのままなのだから（しかも同じ変ホ長調！）。《12のコントルダンス》は彼がまだ20代半ばの1795年に作曲されているので（出版は1802年）、《英雄》よりも8年ほど早い。それほど初期からベートーヴェンは民謡に興味を抱いていた。

音楽的な興味を抱いていたのみならず、しかも経済的にも助かるということで（ベートーヴェンはギャラについても自ら積極的に交渉している）、作曲家としてはマスターピースにはならないこの編曲仕事に、意欲的に取り組んだ。ベートーヴェンの〝やったるで〟顔が目に浮かぶ。

けれどもそこは時々やりすぎてしまうクセのあるルートヴィヒのこと、イギリス民謡の素朴な歌詞や旋律を芸術的な音楽にまで昇華させようと、弦楽とピアノを伴うかなり凝ったアンサンブル作品に仕上げた。さすがの出来栄えではあったものの、それはそれで演奏難度が上がってしまい、もっと単純なアレンジを望んでいた発注者を困らせた。トムソンの〝やられちまった〟顔が目に浮かぶ。

さらに、新しいテキストをもっと送るようベートーヴェンのほうから催促したりなど、一度火のついた彼の音楽家魂は容易には鎮まらない。結果として、トムソンとベートーヴェンとのやり取りが始まった1803年から1819年までのあいだに、100曲以上の民謡が編曲・作曲されることになった。†

こうしたベートーヴェンの嗜好や振る舞いから考えると、《交響曲第3番》の「ある英雄」とは特定の誰かのことを指すのではなく、大衆のこと、万人のことだとする説も、一定の説得力をもつ。

いずれの説が正しいにしても、肝心なのは、ベートーヴェンにおいて葬送行進曲は、一

＊ベートーヴェン《12のコントルダンス》

『ベートーヴェン：序曲全集／12のメヌエット／12のドイツ舞曲／12のコントルダンス』

N. マリナー（指揮）、アカデミー室内管弦楽団他

Decca / 0028943870627

少し変わった管弦楽編成（ヴィオラとトランペットがない）で演奏される舞曲集。このうちの1分足らずの短い第7曲が、ピアノ独奏用の《エロイカ変奏曲》（1802）や《交響曲第3番「英雄」》終楽章の変奏主題として使われて、また第7曲と第11曲を連結したものが《バレエ音楽「プロメテウスの創造物」》（1801）のフィナーレに使われている。同一主題を4曲にわたって使っているのだから、どれだけこのカントリーダンスの主題をベートーヴェンが気に入っていたかがわかるが、これを「田舎臭くてカッコ悪い」と難じつつシレッと《英雄》を振っている日本人指揮者がいてビックリしたことがある。

† ベートーヴェンがG.トムソンから依頼されて編曲した民謡の総数はじつに179曲にも及ぶが、そのうちの132曲がスコットランド、アイルランド、ウェールズの民謡などのイギリス民謡である（平野昭他編著『ベートーヴェン事典』東京書籍、1999、p.564-586）。

度限りの機会音楽というカテゴリーから一歩抜け出し、クラシック音楽の重要な形式・ジャンルとして汎用性を高めたということだ。

「ある英雄」の死を悼んで書かれたもうひとつの葬送行進曲

さらにベートーヴェンには、「葬送」と名がつけられた曲がある。それが**《ピアノ・ソナタ第12番 変イ長調「葬送」》***（作品26）だ。

《ピアノ・ソナタ第12番》はちょっと変わったピアノ・ソナタだ。というのも、ピアノ・ソナタは通常、第1楽章でソナタ形式をとる。

ソナタ形式というのは、喩えていうなら、アニメの『トムとジェリー』のようなものだ。まず、アニメの制作会社「メトロ・ゴールドウィン・メイヤー（MGM）」のロゴの中でライオンが吠える映像が流れる（これがソナタ形式の「序奏」に当たるが、無い場合も多い）。本編が始まると、性格（リズムやテンポや調性）の大きく違う主人公、ネコのトム（第一主題）とネズミのジェリー（第二主題）が登場する（提示部）。ふたりの他に、ときどきブルドッグのスパイク（第三主題）たちが加わることもある。トムがジェリーの策に引っかかって頭からバケツに突っ込み、出てきたときには元々のネコの姿（主調）がバケツの形になっていたり、ネズミの巣穴に仕掛けたはずの爆弾がなぜか自分の手元に戻ってきて爆発し、体がバラバラになる（転調）など、スラップスティックな追いかけっこが繰り返される（展開部）。そしてトムが元の姿に戻り（再現部）、最後は仲良しになる（終結部＝コーダ）。真面目なクラシックファンに怒られるのを覚悟でいうなら、ソナタ形式とは、このトムとジェリーの「仲良くケンカしな」的フォーマットのことだ。

けれどもピアノ・ソナタの冒頭楽章に欠かせないこのソナタ形式が、ベートーヴェンの《ピアノ・ソナタ第12番》には無い。トムとジェリーがケンカしようとしない、というか、トムしか出てこないのだ。なのでわれわれは「あれ？　今回はいつもと違うぞ」という感想をもつ。

そしてその感想は当たっていて、ベートーヴェンは11番までのピアノ・ソナタとは異なり、この《第12番「葬送」》と、それに続く《第13番 変ホ長調「幻想風」》（作品27－1）、

＊ベートーヴェン《ピアノ・ソナタ第12番「葬送」》

『ベートーヴェン：ピアノ・ソナタ第8番「悲愴」、第12番他』
G. カシオーリ（fp）
Arcana *classic* / A558

ベートーヴェンがこのピアノ・ソナタでやろうとした「ソナタ楽章抜きでソナタを書く」という野心的な試みには、おそらく意識したであろう先行モデルがある。モーツァルトの《ピアノ・ソナタ 第11番 イ長調「トルコ行進曲付き」》（K.331）だ。ソナタ楽章がないところばかりか、第3楽章がマーチなのも同じ。ベートーヴェンはモーツァルトのやり方に興味を覚えて自分でもやってみようと思ったのかもしれない。ただしまったく同じでは面白くないから、1楽章増やして4楽章にし、マーチも「トルコ行進曲」のような明朗快活な曲調とは違うものにしよう、と。推薦CDはケンプ、ギレリス、シフといろいろあって迷ったが、あえてモダンピアノではなく当時ベートーヴェンが弾いたのと同じフォルテピアノ（ただし再現楽器）を弾いたカシオーリ盤にしてみた。

《第14番 嬰ハ短調「月光」》（作品27－2）の冒頭楽章でソナタ形式を採用しなかった。いわば〝ソナタ形式抜きでピアノ・ソナタを書く〟という新しい試みにチャレンジしたわけである。実際に《第12番「葬送」》は、第1楽章が変奏曲、第2楽章が舞曲、第3楽章が行進曲、第4楽章がロンドとなっていて、通常のソナタ形式が見当たらない。

そしてこのちょっと風変わりなピアノ・ソナタをいっそう風変わりにしているものこそ、この曲の標題の由来にもなっている第3楽章の葬送行進曲（Marcia Funebre）だ。†

第3楽章の出だしは、裏拍から、付点のある「タッター」というリズムで、一つの同じ音程（ミ♭）の音を連打して重苦しく始まる。ここだけ聴けば、「あ、《英雄》交響曲と同じだ！」と気づくだろう。《英雄》の第2楽章・葬送行進曲の冒頭も、一つの音程（《英雄》ではソ）で「タッター」と連打されて始まる。《交響曲第3番「英雄」》が作曲されたのは1804年だが、《ピアノ・ソナタ第12番「葬送」》が書かれたのは、正確にはわかっていないが《英雄》よりも前の1801年頃。つまり《ピアノ・ソナタ第12番》の葬送行進曲が《英雄》の葬送行進曲を先取りしているのだ。

また1802年の秋、かの「ハイリゲンシュタットの遺書」を書いたその十数日後に作曲された作品番号の連なる2曲のピアノ作品がある。作品34の《創作主題による6つの変奏曲 ヘ長調》と、作品35の《15の変奏曲とフーガ 変ホ長調「エロイカ変奏曲」》がそ

† この第3楽章は、ベートーヴェン自身の手によってオーケストレーションが施され《劇付随音楽「レオノーレ・プロハスカ」》（WoO 96）に転用されている。

れだ。後者の《エロイカ変奏曲》は、主題といい変奏曲という方法といい、《交響曲第3番「英雄」》のフィナーレのプロトタイプともいうべき作品だが、葬送行進曲との関係でいうと、前者の《6つの変奏曲》の第5変奏が「行進曲」（Marcia）となっていて、やはり「タッタータ－」のリズムで始まっていて興味深い。

整理するために、この時期のベートーヴェン関連の出来事を時系列順に並べてみよう。

- 1789年7月14日……バスティーユ牢獄襲撃、フランス革命勃発
- 1790年……《皇帝ヨーゼフ二世の葬送カンタータ》作曲
- 1792年……フランス立法議会がオーストリアに宣戦布告
- 1795年……ブルク劇場の慈善音楽会で公開デビュー
- 1795年……《12のコントルダンス》（WoO 14）作曲（※《英雄》のフィナーレのメインテーマが登場、1802年に全曲完成）
- 1801年……バレエ《プロメテウスの創造物》（作品43）で成功（※《英雄》のフィナーレのメインテーマが終曲の第18曲に登場）
- 1801年?……《ピアノ・ソナタ第12番「葬送」》作曲
- 1802年10月6日……「ハイリゲンシュタットの遺書」執筆
- 1802年秋……《創作主題による6つの変奏曲》、および《15の変奏曲とフーガ 変

ホ長調「エロイカ変奏曲」》作曲
・1804年……《交響曲第3番「英雄」》作曲
・1804年12月2日……ナポレオン一世の戴冠式
・1804年12月……ロプコヴィッツ侯爵邸にて《英雄》が非公開初演
・1805年4月7日……アン・デア・ウィーン劇場にて《英雄》が公開初演

こうして見ると、《交響曲第3番「英雄」》が書かれる直前のベートーヴェンのことがあらためてよくわかる。将来を嘱望されボンから出てきて、ウィーンでも新進気鋭の音楽家として高く評価されはじめた矢先、音楽家としては致命的な耳の疾患が襲ってくる。社会では自由と平等の気風が高まりフランス革命に大きな期待が寄せられたが、徐々に恐怖と反動と戦争が世の中を暗く覆い、そして人びとを解放するはずの「英雄」ナポレオンが皇帝という新しい支配者に君臨する。

自分自身の音楽家としての危機と激動する社会の危機とが二重写しとなって、ベートーヴェンをさぞや追い詰めたことだろう。しかしその苦悩と葛藤のなかで主題や手法を掴み取り——その最たるものが葬送行進曲にほかならない——、それがいくつかのピアノ曲を経て、《交響曲第3番「英雄」》に結実していったのだ。

さてその交響曲の葬送行進曲だが、冒頭の「タッタ―ター」の後、すぐに音程の振り幅が大きくなり、“泣かせる”メロディーになる。あまり“泣かせ”がすぎると「月の〜砂漠を〜はるばると〜」のほうに曲想が寄っていきかねないが†、そこはグッと抑えるようにと「ソット・ヴォーチェ（sotto voce 小声で囁くように）」の指示が書かれている。一方のピアノ・ソナタにはソット・ヴォーチェのような表情記号による指示は何もないが、交響曲ほど音程が上下に大きく動くこともなく、淡々と進んでいく。行進曲という点では、ピアノ曲《葬送》のほうが交響曲《英雄》よりも行進曲っぽい。

そしてまたこの《ピアノ・ソナタ第12番》の第3楽章には、「葬送行進曲」という書き込みに続けて「ある英雄の死を悼んで」とも書かれている。1804年に作曲・初演された《交響曲第3番》の「ある英雄」とは、ベートーヴェンが幻滅した皇帝ナポレオンのことだ、とする説にさえ異論があるのに、《ピアノ・ソナタ第12番》はそれよりも先の、1804年のナポレオンの皇帝即位より3年ほども前の1801年に作曲されているのだから、ここでの「ある英雄」が（少なくとも皇帝になった後の）ナポレオンのことを指す可能性はほぼない。また、《ピアノ・ソナタ第12番》とのつながりを重視するなら、《交響曲第3番》の「ある英雄」もナポレオンのことである可能性はだいぶ薄くなるだろう。

では結局のところ「ある英雄」とは誰なのか、真実はいまだにわからない。しかしベートーヴェンが誰のことを悼んで書いたのかは別として、この《ピアノ・ソナタ第12番「葬

† ケルン放送交響楽団の首席オーボエ奏者だった宮本文昭氏が、《エロイカ》の練習中に件のフレーズを情感たっぷりに奏でていると、指揮者の故・若杉弘氏から「キミのソロは『月の〜砂漠を〜』って吹いてるみたいだよ」と実際に言われ落ち込んだという。宮本氏から直接伺って、『宮本文昭の名曲斬り込み隊』（五月書房、2009、p.113-114）編集時に採録したエピソードだ。

送」》にひどく惹かれ、自分でも葬送行進曲をもつピアノ・ソナタを書こうとした男がいた。それがショパンだ。

ピアノの詩人が詠んだ永訣の詩は〈虚無〉へと向かう――ショパン

《葬送》あるいは《葬送行進曲付き》という標題で知られる**フレデリック・ショパン**（1810～49）の**《ピアノ・ソナタ第2番 変ロ短調》***（作品35）の第3楽章、葬送行進曲のメロディーを知らない者はいないだろう。ピアノで演奏されるのを聴いたことがなくても、例えばインベーダーゲームが大流行した時代はゲームオーバーの時のBGMとしてこのメロディーが――かなりコメディ風味になってはいるが――電子音で流れたりしていたこともあって、ふだんクラシック音楽をまったく聴かない人でも聴き覚えがあるはずだ。

第3楽章の葬送行進曲は、付点のついた「タン・タッタ―ター」という重苦しいリズムを、一つの音程（シ♭）で連打して始まる。中間部に穏やかで静謐な長調のトリオを挟んで、また最初の主題に戻って静かに閉じられる。

それほど有名かつこの上もなく優美で感傷的なメロディーだから、他の楽章はどんなだろうか、やっぱり《別れの曲》みたいな感じなのかな……などと思って初めて全曲を通して聴いてみた時に、腰を抜かすほど驚いた、あるいは背筋に冷たいものが走ったという人がいたら、すぐにでもその人のところに駆け寄って「コワガラナクテモイイ」と言って抱きしめてやりたい。

問題は第3楽章の葬送行進曲でもなければ、第1、第2楽章でもない。フィナーレの第4楽章がクセモノなのだ。なにせメロディーらしいメロディーがまったくない三連符の羅列で、一番最後の和音を除いてすべて両手によるユニゾン。速度記号はプレストで、怖いくらい速い。ショパンとも交流のあったロシアの作曲家・ピアニストのアントン・ルビンシテインが「墓場を吹きすさぶ風のような音楽」と語ったのも宜(むべ)なるかなだ。ショパン本人はこの楽章を「行進曲の後で両手がおしゃべりをする」と語っているが、そんな無邪気なものじゃない。調性さえも、いちおう変ロ短調とはなっているもののほとんど名ばかりで、あまりにも目まぐるしい転調に耳が追っつかない。

＊ショパン《ピアノ・ソナタ第２番 変ロ短調「葬送行進曲付き」》

『ショパン：ピアノ・ソナタ第２番「葬送行進曲付き」／第３番』
M. アルゲリッチ（p）
DG / UCCS-50124
元々人前で弾くのが苦手で、とうとうソロ・リサイタルから手をひいて室内楽や協奏曲に注力するようになってもう40年も経つのに、いまだに万人が現代最高のピアニストのひとりと認めるマルタ・アルゲリッチの若き日の録音。超絶技巧曲を弾きこなすことよりも、デート前に髪の毛をセットするほうがよっぽど難しいわ、とでも言いたげなその完璧なテクニックで、作曲者が作品の奥にこっそり潜ませている情念を炙り出してみせるのがアルゲリッチ流。彼女が弾くと、〈名曲〉がじつは〈ヤバい曲〉に思えてくる。ショパンの華麗さの奥に隠されている〈深き淵〉を垣間見たいなら、アルゲリッチの演奏を。ショパンにはあくまで華麗なままであってほしいと願うなら、アルゲリッチには近づかないことだ。

こんな喩えではショパンのファンからの炎上は必至だが、この楽章を聴くと、ある種の多足の節足動物が物陰をさサササッとすばやく逃げていくさまを思い浮かべてしまう。何本もの脚を一糸乱れず規則的に動かせるその運動性は、本来なら生物として驚嘆すべき高度な機能のはずだ。にもかかわらず奇妙なことにそれは、機能美よりも不気味さ、快よりも不快を覚える。それに近しい感覚をこの第4楽章に感じてしまうのだ。

筆者が初めてこの終楽章を聴いたのは、ラジオから流れる演奏を録音したカセットテープでだったが——歳がバレるが、いわゆるエアチェックというやつだ——、葬送行進曲のあとに間違えて別の、ショパンじゃない作曲家の曲を入れてしまったと思ったほど、終楽章は異様に聴こえた。シューマンはこの終楽章についてこんな評論を残している。

というのも、「フィナーレ」と題された最終の楽章は、音楽よりもむしろ嘲笑ににているからである。しかし、この旋律もなければ喜びもない楽章にも、一種の独特な精神の香気があって、自分にさからおうとするものを、有無をいわさず押さえつけてしまうので、僕らは魔法にでもかかったように、不平もいわずに終りまで傾聴してしまう——しかし、何といっても音楽ではないのだから、義理にも賞(ほ)めるわけにゆかない。こうして、このソナタは謎をはらんで始まり、嘲(あざ)けるような微笑を浮かべたスフィンクスのように終る。†

† シューマン『音楽と音楽家』(吉田秀和訳、岩波文庫、1958、p.168)。それにしてもシューマンの音楽批評はどれをとっても掛け値なしに面白いし、ベートーヴェン崇拝の伝統を打ち立て、シューベルト、ショパン、ベルリオーズ、メンデルスゾーンへの評価を確立するなど、大きな影響力も発揮した。そして自殺を試みた前年の1853年に書いた実質的に最後の評論で、シューマンが音楽の「新しき道」を託したのが、20歳のブラームスだった。

この終楽章があまりに理解しがたかったので、解説書を繙(ひもと)いてみた。すると、ショパンが1827年、まだ17歳だったころに書いた作品に《葬送行進曲 ハ短調》(作品72－2)という、葬送行進曲だけの小品があり、《ピアノ・ソナタ第2番》の葬送行進曲とメロディーラインこそちがうが同じリズムで書かれていて、それがピアノ・ソナタにリユースされているらしい。そしてピアノ・ソナタは、先に出来上がっていた第3楽章に出てくる二つの主題が基になって他の楽章のモティーフを形成し、それによって曲全体に統一感をもたらしているという(第3楽章のみ1837年に完成、全曲完成は1839年)。第3楽章は言うに及ばず、第1、第2楽章についても確かにそのように思えるのだが、終楽章だけはそう言われても皆目わからない。

シューマンはこの曲を「スフィンクスのよう」と評した。エジプトのスフィンクスは「朝は四本足、昼は二本足、夕は三本足。これな~んだ?」というなぞなぞを旅人に出した。人生を一日になぞらえたもので、答えは「人間」だが、答えられなかった旅人は食い殺された。けれどもポーランドのスフィンクスは、このピアノ曲を弾いてみせたあとで「これな~んだ?」となぞなぞを出しては、こちらが答える前に自ら「答えはピアノ・ソナタ」と謎解きをしてみせる。けれどもこちらとしてはそれが正解とはどうしても思えず、戸惑っているうちに曲に飲み込まれてしまう……。そんなわけのわからない恐ろしさを感じて、葬送行進曲が終わったら急いで曲を止めて聴くのをやめる個人的な習慣が、けっこう長い期間続いた。

ただ、ベートーヴェンのほうの《葬送》ソナタを聴くうちに、ショパンの《葬送》ソナタのことが少しわかってきたような気がする。

ベートーヴェンの《葬送》は第3楽章の葬送行進曲で悲嘆に暮れても、続く終楽章で救われ、ふたたび立ち上がり、新しい一歩を踏み出そうとする、そんなポジティブさが伝わってくる。それに対してショパンの《葬送》のほうは、終楽章で明るさを取り戻したりしない。それどころか、異様な疾走の果てに行き着いた先にあるのは、もはや〈虚無〉と呼ぶよりほかないものだ。そしてそれを作曲したのは、われわれが日ごろ親しみ愛している〈表ショパン〉ではもはやない。確かにショパンではあるものの、表の顔とは明らかにちがう〈裏ショパン〉が終楽章の作曲者である。

ショパンはしばしば「ピアノの詩人」と呼ばれるが、《ピアノ・ソナタ第2番》の第3楽章「葬送行進曲」は、ピアノの詩人が詠んだ亡き人を偲ぶ永訣(えいけつ)の詩といえるだろう。しかし終楽章はちがう。そんな感傷など一顧だにしない非情な検死報告書であり、冷徹な解剖所見である。

僭越は百も承知で、かの小林秀雄の人口に膾炙(かいしゃ)した名言「モオツァルトのかなしみは疾走する。涙は追いつけない」に倣って言ってみよう——「ショパンのかなしみはゆっくり行進したのちに、わけのわからぬ暗闇へと疾走する。涙はすぐに乾いてドライアイになる」……やはり分不相応なことはするもんじゃないな。

ちなみに、ショパンの《24の前奏曲》（作品28）の「第20番 ハ短調」も《葬送》と呼ばれることがある。ショパンの《24の前奏曲》の全曲録音を何度も行なっているピアニストのアルフレッド・コルトーが名づけたもので、ショパン自身がそう名づけようとしたとか、葬送のための音楽を意図して作曲したわけではないから、ここでは取り上げない。ただし《第20番》自体はほとんど半音階的和声進行だけで聴かせる玄人好みの美しい曲なので、その和声進行をベースにして、フェルッチョ・ブゾーニが《ショパンの前奏曲第20番による変奏曲とフーガ》を、セルゲイ・ラフマニノフが《ショパンの主題による変奏曲》を作曲したりしている。†

葬送行進曲の3つのリズムパターン——マーラー

ここまでベートーヴェン、ショパンの葬送行進曲について述べてきた。ふたりの葬送行進曲には、それぞれ特徴的なリズムパターンがあった。裏拍から始まる「ターンタ——ター」はベートーヴェン型で、ショパン型は「タン・タッタ——ター」。共通しているのは、

† またこの《24の前奏曲 第20番》はポップスの曲としてアレンジされて、バリー・マニロウやドナ・サマーがカバーして人気曲にもなっている。ただしその際のタイトルは「恋はマジック」（Could It Be Magic）だが。

行進曲だから2拍子系なのは当然として、どちらも付点を伴うこと（元の音符の長さを1.5倍にする）、そして同じ音程で連打されること。その辺りにどうやら葬送行進曲たるゆえんがあるのかもしれない。

同じ音程の連打で開始されるという特徴は、颯爽（さっそう）と思い切りよく始まる普通の行進曲とちがって、亡くなった者との永遠の別れとなる一歩を踏み出すことへの躊躇（ためら）いや戸惑いを感じさせる。付点を伴うという特徴も軽視できない。比較のために葬送ではない普通の行進曲で考えてみると、例えば、聴衆が思わず手拍子をするので有名なヨハン・シュトラウス一世（1804～49）の《ラデツキー行進曲》は、冒頭のリズム「タタタン―タタタン」がやはり同一音程の連打だが、付点はない。ジョン・フィリップ・スーザ（1854～1932）の《星条旗よ永遠なれ》あたりになると、同一音程とか付点とか細かいことはどうでもいいから、とにかく景気良くやろうぜ！といった調子で、いきなり躍動感全開で始まる。もしこれが葬送行進曲として演奏されたら、死者が棺からむっくりと起き上がって歩きはじめてもおかしくない。いや、おかしいか。

冒頭のたった1、2小節に過剰な深読みをするのもどうかと思うが、いずれにしても葬送行進曲は、このベートーヴェン型とショパン型に大別され……いや待て。もうひとつ葬送行進曲の典型的なリズムパターンを忘れるところだった。そう、**グスタフ・マーラー**（1860～1911）の**《交響曲第5番 嬰ハ短調》***の第1楽章の冒頭でトランペットが吹く「タタタ―ター」がそれだ。スコア（総譜）の当該箇所には「Wie ein Kondukt」すなわち「葬列のように」と書かれている。葬送行進曲から始まる交響曲というのはなんとも大胆かつ不吉だが、マーラーらしいといえばマーラーらしい。そしてこのリズムも同一音程（ド♯）の連打だ。

またマーラーの《交響曲第1番 ニ長調「巨人」》の第3楽章も、葬送行進曲のカテゴリーに入れられることがしばしばある。しかしこっちの主題は、もともとはフランスの童謡「フレール・ジャック」だった。オーストリアでは「ブルーダー・マルティン」として知られ、日本では「グーチョキパーでなにつくろう」という歌詞で知られているあの曲が原型で、それをマーラーは短調にして引用したにすぎない。加えて、同一音程の連打で始まっているわけでもないから、特徴的なリズムパターンから葬送行進曲を考えようという

＊マーラー《交響曲第５番 嬰ハ短調》

『マーラー：交響曲第５番』
L. バーンスタイン（指揮）、ウィーン・フィル
DG / 0028942360822

マーラーの５番の CD は、聴き手がそこに何を聴きたがるかによって、評価が大きく割れる傾向がある。ある人にとってのベスト盤が別の人にとって選外になることだって珍しくない。例えば、第４楽章のアダージェットが美しくなければ話にならない、という人はカラヤン＆ベルリン PO 盤は外せないだろうが、そうでない人にとってあれは、マーラーにそれほど興味を示さなかった「クラシックの帝王」による売れ線狙いのイージーリスニング化戦略に見えるだろう。ここで選んだバーンスタインも、今日的な基準からはクールさを欠く思い入れ過多の演奏として敬遠されることが多いし、それはある意味正しい。しかし、マーラーの曲を演奏したいというより「マーラーになりたい」と思った音楽家がいたとしたら、それはバーンスタイン以外にいないのも確かだ。

ここでの文脈からは外れるので、その他に分類しよう。

それにしても、「グーチョキパーでなにつくろう」は長調だからこそ「右手はチョキで／左手はグーで／かたつむり」とか「右手がグーで／左手はパーで／ヘリコプター」とか、子どもが喜びそうな楽しいものを作ろうという気になるが、これが短調だと様子がだいぶ変わってくるはずだ。短調で歌ったら何が作れるだろうか。せいぜい「右手がパーで／左手もパーで／お手上げだ」とか「右手がグーで／左手もグーで／犯罪者」とか、ろくなものができそうにない。

結婚は葬送に似ている——メンデルスゾーン

さて、ベートーヴェン型、ショパン型に続くこの第三のリズムパターンは、じつはマーラー以前にも、**フェリックス・メンデルスゾーン＝バルトルディ**（1809〜47）の**《無言歌集》**に使用例がある。「無言歌」†というのは「言葉のない歌」という意味の、ピアノのための抒情的なキャラクター・ピースのことで、その《無言歌集》の**第5巻***（作品62）の第3曲がホ短調の「葬送行進曲」（Trauermarsch）だ。冒頭から繰り返し「タタタ｜ター｜ター｜」のリズムが同一音程（ミ）で連打される。

フェリックスの父は銀行家で、自分の代でユダヤ教からキリスト教・プロテスタントの

† 「無言歌」というスタイルと言葉は、フェリックスの姉のファニー・メンデルスゾーン＝ヘンゼル（1805-47）が編みだしたもの。ピアニストであり女性作曲家のパイオニアでもあったファニーは、ピアノ曲や歌曲を中心に600曲近い作品を遺している。姉弟仲も良く、弟の《ピアノ協奏曲第1番》を初演し、弟の《最初のワルプルギスの夜》をリハーサル中に脳卒中に倒れて亡くなった。その半年後にフェリックスも姉と同じ脳卒中で急逝した。

ルター派に改宗した。それだけにとどまらず、一家の姓をユダヤ人っぽい「メンデルスゾーン」というファミリーネームから「バルトルディ」に改めた。ドイツ文化の中で育ったメンデルスゾーンは、《マタイ受難曲》をバッハの死後初めて再演してバッハ・リバイバルの先鞭をつけたり、ライプツィヒ音楽院を開校して院長になるなど、ドイツの音楽文化に多大な功績をもたらした。

それでも、ユダヤ人の出自ゆえの言われなき誹謗（ひぼう）を避けることはできなかった。メンデルスゾーンは1847年に急逝したが、その3年後にはリヒャルト・ワーグナーが論文「音楽におけるユダヤ性」を発表して、メンデルスゾーンの芸術性を貶（おとし）めている。

生家が裕福なこともあって、メンデルスゾーンの曲にユダヤ教徒の悲劇的な歴史性を感じさせるものは少ない。むしろ伸びやかな抒情性が特徴だ。「葬送行進曲」も入っている

＊メンデルスゾーン《無言歌集第5巻 第3曲「葬送行進曲」》

『メンデルスゾーン：無言歌集』
イリーナ・メジューエワ（p）
Aurora Classical / AUCD00012
19世紀前半、市民社会が成熟していくにつれてピアノが一般家庭にも普及した。それに伴い、一般の音楽愛好家でも弾ける難易度のそれほど高くない、親しみやすい抒情的な旋律のピアノ曲の需要が増え、数多くのピアノ曲が作曲・出版されるようになったが、なかでもメンデルスゾーンの《無言歌集》は人気があった。メンデルスゾーンのほかには、チャイコフスキーやフォーレが《無言歌》を作曲している。ピアノ以外の楽器用に書かれた《無言歌》もある。ここに挙げたCDは、ロシア出身で現在は日本を拠点に活動するメジューエワが《無言歌集》全8巻48曲から選んだ代表的な14曲を収録した1枚で、「葬送行進曲」のほか「春の歌」や「狩の歌」などを含んでいる。

《無言歌集》第5巻の第6曲イ長調、有名な「春の歌」などはその典型だろう。

しかも「タタタータ―」という「葬送行進曲」の不吉なリズムも、メンデルスゾーンの手にかかると、驚くことに「結婚行進曲」の祝賀的なファンファーレに早変わりする。言わずと知れたシェイクスピアの戯曲を基にした《劇付随音楽「夏の夜の夢」》(作品61)の第5幕第10曲「結婚行進曲」のことだ(第13曲の標題も「結婚行進曲」で同じメロディーだがダイジェスト)。じつはこの「結婚行進曲」の直後には第11曲「葬送行進曲」という1分ほどの短い曲がくっついている。しかしこの「葬送行進曲」は、結婚式のあとに余興として演じられる素人芝居のためのものなので、寂しげではあっても悲壮感はまるでなく、田舎風の素朴で滑稽な味わいの曲だ。

今日、新郎新婦の入場のさいにBGMとして流れる定番は、メンデルスゾーンの「結婚行進曲」か、それともワーグナーの「結婚行進曲」——歌劇《ローエングリン》の劇中歌で、「婚礼の合唱」ともいわれる——のどちらかだ。祝賀会場で、ユダヤ人が書いた「結婚行進曲」と反ユダヤ主義者の「結婚行進曲」がナンバーワンの座を争うのは、ちょっと面白い。† ブライダル情報誌の『ゼクシィ』のCMではメンデルスゾーンに軍配が上がっているが、実際のところ各地の式場ではどちらが多く流れているのだろうか。《夏の夜の夢》の結婚式はすったもんだはあるもののハッピーエンドに落ち着くが、《ローエングリン》のほうは復讐と陰謀が渦巻くなかでの挙式だ。もし式場で《ローエングリン》の「結婚行

† ワーグナーの名誉のために少しだけ弁明しておくと、ワーグナーはたしかに反ユダヤ主義者であったが、彼の非難はおもにユダヤ人による経済的支配とユダヤ人が書く音楽の芸術性の欠如を指摘したもので、その当否はともあれ、多数のユダヤ人と親交があったのも事実だ。

進曲」が流れたなら、その新婚さんの夫婦生活が修羅場のすえに破綻しないよう心から祈りたい。

それにしても、メンデルスゾーンが「結婚行進曲」と「葬送行進曲」を同じリズムで始めているのは興味深い。これが意図してそうしたのなら、音楽的にも経済的にも恵まれた幸せな作曲家というメンデルスゾーンのイメージをいくぶん修正する必要があるかもしれない。ふと『コリント人への手紙』で聖パウロが言った「結婚するのは良いことだ。結婚しないのはもっと良いことだ」というアフォリズムを思い出してしまった。

振り返ってみると、葬送行進曲の基本リズムとして「タタタ―ター」をチョイスしたメンデルスゾーンもマーラーも、ともにユダヤ人だ。この「タタタ―ター」のリズムの中に、何か〝ユダヤ的なるもの〟とでもいったような要素が潜んでいるのかどうか、それはわからないが、とりあえずこのリズムパターンを、メンデルスゾーン＝マーラー型（長いのでM型）としておこう。これでベートーヴェン型（B型）、ショパン型（C型）とあわせて3つのリズムパターン（次ページの図参照）が揃った。

もちろん葬送行進曲はいま挙げた作曲家たち以外も残している。[†]行進曲ではないにせよ「葬送」という名称が冠された曲となると、さらに数は増える。ではいったいどんな作曲家が、どれくらいの数の葬送曲・葬送行進曲を書いているのか気になった。

† 例えばモーツァルトの《葬送行進曲 ハ短調「マエストロ対位法氏の葬送行進曲」》（K. 453a）やシューベルトの《大葬送行進曲 ハ短調 》（D 859）は、冒頭のリズムが「タン・ターカ｜タン」なのでC型に当たる。

そこで、国内最大級のクラシック音楽配信サイト「ナクソス・ミュージック・ライブラリー」にアクセスして、とりあえず「葬送」や「funeral」と名がついている曲を片っ端から聴いてリスト化した。最終的に曲目数が200曲にも達したのは予想外だった（リストを載せようかと思ったが、さすがに冗長なので割愛した）。そもそもパターンがわかったところで所詮はそれだけの話で、それ以上の何か深い知見が得られるとも期待できない。途中で何度かやめようと思ったが、いくつか気づいたこともあった。

◆葬送行進曲の3つのリズムパターン

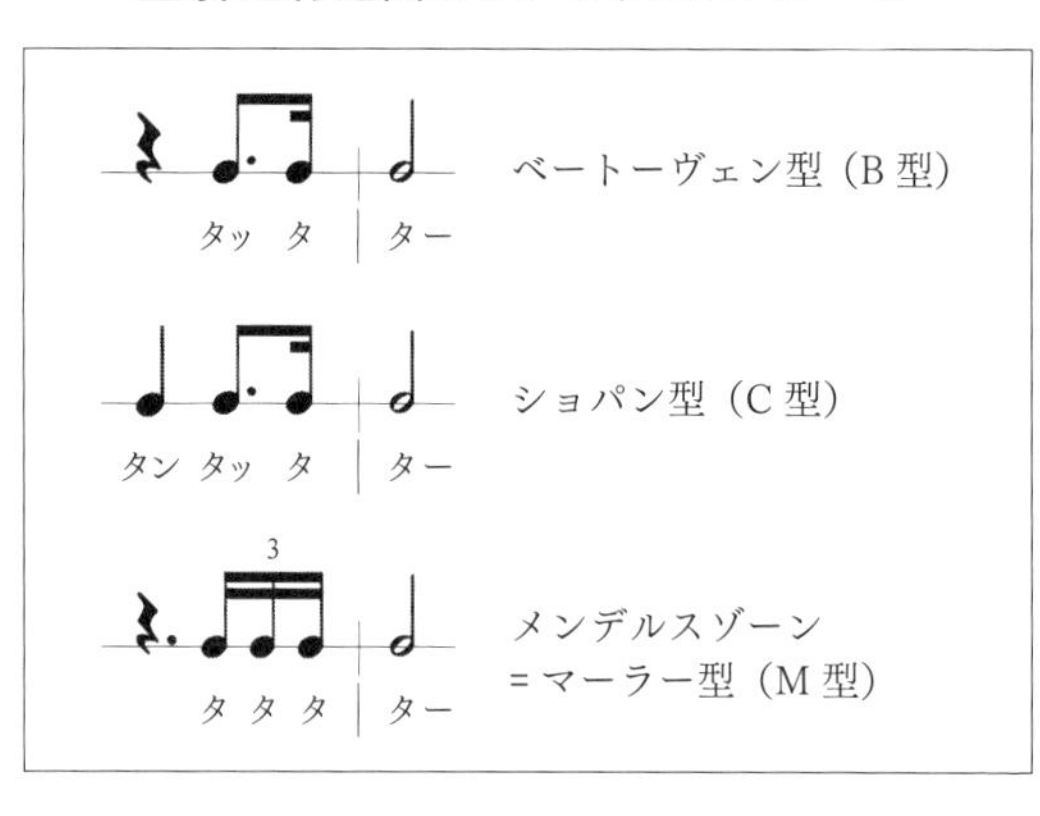

「祈禱書」の中の音楽

まず気づいたのは、16世紀以前には葬送曲が見当たらないことだ。

検索して最初に出きたのは、アントニー・ホルボーン（1545～1602）、トマス・モーリー（1557／58?～1602）、ジョン・ダウランド（1563～1626）だ。3人ともイギリス・ルネサンス期の音楽家で、ウィリアム・シェイクスピア（1564?～

1616）と同時代人である。

彼らが書いた葬送のための曲より以前に作られた曲が見当たらない。それはなぜか。そしてその疑問は、16世紀後半のイギリス（正確にはイングランド王国）で葬送曲が書かれるようになったのはどうしてか、とも言い換えられる。

もちろんナクソスのレパートリーにたまたま載っていないことだってあり得るだろうし、楽譜が伝わっていないだけというケースも十分考えられる。そもそもレクイエムのような死者のためのミサ曲がすでにあるし、レクイエムが終わった後に「イン・パラディスム」という出棺・埋葬の時に演奏される曲が特別につくこともあるのだから、わざわざ特別に葬送曲を作らなくても間にあっているということもある。

加えて、墓の意味が日本と西洋とでは大きく異なることも関係している。日本の墓は先祖の霊を祀るためのものだが、先祖供養という考え方のない西洋では、墓はあくまで亡くなった個人を偲ぶ記念碑だ。亡くなった一人の個人のためだけに、新しい曲を作ってくれるよう作曲家に発注するなどということは、亡くなったのがよっぽどの大物でないと成り立たない。逆にいえば、教会内で演奏されるレクイエムとは違って、宮廷や野外など教会の外で演奏される葬送行進曲をわざわざ作曲するということは、そこまでして一人の特定の人物をアピールする必要なり狙いがあった／新たに出てきたということだが。

この時期のイギリスで葬送曲が書かれだしたのにはいくつか理由が考えられる。その際のキーワードが「祈禱書」(The Book of Common Prayer)だ。

1534年、イングランドのテューダー朝の国王ヘンリー八世(1491~1547)が自身の離婚問題でローマ教皇庁と対立し、カトリック教会から離れてイングランド国教会(Church of England、現在の聖公会=アングリカン・チャーチの母体)を設立した。

ヘンリー八世の没後、9歳で即位した幼年王エドワード六世†(1537~53)と彼の側近たちは、イングランド国教会を典礼的にもカトリックから遠ざけて、よりいっそうプロテスタント的な信仰に近づける変革を断行した。具体的には、キリスト教徒なら身につけ心しておくべき礼拝の諸規則や祈りの言葉などがまとめられたハンドブックである祈禱書の改訂に手をつけた。カトリック、プロテスタントの区別なく全員が従うべきものとして作成されたので、「共通祈禱書」ともいわれる。

祈禱書には、日々の儀式をどう執り行なうかといった具体的な諸規則から、朝夕の祈りの文言や結婚式の誓いの言葉、果てはキリストは聖なる遺物に臨在するのか、それとも信仰者の心の内にあるのかといった教義の根幹に関わることまで書かれていて、何度かの改訂を経て今日でも使われている。祈禱書の改訂が行なわれた時には改訂の内容をめぐって大論争が起き、反対した聖職者が処罰をうけ失職したり、さらには平信徒を巻き込んで暴動すら発生したというから、当時のイングランドの人びとにとって祈禱書がいかに大切な

† エドワード六世は、マーク・トウェインの児童文学『王子と乞食』(1881)の主人公の「王子」のモデルとなった人物。

ものだったかが窺(うかが)い知れる。

葬送式文に節をつける——モーリー

テューダー朝の治世はエドワード六世の没後、プロテスタントを迫害し300人以上を処刑して「ブラッディ（血まみれの）・メアリー」と呼ばれたメアリー一世（1516〜58）を経て、エリザベス一世（1533〜1603）の時代となった。

エリザベス一世はカトリックとプロテスタントとの間でバランスを取りつつ現実主義的な宗教政策をすすめ、礼拝統一令を制定するなどしてイングランド国教会体制を確立していった。そしてそのために必要だったのが、エリザベス一世が即位の翌年の1559年に改訂・出版した「1559年版祈禱書」[†]——第三祈禱書ともいう——である。この祈禱書はその後100年以上にわたって使われつづけた。

ここでの問題は祈禱書に書かれている埋葬式と音楽との関係だ。祈禱書を見てみると、そのうちの「死者の埋葬のための命令」（埋葬式、Burial of Dead）について書かれ

† 1559年版祈禱書

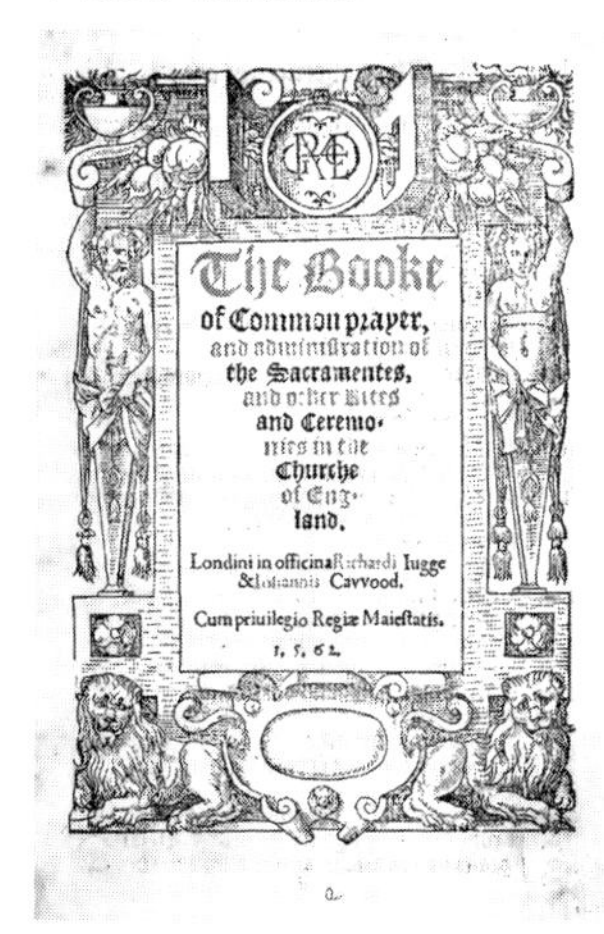

た箇所では、司祭と教会役員の者は墓地の入り口で遺骸を出迎え、行列の先頭に立って教会堂あるいは墓に向かって進み、そこで次の聖句を歌唱する、とある。歌われるのは『ヨハネ福音書』第11章25－26節の聖句だ。埋葬の雰囲気が出るよう、文語体のまま引用しよう。

主言いたもう、我はよみがえりなり、命なり（I am the resurrection, and the life, sayth the Lord）、我を信ずる者は死ぬとも生きん。おおよそ生きて我を信ずる者は、とこしえに死なざるべし。

さらに祈禱書によると、教会堂での儀式が終わると一同は墓地に向かい、遺骸が墓穴に降ろされる間、司祭と教会役員は「……生（いのち）のさなかにあって、我ら死のなかにあり（In the midst of life we are in death）」と葬送式文（Funeral Sentences）を歌う。また、参列者が棺の上に土をかけている間、「……土を土に、灰を灰に、ちりをちりにかえし、とこしえの生へのよみがえり（the Resurrection to eternal life）を主イエス・キリストによりて堅く望む」と唱えなくてはならない。

このスタイルは今でも基本的に変わっていない。よくアメリカの探偵物のテレビドラマなどで、夫を殺した妻（あるいはその逆）が、愛人との新生活や高額保険金の受け取りに胸を躍らせている内心の喜びをひた隠して、さも最愛の人を喪って悲嘆に暮れているといった顔つきで、配偶者の棺が埋められるのに立ち会っているシーンを見かけることがある。その時に聖職者が口ずさんでいるのが葬送式文だが、唱えてはいても、聖職者が節をつけて自ら歌っていることはまずない。

しかし『ヨハネ福音書』の一節を含むこの葬送式文にメロディーをつけて歌えるようにしたものが、テューダー朝から次のステュアート朝にかけてのイングランド、とりわけテューダー朝最後の王エリザベス一世の時代に現れた。その代表的な曲のひとつが、**トマス・モーリー**が作曲した**《葬送式文》**だ。物悲しくも心が洗われるような和声の美しい曲だが、ただし合唱曲なので、やはり屋外の墓地で死者の棺を穴に埋めている間に聖職者が歌うようなものでもない。あくまでも教会の堂内で、時にはオルガンの伴奏付きで歌われる曲なのだろう。肝心なのは、こうした葬送曲がこの時期のイングランドで、流行とまで呼べるかどうかはともかくしばしば作られるようになった、その理由だ。

トマス・モーリーは世俗曲のマドリガル（イタリアから入ってきてイギリスで独自の発展をとげた多声の世俗曲）を数多く作曲したが、セント・ポール大聖堂のオルガニストであり、王室礼拝堂での女王エリザベス一世のジェントルマン（先導役）も務めた宮廷音楽家だった。そのモーリーに《葬送式文》の曲を書かせて共通祈禱書に英国王室のお墨付きをあたえ、楽譜の大量印刷という当時のイノベーションを背景に普及させ、カトリック、プロテスタントを問わずイングランド全土の聖職者にそれを歌わせることを通して、イングランド国教会体制を確立する、そのような宗教的＝政治的意図があったことが窺える。さらに歌詞をラテン語ではなく英語で歌わせたことで、ローマ教皇庁からの独立性を強めた。

音楽にとってのルネサンス

テューダー朝時代のイングランド、とりわけエリザベス一世治下の16世紀後半は、文化史的にはルネサンス後期に区分される。ルネサンスという文化思潮がいつから始まりいつ終わったのかについてはさまざまな説があるが、詩人のダンテ・アリギエーリ（1265～1321）が『神曲』を書いた14世紀前半に始まり、無限宇宙論を唱えた哲学者のジョ

＊モーリー《葬送式文》

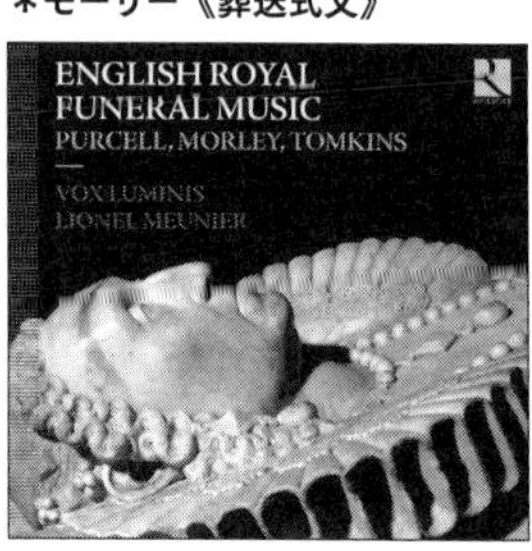

『パーセル／モーリー／ウィールクス／トムキンズ：合唱作品集（英国王室の葬送音楽）』

L. ムニエ（指揮）、ヴォクス・ルミニス（合唱）他
Ricercar / RIC332

《葬送式文》はアンセムの形式で書かれている。アンセムとは、主にイングランド国教会の礼拝で歌われる英語の聖歌のこと（国歌も含まれる）。カトリックやプロテスタントではモテットがそれに当たる。一般会衆が歌う普通の讃美歌より複雑に書かれていて、訓練を積んだ合唱団員が歌う。モーリーの《葬送式文》は「第一葬送アンセム」と呼ばれ、『ヨハネ福音書』第11章25-26節の「イエスは彼女に言われた、「わたしはよみがえりであり、命である」（I am the resurrection and the life）…」という歌詞を引用している。また当時の祈禱書には、遺体の埋葬中は司祭と書記が「女から生まれた男の命は短く、不幸に満ちている…」という歌詞の「第二葬送アンセム」（これもモーリーが作曲）を歌うよう書かれている。

ルダーノ・ブルーノ（1548〜1600）が異端審問のすえ火刑に処された16世紀末までと考えて、おおよそ間違いないだろう。

地理的にいうと、ルネサンスの中核となる地域は、時期によって移動する。最初はイタリアで起こり、次いでブルゴーニュ公国治下のフランドル地方やフランスで盛んとなり、ドイツやスペインにも波及した。そして最後に華開いたのがイングランドである。その最後の華イングランド・ルネサンスで最も隆盛だったのが、演劇と音楽だった。演劇では言うまでもなくウィリアム・シェイクスピアの名前が最初に挙がるが、シェイクスピアの舞台に欠かせなかったのが音楽だ。†

ルネサンスとは、ギリシャ・ローマ時代の文化芸術を再生・復興しようという文化運動であり、美術や文芸のジャンルで古典古代に範をとった傑作を生み出した。ミケランジェロの「ダヴィデ像」はギリシャ・ローマの大理石彫刻を彷彿（ほうふつ）とさせるし、ダンテは『神曲』に古代の詩人ウェルギリウスを煉獄と地獄めぐりの案内人として登場させている。

ところが音楽の場合、事情がちょっと違う。美術や文芸なら模範となるギリシャ・ローマの作品が遺っているが、音楽の場合、古典古代ではきちんとした記譜法がまだ成立しておらず楽譜が存在しないため、いにしえにどのような音楽が奏でられていたのか不明なのだ。元がわからない以上、「再生」という意味合いはほとんどない。とどのつまりルネサンス音楽とは、〝他の芸術分野でルネサンスが盛り上がっていたのと同時期に書かれた音

† シェイクスピアの戯曲では音楽に重要な役割が与えられていることが多い。劇中でも台詞として音楽のことが語られるシーンがいくつかある。例えば「おのれのうちに音楽をもたざる人間、美しい音の調和に心うごかぬ人間、そんなやつこそ謀反、陰謀、破壊に向いているのだ」（「ヴェニスの商人」）、「何か音楽を、音楽は恋に明け暮れする者には日々の悲しき糧だもの」（「アントニーとクレオパトラ」、ともに福田恆存訳）などがそうだ。

楽〟程度の意味でしかない。

しかしそんなルネサンス音楽といえども、いや、そんなルネサンス音楽だからこそ、それまでの中世の音楽とは決定的に異なる社会的意味をもつようになった。教会音楽の一般社会への流出がそれである。ヘンリー八世がカトリック教会を離脱してイングランド国教会を創設したことは、世俗権力の長が宗教上の長も兼ねるようになったことを意味する。それにより、音楽の世界にあった聖と俗のあいだの垣根に穴が開き、音楽における聖俗の融合が始まった。教会の中に止まっていた／あえて止め置かれていた音楽が、世俗へと溢れ出ていき——逆にいえば世俗の音楽が聖なる領域へと侵入し——、世俗の音楽と融合する条件が整ってきたのだ。

もちろん音楽の社会的なあり方全般がそう一朝一夕に変わるものではない。本章のテーマである葬送音楽、葬送行進曲に限っても、チューダー朝時代のイギリス・ルネサンス音楽から、次のステュアート朝時代のイギリス・バロック音楽にかけて、その変化は極めてゆっくりとしたものだった。そして聖堂の中で歌われるべき死者のためのミサ曲は最終的に、亡くなった者を弔うためではなく集まった聴衆の耳に訴えるために演奏されるようになった。葬送・埋葬の際に歌われる「イン・パラディスム」は、棺を見送ろうと街道沿いに集まった会衆に聴かせるための葬送行進曲に取って代わられた。聖職者が唱える葬送式文は、歌詞を剝ぎ取られた姿でリサイタルのレパートリーとなった。その間、およそ

300年近い年月を要している。

教会音楽と世俗音楽との融合——パーセル

教会音楽と世俗音楽との融合のプロセスをつぶさに検証することはここではできないが、それを象徴的に体現する作曲家とその作品を一例だけ紹介しよう。それが「英国史上最高の作曲家」といわれ、当時英国音楽界の頂点に立っていたイギリス・バロック音楽の大家**ヘンリー・パーセル**(1659～95)が作曲した**《メアリー女王のための葬送音楽》***(Z.860:i)だ。

このメアリー女王とはパーセルの庇護者であり、名誉革命後に夫のウィリアム三世とイングランドを共同統治した女王メアリー二世(1662～94)のこと。国民の人気を集めながら1694年12月に天然痘で32歳の若さで早逝した女王メアリーの葬儀†のために、パーセルはトマス・モーリーが作曲した葬送曲の欠落部分を補うかたちでこの曲を書いたが、その

† 1695年3月のメアリー二世の葬儀の様子を描いた版画(ヤン・ルイケン画)。棺を運ぶ葬列が長蛇をなしている。

葬送音楽の第2曲が「行進曲」†（March）となっている。またこの曲の最初と最後には、太鼓だけによる「行列聖歌」（Drum Procession）の演奏が付いている（演奏によってはカットされている場合もある）。

ほかの曲は合唱曲で、教会音楽的な厳（おご）かさを保っているが、この行進曲だけは声楽がなく、ナチュラル・トランペットと太鼓だけで奏でられる物悲しくもメリハリの効いたフレーズが繰り返される。ポータブルな楽器のみで演奏され、同じフレーズを臨機応変に繰り返すことができる曲になっている点が、行進曲としての必要条件を満たしている。

レクイエムの「イン・パラディスム」にその条件はない。そもそも「イン・パラディスム」は棺を埋葬する際に用いられる赦禱文（しゃとうぶん）に曲をつけたもので、例えばフォーレの《レクイエム》の終曲にある「イン・パラディスム」の場合は、オルガンの伴奏でソプラノが

＊パーセル《メアリー女王のための葬送音楽》

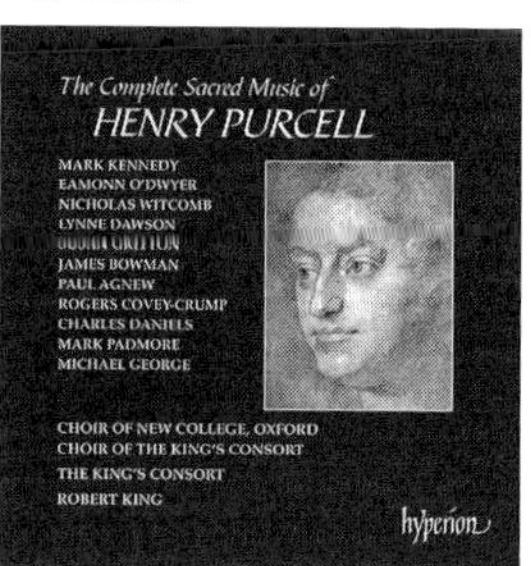

『パーセル：宗教的合唱曲全集』
R. カヴィ＝クランプ（T）、Ch. ダニエルズ（T）、R. キング（指揮）、キングズ・コンソート合唱団、キングズ・コンソート他
Hyperion / CDS44141/51

パーセルは、モーリーが書いた葬送アンセム（イングランド国教会の聖歌）をベースにしてこの曲を書いたが、書き上げたのちも何度か改訂している。第1版と第2版では多声曲となっていた最後の合唱曲「主よ、あなたは私たちの心の底までご存知です（Thou knowest Lord, the secret of our heart）」が、第3版では単声曲になっている。この曲が演奏されたのはメアリー女王が亡くなった翌年の1695年3月だが、その半年後の11月に、今度はパーセル自身が36歳の若さで急逝してしまった。そしてパーセルの葬儀でもこの曲が演奏された。なお参考として挙げたCDは、太鼓による「行列聖歌」が最初と最後に付いているバージョンの演奏。

† スタンリー・キューブリックが映画『時計じかけのオレンジ』（1971）のタイトル音楽としてこの《メアリー女王のための葬送音楽》の「行進曲」を使っている（編曲はウォルター・カーロス）。同映画では主人公の不良少年がクラシック好きという設定のため、そのほかにもベートーヴェンの《第九》、ロッシーニの《「泥棒かささぎ」序曲》と《「ウィリアム・テル」序曲》、エルガー《威風堂々》の第1、4番などが使用されている。

歌っている。

加えて、日本のように野辺送りをしてまで共同体から離れた場所に墓地を設ける習俗のないヨーロッパでは、墓地は教会の裏手など比較的近い場所にあるのが普通だ。つまり行列を作って練り歩くほどの距離がなく、それゆえ葬送のための行進曲は需要がなかった。逆にいえば、死者を埋葬するためには本来必要のないはずの葬送行進曲が作られたということは、そこまでして故人の価値を社会的にアピールすることで、何か別の目的を果たす狙いがあったと考えられる。それがこの場合は、名誉革命と立憲君主制の正統性の主張であったろうと思われる。

これが時代がさらに下り、場所もフランスに移ると、新曲の葬送行進曲が演奏されるなかで棺に入れられ運ばれるのが、王族ではなく戦争の英雄に変わっていき、さらには葬送の対象となるのが名もなき戦没兵士たちに変わっていく。

戦場の信号ラッパと太鼓を宮廷で――リュリ、フィリドール

リストアップしてみてわかったのは、ベートーヴェンをはじめとして、18世紀末から19世紀初頭にかけて葬送行進曲が多く作曲されるようになっていたことだ。もはや葬送行進曲ブームと言ってもいい。

そのブームは、前述したパーセルの《メアリー女王のための葬送音楽》中の葬送行進曲に代表される、王族や要人の葬送行列とは異なる系譜に連なる。パーセルの葬送行進曲はあくまで儀礼用の葬送音楽が行進曲の形式をとったものにすぎず、やはり宗教的な出自のものだった。1800年前後の葬送行進曲ブームはもっと即物的で実用的な事柄が契機となって生み出された。戦争での軍隊行動がそれだ。

戦場における有線通信技術の登場以前、戦場で軍隊行動を命令し統率する役は、「ビューグル」または「クレーロン」と呼ばれる信号ラッパ[†]――大元は角笛だった――と、太鼓が担っていた。戦場で行進・攻撃・退却といった行動を思いどおりに軍隊にとらせるには、爆音や怒号がこだまする中でもはっきりと聴き取れる音量が出せるラッパと太鼓に、指示内容ごとに違うパターンのリズムや旋律を簡潔明瞭に吹かせ叩かせるに限る。通信技術が発達して以降は、ラッパや太鼓による命令伝達方法は、味方だけでなく敵にも命令の内容が知られてしまうという理由から廃れたが、今日でも起床ラッパや消灯ラッパにその名残りを聴くことができる。

歴史的には、16世紀前半、ハプスブルク家の神聖ローマ帝国とヴァロア朝のフランスがミラノの支配権をめぐって6度にわたる戦争を行なったが（イタリア戦争）、1515年にフランス王フランソワ一世がマリニャーノの戦いでスイス軍に勝利してスイス兵を自軍に編入した。その際、スイス軍の歩兵隊が動く際に鼓笛隊のドラムが演奏するいくつかの特

† ビューグル属の楽器として今日残っているラッパに、コルネットに似た寸詰まりのトランペットのような形をしたフリューゲルホルンがある。オーケストラで使用されることはほとんどないが、マーラーの《交響曲第3番》でポストホルンの代わりに使われたり、レスピーギの《ローマの松》でバンダ（別働アンサンブル）で使われることがある。

徴的なリズム・パターンがフランス側に記録され、世界初の太鼓の教則本『舞踏記譜法』として編まれた。

17世紀に入ると、ブルボン王朝の「太陽王」ルイ十四世（1638〜1715）の宮廷楽長として権勢を振るった**ジャン＝バティスト・リュリ***（1632〜87）が《近衛兵の行進曲》や《サヴォイ連隊のための行進曲》など、また、国王の司書・写譜生だった**アンドレ・ダニカン・フィリドール***（1652〜1730）が《戦場の騒音》や《葬送のための大行進曲》など、多くの軍隊行進曲を作曲した。しかしこの時代になると、ドラムを思い切りよく叩かせるところは行進曲風だが、より舞曲的な曲調へのシフトが強まり、戦場での実用的な意味合いは薄れ、正装した軍隊が国王の面前で行進する閲兵式での音楽となってゆく。

18世紀になると、各国の軍隊でさらに多くの、《騎馬擲弾兵の行進曲》や《負傷兵の行

＊リュリ、フィリドール

『フランクール：アルトワ伯の饗宴のためのサンフォニー／フィリドール：行進曲集』
H. レーヌ（指揮）、ラ・サンフォニー・デュ・マレ
Erato / 0963442
「太陽王」ルイ十四世は室内楽団（シャンブル）と礼拝堂楽団（シャペル）と大厩舎楽団（グランテキュリー）の3つの宮廷楽団をもっていた。このCDに含まれているリュリの《近衛兵の行進曲》も、野外演奏を担当する大厩舎楽団のために書かれたものだろう。短い曲が7曲並んで構成されているが、3拍子系の曲も多く、全体としては行進曲というよりは軍楽隊が演奏する舞曲という趣き。かつ明らかにオスマントルコの軍楽メフテルの影響を受けていて、チャルメラのような音がするトルコのダブルリードの管楽器ズルナ（オーボエ、バスーンの原型）の音が聞こえたりもする。フランスは「管楽器の王国」と呼ばれたりもするが、その源流はトルコ軍楽隊の行進曲にあった。

進曲》といった用途や対象のバリエーションが豊かな軍隊行進曲が作曲されたが、なかでも決定的だったのが、やはりフランス革命とナポレオン戦争だ。そこでは、兵士としての専門的な訓練を受けていない志願兵を効率的に統率するため、《退却行進曲》などさまざまな行進曲が用意された。部隊ごとに違う行進曲が用意されていたようで（それらの多くは今日伝わっていない）、特に視界がきかない夜間での行軍を、軍隊行進曲が可能にした。ナポレオンはそれらの行進曲を進軍した各地で演奏させ、それが大流行した。†

国民国家の誕生を告げる葬送のファンファーレ――ゴセック

さらに肝心なことは、戦場から負傷して帰ってきた兵士たちを迎える凱旋式典や、あるいはとうとう帰って来なかった兵士たちを英雄として讃え追悼するための追悼式典が多く開催され、そこでオリジナルの行進曲の数々が作曲・演奏されたことだ。一人の貴人のためではなく、大勢の無名兵士のための勝利と葬送の音楽が書かれ、葬列を見にきた民びとの耳に届いて、彼らの胸を打った。††

それが、ナポレオンの寵愛を受けたジョヴァンニ・パイジエッロ（1740〜1816）の《第一執政の行進曲》（1802）であり、ナポレオンが自身の聖別式のためにジャン＝フランソワ・ル・スュール（1760〜1837）に作曲させた《凱旋行進曲》（1804）

† 軍隊行進曲についての研究は、ヨーロッパでもそれほど多いとは言えないようだ。日本語の文献となるとさらに乏しいが、クレール・パオラッチ『ダンスと音楽　躍動のヨーロッパ音楽文化誌』（西久美子訳、アルテスパブリッシング、2017）が、行進という動作・行動と舞踏との関係の研究という視点からではあるが、比較的まとまった記述がある。本書でも多くを拠った。

であり、ルイジ・ケルビーニ（1760~1842）の《葬送行進曲》（1820）だ。
なかでも最も人気を博したのが**フランソワ＝ジョセフ・ゴセック**（1734~1829）の**《葬送行進曲》***（1790）だ。吹奏楽とティンパニ、銅鑼による衝撃的なこの行進曲はさまざまな式典で繰り返し演奏された。ゴセックは革命では救国軍の楽隊指揮者を務め、《共和政の勝利》や《自由の賜物》といった革命を賛美する作品を作曲し、1790年のバスティーユ監獄襲撃1周年を祝う式典では1200人の歌い手と300人の吹奏楽を要する《テ・デウム》を書いて——実際にそれだけの演奏者を確保できたかはともかく——高い評判を得るなど、いわばフランス革命の音楽上の申し子的な存在だった。音楽を教会の聖堂の中や宮廷の広間から、野外の広場や道端に引きずり出して、大勢の民衆に聴かせる、すなわち音楽のスペクタクル化を目論んだのがゴセックだったとも言える。その影響

＊ゴセック《葬送行進曲》

『ベルリオーズ：葬送と勝利の大交響曲／ゴセック：軍隊交響曲／ジャダン：序曲 ヘ長調』
J. ウォーレス（指揮）、ウォーレス・コレクション他
Nimbus / NI5175

ゴセックの《葬送行進曲》では、ドラムロールを背景に管楽器がむせび泣くようなフレーズを途切れがちに吹くと、人を驚かすようにシンバルが鳴る（シンバルもトルコ発祥の楽器だ）。ある意味これ見よがしな作品だが、社会的な需要はあった。95歳まで長生きしたゴセックは、バロック後期から古典派を経て初期ロマン派の時代までを生き抜いた高名な音楽家で、モーツァルトもパリ滞在中にゴセックに会いに行っている。交響曲も30曲以上書いているが、当時の社会的な活躍と高い知名度の割には、今日では彼の曲が演奏されることは滅多になく、フランス以外ではほとんど知られていない。それでもこのCDにも収録されているベルリオーズの《葬送と勝利の大交響曲》などは、ゴセックなしには生まれなかっただろう。

†† この種の音楽は時として、戦没者や傷病兵を〈悼む〉ものから、彼らを戦争の英雄として〈讃える〉ものになり、やがて戦争遂行という国策に自ら進んで〈殉じる〉人的リソースを養成するためのものに変質していく。日本の場合、フランスの「ラ・マルセイエーズ」(1792)やドイツの「ラインの守り」(1854)を範とした日本の最初期の軍歌「皇国（みくに）の守（来れや来れ）」(作詞：外山正一、作曲：伊沢修二、1885）あたりがその嚆矢となる。

を最も強く受けたのが、ベルリオーズの《葬送と勝利の大交響曲》（作品15、1840）であることは疑いない。

ゴセックが書いた革命にちなんだ曲に憧れを抱いていた音楽家のひとりが、ベートーヴェンだ。前述したベートーヴェンの《交響曲第3番「英雄」》の第2楽章「葬送行進曲」は、ゴセックらがこぞって書いた葬送行進曲なしには生まれなかったとまでは言えずとも、だいぶ違った形のものになったかもしれない。

そのベートーヴェン自身の葬儀は、1827年3月29日に執り行なわれた。寒空の下にもかかわらず、2万人ものウィーンっ子が殺到したと伝わる。あまりの混雑ぶりに軍隊まで出動し、近辺の学校が臨時休校になったという。

前述したパーセルが葬送音楽を書いた葬列の棺には、メアリー女王という貴人が安置されていた。それから132年後、人びとがひと目見て触れようと集まったその棺に入って担がれていたのは、王でも政治家でもない、耳が不自由でさして愛想もよくない一介の音楽家、でも聴く者すべての魂を震わせる曲を書く〝われわれの〟音楽家だった。

こうして葬送行進曲の流行は、国民国家の誕生を告げるファンファーレとなった。

死の舞踏――誘われているのか誘わせているのか

「暗い日曜日」を流すな！

音楽は興奮剤代わりにもなれば、鎮静剤代わりにもなる。同じ1曲のうちに両方の効果が期待できるのが、音楽のすごいところだ。ベドルジハ・スメタナ（1824～84）の《交響詩「わが祖国」》の第2曲「モルダウ（ヴルタヴァ）」あたりはその代表例だろうか。

とはいえ演奏時間がある程度長くないと、両方の効果を一つの曲が発揮するのは難しい。あまり短いと、曲調がアッパー系ならアッパー系のまま、ダウナー系ならダウナー系のまま、初めから終わりまで通されるのが普通だ。

「暗い日曜日」という歌がある。ヤーヴォル・ラースローの作詞、シェレス・レジェーの作曲で、1933年にハンガリー語で発表され、36年英語に翻訳された。「暗い日曜日に百本の白い花を持って／教会で祈ってもあなたは戻らない」という歌い出しで始まり、愛する人が逝ってしまったことを嘆き悲しみ、自らも命を断つことを仄めかす内容の歌詞になっている。シャンソン歌手のダミアがフランス語の「Sombre dimanche」というタイトルで、ビリー・ホリデイが英語の「Gloomy Sunday」のタイトルで歌ってそれぞれヒットした。日本でも淡谷のり子、越路吹雪、美輪明宏、金子由香利、加藤登紀子らがカバーしている有名曲だ。

この曲を聴いて自殺した人が世界で数百人（うち157名はハンガリー人）も現れたと言われ、「暗い日曜日」のレコードを抱きしめて入水自殺したとか、この曲をバーでリクエストした人がその直後に店の外でピストル自殺したなど、真偽の不確かな噂話が広く出回ったことから、「暗い日曜日」は「自殺ソング」「自殺の聖歌」として知られるようになった。単なる都市伝説と片づけるにはあまりにも世間の反響が大きく、放置すると兵士の士気が低下しかねないと危惧したイギリスのＢＢＣは、１９４１年に——独ソ戦と太平洋戦争が始まった年だ——「暗い日曜日」を放送禁止歌に指定した。

もちろん歌と自殺との因果関係が証明されているわけではない。しかしそこまでいかなくとも、自殺に対する何らかの歌の影響は考えうるだろう。弱っていても自死までには踏み切れないでいる心に、最期の一歩を踏み出させる力が、ある種の音楽にはある。

「だれかさんがみつけた」のは何か?

「タナトス」という神がギリシャ神話に出てくる。死そのものを神格化した神で、夜の女神ニュクス†を母となし、眠りの神ヒュプノスとは双子の兄弟とされる。ローマ神話の死神「モルス」などとも同一視されることもある。ギリシャの三大悲劇作家のひとりアイスキュロスによると、タナトスはヒュプノスとは対照的に無慈悲な神で、人びとが迫りくる死の運命を回避しようと贈り物や犠牲を捧げてもその意志を変えることはない。それゆえ崇めても無駄なので、タナトスを祀る祭壇はなかった。避けようもなくいつの間にか忍び寄ってくる死への誘惑、それがタナトスだ。

精神分析医のジークムント・フロイトは、自殺願望をかかえる人間の心的傾向すなわち「死の欲動」、簡単にいうと「死にたい気持ち」をそのタナトスの神と結びつけ、それとは反対の「生きたい気持ち」すなわち「生の欲動」を「エロス」と名付けて、タナトスと対比させた。さらにフロイトの場合、人間にとって生きるとは、快楽を求めることというよりは、無意識的につきまとって離れない「死にたい気持ち」を何とか抑え込むことに他ならないとされる。

このフロイトの用語法に倣うなら、音楽はエロスである一方で、タナトスでもある。そ

† ニュクス(Nyx)はギリシャ神話の神々のなかでも原初の女神と位置付けられ、〈夜〉の神格化だとされる。ニュクスは多産で、タナトスやヒュプノス以外にも、モロスやケールなど死と運命をつかさどる神、欺瞞の神アパテー、不和の神エリスなど多くの神々を産んだ。すなわちこの世のネガティブなもののほとんどは〈夜〉から生まれるというわけだ。そしてニュクスはローマ神話ではノクス(Nox)と呼ばれ、ノクターン(夜想曲)の語源でもある。

してタナトスとしての音楽は、日々なんとか抑え込んでいる死にたいという無意識の気持ちのタガを不意に外してしまうのだ。

そのようなタナトスとしての性格を最もよく体現している曲、早い話が「聴いていると死にたくなってくる曲」は、クラシックに限定せずに探すとすればどんな曲があるだろうか。客観的な基準があるわけではないので、どうしても恣意的なチョイスにならざるを得ないし、選んだところで「そんなつもりで書いたんじゃない！」と作曲家からクレームをつけられるのは目に見えている。そうした誹り（そし）を覚悟で――中島みゆきの「エレーン、生きていてもいいですかと誰も問いたい」[†]という哀切きわまる歌声にあえて耳を塞ぎつつ――選ぶとするなら、候補がないでもない。

それがサトウハチロー作詞、中田喜直作曲の童謡「ちいさい秋みつけた」だ。

だれかさんが　だれかさんが　だれかさんが　みつけた
ちいさい秋　ちいさい秋　ちいさい秋　みつけた

文字づらだけ見るとなんというほどのこともない抒情詩なのだが、これがあのメロディーに乗って流れると、とたんに都市伝説的な恐怖が立ち込めてくる。知らぬ間に異界に持って行かれそうな感じがして、子どもの頃はこの曲がひどく恐ろしかった。

† 「うらみ・ます」や「異国」などの楽曲が収録された中島みゆきのアルバム『生きていてもいいですか』は、本人曰く「真っ暗けの極致」だ。なかでも「エレーン」は、彼女がふとしたことで知り合ったある外国人娼婦が、殺害されて全裸でゴミ捨て場に遺棄され、結局迷宮入りになった事件のことを歌っている。良い曲なのにうかつに他人に薦められない稀有な曲だ。中島みゆきほどの“時代の翳を歌える吟遊詩人”はほかにいない。

◆「ちいさい秋みつけた」の冒頭のリフレイン†

1段目のリフレインはまったく同じ音程なのに、2段目は少しずつ音程が上がっている。

「だれかさんが」というまったく同一の歌詞と旋律が、3回も繰り返される。そして次には「ちいさい秋」という同一の歌詞が、しかし今度は微妙に異なる音程の揺らぎをともなって、3回繰り返される。安定していて安心なはずのフレーズに、次の瞬間には歪み(ゆがみ)が生じている。それが反復されることによって不安感が増幅し、催眠術か呪術の言葉でもあるかのように響くのだ。

極私的な思い出話で申し訳ないなと思っていたら、じつは案外同じような感想をもっている人が多いと知って少し安堵した。

この話をしたのにはもうひとつ理由がある。

この本を執筆するために**モンテヴェルディ**の**《マドリガーレ集》***を聴いていたときのことだ。マドリガーレとは、自由詩の言葉に合わせて形式を問わず思うがままの節をつけた、感情表現の豊かな世俗歌曲のことで、16世紀のイタリアで大流行した。内容的にはほとんどが「やっぱり

† 『ちいさい秋みつけた 混声合唱曲集 抒情歌』(中田喜直他、ハピーエコー、2010)ほか、いくつかの資料(文書・音声)を基に新たに採譜した。

イタリアってこうだよね」とうなずかずにはいられない甘いラブソングだ。モンテヴェルディはその名手で、多くの《マドリガーレ集》を作曲している。

そのラブソング・ブックであるはずの《マドリガーレ集》の第4巻全20曲のなかに、1曲だけ「死んでしまいたい」(Sí ch'io vorrei morire)という異質なタイトルの曲(第16曲)があるのを見つけた。もしかしたら音楽が孕(はら)むタナトスとしての性格を裏づける曲かもしれないと思い、さっそく聴いてみた。

そうしたら出てきたのだ、歌の中頃あたりに「だれかさんが」の旋律が!! 驚いた。あの旋律は洋の東西を問わず不吉な感じを醸し出すもので、それがここでは「死んでしまいたい」というタイトル自体にすでに表されていたのだ!!――そう思って、「だれかさんが」と同じ旋律にどんな歌詞が乗っかっているのか、急いで調べてみた。

＊モンテヴェルディ《マドリガーレ集》

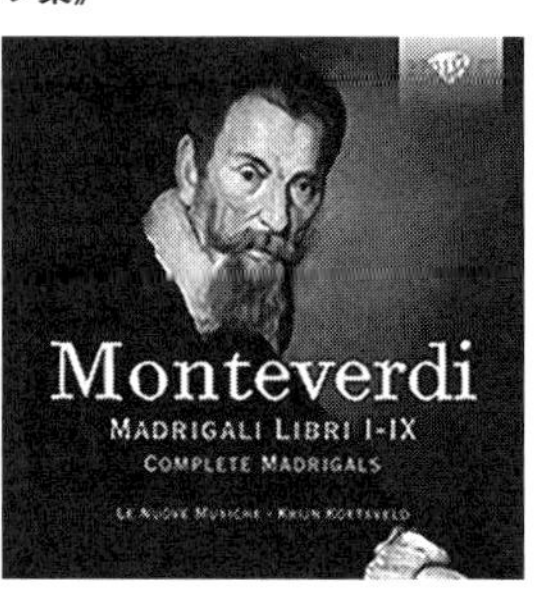

『モンテヴェルディ：マドリガーレ全集』

K. クーツフェルト（指揮）、レ・ヌオーヴェ・ムジケ

Brilliant Classics / BRL95661

全9巻約200曲のマドリガーレを収録。15～16世紀前半、イタリアは北方のフランドル楽派の技巧的な典礼音楽の圧倒的な影響下にあった。その影響が、世俗の下世話なイタリア語の歌「フロットーラ」にも及び、それがより芸術的な歌曲「マドリガーレ」となった。16世紀の中頃にようやくイタリア人によるマドリガーレが作曲されるようになり、そこに器楽伴奏を導入し、重唱などの形式も取り入れたのがモンテヴェルディ。ここからオペラまではほんの一歩だ。マドリガーレをオペラ誕生より前にフライング気味で誕生したアリアのつもりで聴くと、いろいろ合点が行って面白い。第6巻の「セスティナ：愛する人の墓前で流す恋人の涙」の連作が特にオススメ。世俗の歌曲なのになんと天国的な響きであることか！

a questo bianco, questo bianco, questo bianco, seno

もちろんイタリア語である。カタカナで発音を表すとこんな感じで歌われている。

ア・クエスト・ビアンコ　クエスト・ビアンコ　クエスト・ビアンコ　セーノ

「だれかさんが」と同じくご丁寧に繰り返しの回数も同じ3回だ。ではこの「ア・クエスト・ビアンコ・セーノ」とはどういう意味なのだろう。少しドキドキしながらそのイタリア語の歌詞をグーグル翻訳にかけてみた。すると日本語訳が出た、

この白い胸に

少し予想とちがったが、もしかすると、白い胸に赤い血が飛び散ったとか、もっとストレートにスプラッタ・ホラー的な怖さを表しているのかもしれないと思い、その前後の詩句も翻訳にかけてみた。そして出た日本語訳がこれだ。

ああ、愛しい人よ、この白い胸に
ああ、失神するほど抱きしめて！
ああ、口！　ああ、キス！　ああ、舌！　もう一度言います。
ええ、死んでもいい！

……キスでもなんでも死ぬまで好きにやったらいい。

タナトスとしての音楽――ビーバー

考えてみれば、ルネサンスやバロック時代の音楽に「聴いていると死にたくなってくる曲」を求めても、所詮は無駄なのかもしれない。パトロンである権力者や富裕層から「死にたくなる曲を書け」というオーダーが作曲家に来ることはないからだ。

もちろん反論もあるだろう。例えば《アルビノーニのアダージョ》†やヨハン・パッヘルベル（1653～1706）の《カノン》（3つのヴァイオリンと通奏低音のためのカノンとジーグニ長調）、あたりなら「聴いていると死にたくなってくる曲」と認めてもいいんじゃないか、と。たしかに両方とも、葬儀のBGMとして今日(こんにち)しばしば流れる曲ではある。とはいえ、それぞれ感傷過多かつ食傷気味の感は否めない。

†《アルビノーニのアダージョ》として知られている曲は、じつはトマゾ・アルビノーニ（1671-1751）書いた曲ではなく、20世紀イタリアの音楽学者でアルビノーニやヴィヴァルディの研究者レモ・ジャゾット（1910-98）が作曲した《アダージョ ト短調》だった。よって《アルビノーニのアダージョ》は「現代音楽」なのだ!?

ならば、**ハインリヒ・ビーバー**（1644〜1704）を挙げておこう。没後300年の2004年を機に再評価が進んでいるビーバーだが、なかでも人気なのが**《ロザリオのソナタ キリストの秘蹟に基づく15のソナタとパッサカリア》***で、とりわけ《ロザリオのソナタ 第16番「パッサカリア」ト短調》の評価が高い。全16曲のうち「受胎告知」というタイトルが付いている第1番から第15番「聖母の戴冠」までは通奏低音の伴奏付きのヴァイオリン・ソナタ――ただし当時はまだソナタ形式が確立していなかったので、あくまでソナタ風――だが、終曲の**第16曲「パッサカリア 守護天使」**だけが無伴奏のヴァイオリン・ソナタとなっている。バッハが時代のすぐそこまで来ていることが実感できる（バッハが十代の時、ビーバーはまだ存命だった）。

しかしバロック・ヴァイオリンのクールな響きと超絶技巧に心奪われて、つい死ぬのを

＊ビーバー《ロザリオのソナタ キリストの秘蹟に基づく15のソナタとパッサカリア》

『ビーバー：ロザリオのソナタ』
G. レツボール（vn）、アルス・アンティクァ・オーストリア
Pan Classics / PC10409
バロック・ヴァイオリンの名手であり、ビーバーのスペシャリストであるレツボールが手兵を率いての再録音版。最新研究の成果を取り入れたため、旧盤と比べると演奏時間は20分以上長くなっている。1曲ごとに異なるスコルダトゥーラ（変則調弦）が必要な、演奏家にとってしち面倒くさい曲ではあるのだろうが（調弦をくりかしたせいで録音中に弦が切れてしまったとのこと）、聴き手にとってはそこもたまらない魅力ではある。また、通常は通奏低音にチェンバロを使うところを、レツボールはオルガンを使っている。最後の第16曲「パッサカリア 守護天使」では、途中の1分にも及ぶ無音の間のあとで、再び不意に和音が鳴るあたり、魂が持って行かれそうになる。これほど「ながら聞き」に向いていない曲もほかにない。

忘れてしまうかもしれない（それでいいじゃないか、という疑問はさておき）。それにそもそも、「そんなつもりで書いたんじゃない！」とやっぱり作曲者から怒鳴られそうだ。

ならば切り札を出そう。そう、**ヨハン・セバスチャン・バッハ**、それも**《管弦楽組曲第3番 ニ長調》**＊（BWV1068）の**第2曲「エール」**だ。

いわゆる《G線上のアリア》として知られる曲だが、《G線上のアリア》はバッハが亡くなって100年以上も経ってから、ヴァイオリニストのアウグスト・ヴィルヘルミが管弦楽曲を独奏ヴァイオリンとピアノのために編曲したもので、その際にニ長調からハ長調に移調して、ヴァイオリンの4本の弦のうちでいちばん太い音が出せるG線だけで弾けるようにした。よって、《管弦楽組曲第3番第2曲「エール」》と《G線上のアリア》は別物だと考えたほうがいい。

バッハの音楽がもつタナトスとしての力を最もよく理解していたのは、アニメ・映画監督の庵野秀明ではないかと思う。それを確信したのは、議論が百出したテレビアニメシリーズ『新世紀エヴァンゲリオン』（1995〜96）の第弐拾伍話と最終話に決着をつけるべく、そのリメイクとして製作された映画『新世紀エヴァンゲリオン劇場版 Air／まごころを、君に』（1997、通称「夏エヴァ」あるいは「旧劇場版」）を観た時だ。タイトルの「Air」は映画の題名としては「エアー」と読むのだが、映画を観ている途中でこれが

《管弦楽組曲第3番》の「エール」（ドイツ語およびフランス語の読み方、「エアー」は英語、「アリア」がイタリア語読み）に由来するものであることが明らかになってくる。そして実際に劇中でそれが流れるのだが、そのシーンが際立っている。

惣流・アスカ・ラングレーがエヴァ弐号機に乗って戦略自衛隊の重戦闘機を撃滅したあと、飛来した9体のエヴァ量産機に襲われ、最後は擬似ロンギヌスの槍で頭部を串刺しにされたうえ、群がった量産機にボディを啄（ついば）まれて沈黙する。個人的にアニメ史に残る名戦闘シーンと思っているが、その激烈でグロテスクなバトルの背後でかかる音楽として庵野監督が選んだのが、通常ならシーンの内容に合わせて派手な音楽になりそうなところ、静謐の極致のごとき《管弦楽組曲第3番 第2曲「エール」》だった。

およそ劇伴音楽の原則の真逆を行っている選曲なのに、このシーンに流すならこの曲以

＊J. S. バッハ《管弦楽組曲第3番》

『J. S. バッハ：管弦楽組曲第1番～第5番』
R. ゲーベル（指揮）、ムジカ・アンティクァ・ケルン
DG / 0028941567123

一時期、「バッハの音楽は現代楽器では良さが出ない」というようなことが言われ、雨後の筍のように古楽器演奏がもてはやされたことがあった。しかしなかには現代楽器を古い楽器に持ち替えただけのバッハ演奏もあって、疑問に思うこともしばしばだった。バッハの音楽は古楽器を使わないと真価が発揮されないようなヤワなものではない。
そのことを肝に銘じたうえで、普段よく耳にするモダン・ヴァイオリンによるヴィブラート過多のロマンティックな響きではなしに、せっかくだからムジカ・アンティクァ・ケルンの単なる復古趣味とは異なるガチでマジな古楽演奏で、バロック・ヴァイオリンの透明感のある響きを味わおう。フレージングや装飾音の鳴らし方の違いがよくわかるはずだ。

外にないと思わせるほどハマっている。エヴァ弐号機1体で戦略自衛隊と9体のエヴァ量産機を迎え撃つアスカの孤独な戦いが勝利を収めることはなく、最後は悲惨な結末を迎えるであろうことを、観客もそしておそらく劇中のアスカ自身も気づいている。その切ない結末を「エール」は予感させずにはおかない。結果、アニメの派手なバトルシーンを観て涙してしまう、などという稀有な視聴体験が生じることになる。

庵野秀明がエヴァンゲリオン・シリーズにクラシック音楽を多く起用していることはよく知られている。バッハなら教会カンタータ第147番《心と口と行いと生活で》の終曲のコラール「主よ、人の望みの喜びよ」、《無伴奏ヴァイオリンのためのパルティータ 第3番》より「ガヴォット」、《無伴奏チェロ組曲 第1番》より「前奏曲」が使われている。バッハ以外では、パッヘルベルの《カノン》、ベートーヴェンの《交響曲第9番「合唱付き」》の第4楽章「歓喜の歌」、ヴェルディの《レクイエム》の「ディエス・イレ」、ヘンデルのオラトリオ《メサイア》の「ハレルヤ・コーラス」、フェルナンド・ソルの《モーツァルトの『魔笛』の主題による変奏曲》なども使用された。そしてエヴァ・サーガの掉尾を飾る『劇場版シン・エヴァンゲリヲン』（2021）では、短い曲ながらモーツァルトの最高傑作と評されることもあるモテット《アヴェ・ヴェルム・コルプス》（K.618）が流れた。

死はいつから甘くなった――J・S・バッハ

興味深いのは、先ほどふれた『Air/まごころを、君に』に出てくる、庵野監督が書いたオリジナルの歌詞を英訳してそれに鷺巣詩郎がメロディーを付けた曲「甘き死よ、来たれ」だ。それには日本語タイトルのドイツ語訳「Komm, süsser Tod」が施されているが、これも明らかにバッハの曲、**《教会カンタータ第161番†「来たれ、汝甘き死の時よ」》***(Komm, du süße Todesstunde, BWV 161)、あるいは**《宗教歌曲「来たれ、甘き死よ、来たれ、浄き安息よ」》***(Komm, süßer Tod, komm, selge Ruh!, BWV 478)に由来する。前者は教会での礼拝で演奏される管弦楽付きの合唱曲で、後者は家庭内で歌うために編まれた『シェメッリ

＊バッハ《教会カンタータ第161番「来たれ、汝甘き死の時よ」》

『J. S. バッハ：教会カンタータ集8』
P. エスウッド(C-T)、K. エクヴィルツ(T)、テルツ少年合唱団、N. アーノンクール(指揮)、ウィーン・コンツェントゥス・ムジクス
Teldec / 4509-91762-2
教会カンタータとはプロテスタント特にルター派の礼拝用音楽で、通奏低音の伴奏でアリア(独唱)とレチタティーヴォ(朗唱)とコラール(合唱)が交互に歌う、バロック音楽に特徴的な形式。現存する200曲ほどのバッハの教会カンタータのほとんどは、バッハがライプツィヒの聖トーマス教会の楽長を務めていた初期5年間、毎週のように作曲していたもの(ただしこの第161番はそれ以前のワイマール時代の作品)。毎週日曜日の礼拝に合わせてカンタータの新曲を書いてそれを上演する。驚異的な量産ぶりだが、それでも傑作揃いなのはさすがというよりほかない。古楽器と"ピリオド"奏法による演奏の先駆者アーノンクール&ウィーン・コンツェントゥス・ムジクスによる意外に"熱い"演奏は一度は聴いておきたい。

† J. S. バッハの作品目録番号BWV(Bach-Werke-Verzeichnis)はジャンル別になっていて、BWV1〜200までが教会カンタータに割り振られている。なので教会カンタータに関してだけはカンタータの番号とBWVのナンバーが一致する(第161番=BWV 161)。ただし作曲年代順に並べられているわけではなく、実際にこの第161番は作曲順ではおよそ25番目、比較的初期のワイマール時代に書かれた。

歌曲集』に載っているリート（主にドイツ語による独唱歌曲）だ。

タイトルだけを見るなら後者により近いが、歌詞はどちらも当時のドイツのプロテスタント教会で主流をなしていた、信仰者個人の内面性・実践性・禁欲的生活を重んじた敬虔主義（ピエティスムス）に基づくもので大差はないし、そもそも『エヴァンゲリオン』とは内容上の関連性はほとんどない。庵野はテレビシリーズの当初から、「使徒」や「ロンギヌスの槍」といったキリスト教の黙示録的な世界観を匂わせるアイテムをアニメに導入していた。しかしそれはあくまでも謎解きアイテムとして借用しているにすぎず、キリスト教の世界観を庵野が信奉していたわけではない。バッハの曲中の詩句を借用したのもそれと同様で、「甘き死」というタナトス的なニュアンスを漂わせるワードに惹かれたから借用したまでのことだろう。

＊バッハ《宗教歌曲「来たれ、甘き死よ、来たれ、浄き安息よ」》

『J. S. バッハ：宗教歌曲集、小オルガン・ミサ』

P. シュライアー（T）、J. テル・リンデン（vc）、T. コープマン（org）
PHILIPS / PHCP5084

この宗教歌曲集は、ライプツィヒ近郊のツァイツの宮廷カントルだったG. C. シェメッリが、教会の礼拝用ではなく家庭内で使われることを念頭に置いて編集し、1736年に出版したもの。楽譜付きの69曲を含む全954曲のうち、バッハ本人による旋律だと考えられているのは、この「来たれ、甘き死よ、来たれ、浄き安息よ」（BWV 478）を含む3曲のみ。本曲は元々は3分程度の短い歌曲だが、アンコールピースとしても人気が高く、ニーステッドによる合唱版、ブリッジによるピアノ版、ストコフスキーによる管弦楽版、カザルスによるチェロ版、ゲーリー・カーによるコントラバス版など、さまざまな編曲版がある。本CDは《シェメッリ歌曲集》からはBWV 478を含む22曲を収録。

バッハの教会カンタータ《来たれ、汝甘き死の時よ》は、『ルカによる福音書』第7章11〜17節の「ナインの若者の甦り」の部分が原詞となっている。イエスがナインという町にやってきたとき、一人息子を亡くして泣いている婦人に出会い、彼女に深い同情を寄せたイエスは、棺に手をかけて「若者よ、さあ、起きなさい」と言うと、死人が起き上がって話しはじめた、というのが、『ルカ福音書』の当該箇所のあらすじだ。それを基にワイマールの宮廷詩人であったザロモ・フランク（1659〜1725）が作詞したと伝わっている。

件の「甘き死」という詩句は、全6曲からなるカンタータの第1曲「アリア」の冒頭に出てくる。

来たれ、汝甘き死の時よ
その時私の霊は獅子（＝死）の口から出た蜜を味わう
わたしの別れを甘美なものにせよ
引き止めるなかれ、最期の光よ
わたしが救い主と接吻するのを

これ以外の箇所では、「この世よ、おまえの享楽は重荷だ／おまえの砂糖はわたしには毒のよう」とか、あるいはまた「わたしは喜ぶ、やがてキリストのもとに向かうことを／わたしは喜ぶ、この世との別れを」といった詩句が見られる。

このフランクの詞と、その基になっている『ルカ福音書』の当該箇所を比べると、奇妙な、決定的とは言わないまでも無視できない差異があるのに気づく。

どちらも「復活」が最重要テーマになっている点は共通しているが、『ルカ福音書』のほうは、イエスが死んだ若者を生き返らせたことが讃えられていて、死は嘆き悲しむべきネガティブな事柄のままであって、けっして讃えられてはいない。それに対してフランクの詞では、イエスによって天に召され、いずれ生き返ることができるだろうという期待から、死がポジティブなものとして描かれ讃えられている。死ぬのを思いとどまらせる現世のあらゆる楽しい物事＝砂糖が「私には毒のよう」で、死のほうがずっと「甘い」のだとまで言われるありさまだ。

そのとおり、フランクの詞のキーとなっている「甘き死」という概念は、『ルカ福音書』にはない。つまり、死が甘美なものであるという考え方は、『ルカ福音書』の成立時点すなわち原始・初期キリスト教ではまだ確立しておらず、後代になってキリスト教の教義が整えられ精緻化していくのにつれて徐々に成立していった考え方なのだ。

「甘き死」と自殺禁止の両立

すると、今度は別な問題が生じる。死がそんなに甘く喜ばしいものであるならば、自ら積極的に死を望もうとする者が出ても、原理的にそれを止められないことになる。いわば〝自殺〟をどう位置づけるかという問題が生じてくるのだ。結果的にキリスト教が選択した教義上の解決法は、復活につながる「甘き死」という考え方を維持しつつ、一方で自殺は禁止する、という二面作戦だった。

キリスト教では自殺を禁止している。現在でこそ緩和されているが、キリスト教社会では長い間、禁を犯して自殺した者には葬儀・埋葬を許さず、財産まで没収するという宗教上・経済上の罰則を科していた。時代と場所によってはさらなる刑罰も存在していた。例えばフランスのボルドー地方では、自殺者の死体は、共同墓地へ入れる前に絞首台に足から吊り下げる決まりになっていた。自殺者に対する刑罰が、個人の人格権に対する社会からの望ましからざる規制として廃止されたのは、フランス革命以降のことだ[†]。

自殺者はなぜ刑罰の対象とされたのか。キリスト教社会以前の古代ギリシャ・ローマでは、人間は神の所有物であるがゆえに神の許しを得ない自殺は神意に悖る(もと)とされたり(プラトン『パイドン』)、あるいは、何が正しくて何が正しくないのかを法によって定めるのが国家であるから、正/不正を自分で勝手に決めて実行する自殺は国家に対する不正行為に

† 革命以前のフランスでは、貴族が自殺すると身分が平民に落とされ、平民が自殺するとその遺産はブルボン王家の懐に入っていた。

ほかならず、よって自殺者は国家によって罰せられねばならないとされた（アリストテレス『ニコマコス倫理学』第5巻第11章）。

キリスト教においては、人間をふくむ万物が創造主たる神に造られたものである以上、人間が勝手に神の被造物である人間を殺して命を奪ってしまうことは、たとえそれが自分の命であっても、神に対する冒瀆となる。ヨーロッパ最大の知性と賞賛された初期教父のアウグスティヌス（354〜430）も「自分自身であろうとほかのだれであろうと人を殺すところのものはみな、殺人の罪を負うているのである」と述べている。[†] ユダヤ教でも同様で、人間の生死は神に属するものであり、人間が勝手に決めてよいものではないという観点から、自殺を厳しく誡（いまし）めてきた。

復活という教義を信じるキリスト教徒にとって、死は悲嘆すべきものではなく、むしろ祝福されるべきものであるが（＝甘き死）、かといって自ら死を選ぶことは神の御業を汚すものである以上けっして許されない（＝自殺の禁止）。概（おお）むねこのような理路で「甘き死」と「自殺の禁止」を両立させた。

さて本書でのもっぱらの関心は、そうした理路が音楽にとってどのような作用をもたらしたかだ。

† アウグスティヌス『神の国』（服部英次郎訳、岩波文庫、1982）第1巻第21章。アウグスティヌスは信仰にとって音楽はどうあるべきかも論じていて、主著『告白』では、「詩篇の朗読者にできるだけ調子の変化を少くさせて、歌うというよりもむしろ語るというような仕方で読ませるほうが安全である」（第10巻第33章「聴覚の誘惑に対する態度」、同、1976）と述べ、音楽の快楽を認めつつそれに溺れることを誡めている。

シャル・ウィ・ダンス・マカーブル？

ここまで「聴いていると死にたくなってくる曲」としてバロック期の曲をいくつか挙げたが、じつはバロック音楽のなかに死をテーマにした曲を探すのは簡単ではない。そんなバカなことを言うな、死者のためのミサ曲や受難曲などいくらでもあるではないか、という反駁（はんばく）が予想されるが、しかしそれらはどれも教会音楽だ。はっきりいえば、どれも過去の偉大な宗教指導者の死を歌ったものである以上、元ネタはすでに聖書のなかに全部入っていて、そこからの引用、孫引きでしかない。しかも聖書の言葉を正しく伝えるという観点から作曲技法や演奏スタイルに多くの制限が設けられ、過度な劇的表現も、いたずらに人を死に誘い込むような傾向も望ましくないとされる。とどのつまり、死をテーマにしてもすでに定番化・パターン化されてしまっていて、音楽的な創造性を発揮できる余地がたいして残っていないのだ。これでは作曲家たちが死をテーマにした新しい音楽を積極的に書く気にならなくても仕方がない。

ならば、教会音楽ではなく宮廷音楽はどうか。世俗の宮廷音楽なら、教会音楽ほどうるさいことは言われないはずだ――たしかにそうだが、じつはこれも当てにはならない。パトロンである権力者や富裕層から「死にたくなる曲を書け」などというオーダーが来ることはそもそもないからだ。そうなると、前近代に死をテーマにした音楽を求めるのはかななのか……。

り難しく、やはり近代社会成立以降の、とりわけロマン派以後の作曲家の登場を待つべき

フランス・アナール学派の歴史家フィリップ・アリエスによると、ヨーロッパ中世において死は、誰にでも訪れる祝福されるべきものであり、教会を中心とした地域社会が対処するものであって、その意味で「飼いならされた死」だった、それが中世後期になると、死は自分の人生との訣別という個人的な一大事件となり、人びとは死の瞬間に執着するようになった。つまり死は「己の死」へと変わっていったという。†

この「飼いならされた死」から「己の死」へという死生観の変化は――そこに聖書には本来なかった「煉獄」†† というオプションが追加されることによって――文学や美術などさまざまなジャンルに影響し、死をテーマとした作品を多く生み出した。

ただし音楽の場合、他のジャンルに比べてその変化のタイミングはだいぶ遅くやってきたように思われる。ルネサンスやバロックの時代に至っても、死というテーマは音楽にとって――少なくとも教会音楽や宮廷音楽にとっては――相変わらず扱いづらく、たいして需要もないテーマだった。

とはいえ中世からバロックの時代にかけて、死に深い関連のある音楽的なテーマがなかったわけではない。当時流行した芸術的なテーマで、美術の分野では盛んに表現され、むしろ美術以上に音楽の分野でこそ表現するのにふさわしいものでありながらも、なぜか

† フィリップ・アリエス『死と歴史　西欧中世から現代へ』(伊藤晃・成瀬駒男訳、みすず書房、1983)。

当時の作曲家たちにはとうとう手が出せなかったテーマが存在する――それが「死の舞踏」だ。

中世末期、14〜15世紀のヨーロッパは内部崩壊の火種をいくつも抱えていた。ローマ以外にアヴィニョンに教皇庁ができてカトリック教会が分裂し（1378〜1417）、英仏間では百年戦争が起こり（1339〜1453）、そして黒死病と呼ばれるペストが流行した（1346〜53）。こうした国家社会の危機と個人の生命の危機が折り重なって生み出されたイメージが「死の舞踏」だ。フランス語では「ダンス・マカーブル」（La Dance Macabre）、ドイツ語では「トーテンタンツ」（Totentanz）、英語では「ダンス・オブ・デス」（The Dance of Death）と呼ぶが、ここでの「踊り」は一般的な意味での「踊り」よりも広く、例えば軍隊の行進や儀式の際の行列なども含まれる。

太鼓や笛などの楽器を持った骸骨の姿の死者＝擬人化された死に、生者が誘導されて墓穴に入ってゆく――この「死の舞踏」のイメージが、中世末期からルネサンス期の西ヨーロッパ大陸で広く普及した。海を渡ったイギリスでは、大陸より少し遅れて16〜17世紀に「死の舞踏」のモチーフが広まった。

記録によれば、「死の舞踏」を描いた最古の画像は、パリのサン・ジノサン（罪なき幼児たち、の意味）共同墓地を囲む回廊壁画にあった。のちに移転・消失してしまったが、

卄 平信徒が生前に罪を償いきれなくても、死後に地獄行きになるのではなく一定の待機期間があり、そこで罪を浄めることができる、というのが「煉獄」という考え方。1274年の第2リヨン公会議で正式に認可された。プロタスタントや正教会では「煉獄」を認めていない。音楽ジャンルでは、シャルパンティエ（死者のためのモテット）、クープラン（クラヴサン曲集）、リスト（ダンテ交響曲）らがこの概念を使った曲を書いている。

1425年頃、この回廊壁画を背景にして修道士のリシャール[†]が説教を行なった記録が残っている。

折しも15世紀半ばにはグーテンベルクによって活版印刷技術が考案されたが、そのイノベーションを追い風にして、「死の舞踏」は詩文付きの木版画本として数多く出版され人気を博した。そうした一般民衆向けの安価な版画ばかりではなく、王侯貴族向けの豪華な写本や聖職者用の聖務日課書や祈禱書にも「死の舞踏」の図像が描かれるようになった。タペストリーの図案として織られることもあったろうが、織り物という素材の特質ゆえ残存していない。

あるいはまた、演劇の演目として「死の舞踏」が取り上げられることもしばしばあったようだ。ごくわずかだが、ある地方ではその名残りのあるパフォーマンスが見られる祭りが現存するという（後述）。そうした点を踏まえて「死の舞踏」演劇起源説が唱えられたりすることもある。

「メメント・モリ」に囲まれた日常生活

多くの「死の舞踏」の図像には、何がしかの警句がしばしばセットになって記されている。そのなかでも特に有名なのが、「死を想え」という意味のラテン語の「メメント・モ

† ちなみに、百年戦争でイングランド軍に包囲されていたオルレアンを奪回し「聖女」と讃えられながらも、最期は異端審問にかけられ火刑に処せられたジャンヌ・ダルクの聴罪師（信徒の告白を聞き教導するカトリックの司祭）が、この修道士リシャールだ。

リ」（memento mori）という標語だ。

「メメント・モリ」というテーマの趣旨は、古代ローマでは「カルペ・ディエム」（carpe diem）という標語として用いられていた。ただし「カルペ・ディエム」は二通りの相反するニュアンス──一方は、明日はどうなるかわからないのが人生だから、とりあえず「今を楽しめ」という享楽的な意味合いで、他方が、明日はどうなるかわからないから、今最善を尽くせ＝「その日をつかめ」という禁欲的な意味合い──を孕んでいたが、いずれにせよたいして広まったわけでもなかった。

それがキリスト教社会になると、「メメント・モリ」という言葉が大きくフォーカスされることになった。貧しき者も富める者も、やんごとなき者も卑しき者も、あらゆる生者に死は訪れるのだから、現世での栄華や贅沢などは所詮虚しいものにすぎず、死後の魂の救済こそが大切なのだ、という意味合いを示すモットーとなったのだ。同じ「メメント・モリ」という言葉が、今を楽しめという現世享楽・現世肯定の意味から、来世をこそ気にせよという現世蔑視・現世否定の意味に変わったのだから、一大転換というほかない。

死を前にしての平等と死後の救済を説くものとして、「メメント・モリ」が中世以降とりわけ15世紀から16世紀にかけて大流行した。死を象徴する骸骨と「メメント・モリ」の文字がセットになって、さまざまなメディアを通じて人目にふれた。静物画には骸骨や枯れた花など死を連想させるアイテムが必ず描かれ、ステンドグラス、調度品の装飾、砂時計など、日常生活のあらゆるところに「メメント・モリ」のテーマが刻まれるというぐあいに、人びとはつねに死に囲まれ死を意識して暮らしていた。[†]

日本では病室の番号から「死」に通じる「4」と「苦」に通じる「9」を排除しているが、そうした死生観をもって暮らしているわれわれ現代日本人からすると、とうてい理解しがたい感覚だ。ドクロモチーフのシルバーアクセサリーやタトゥーをまとった若者ですらきっと「そこまでしなくても……」と引くにちがいないと思えるほど〝死まみれ〟の日常生活を、15世紀のヨーロッパ人は送っていた。

このようにさまざまなメディアやパフォーマンスを通じて、「死の舞踏」のイメージは拡大再生産された。

「死の舞踏」をめぐる美術と音楽との差異――ネルミガー

それほど重大で流行したテーマなのに、同時代の中世末期やルネサンス、およびそれより後のバロック期の音楽で、「死の舞踏」をテーマにした曲はほとんど見当たらない。舞踏であるからには、動かない美術作品よりも音楽のほうがよほど適性があるように思えるが、それなのに、ドレスデンの宮廷オルガニスト・作曲家の**アウグストゥス・ネルミガー**（1560～1613）が書いたオルガン曲集《楽器で演奏するための奏法譜集》

† 松田隆美『煉獄と地獄　ヨーロッパ中世文学と一般信徒の死生観』（ぷねうま舎、2017、p.238）には、スイス・インスブルックのチロル民族博物館が所蔵している16世紀のタオル掛けの写真が載っている。そのタオル掛けは、タオルを掛ける棒を持っているのがマグダラのマリアなのだが、右半身が骸骨になっている。毎朝起きて顔を洗う時点で「あなたもどうせ死ぬのよ、それが今日かもね」と言われる生活って……。

（1598）のうちの短い舞曲**《死の舞踏》***を除いて、残っている曲がほとんどない。ネルミガーの次となると、約200年後の19世紀半ばにロマン派の作曲家の何人かが「死の舞踏」をモチーフにした曲を書くまで待たねばならない。これではどう考えても間が空き過ぎだ。

ただしこれには留保が必要で、残っていない＝曲がなかった、と短絡的に考えてはいけない。民衆の間に伝わり演奏されながら、楽譜としては残らなかった世俗曲の《死の舞踏》もきっとあったはずで――ネルミガーの《死の舞踏》はそのうちでも楽譜に残された稀有（けう）な例と見ることもできよう――、その証拠がまったくないわけでもない。

例えば、1449年にブルゴーニュ公国ブリュージュの公館で、1453年にはフランス東部にあるブザンソンの大聖堂でのミサの後に、それぞれ「死の舞踏」が「演じられ

＊ネルミガー《死の舞踏》

『シューベルト：弦楽四重奏曲「死と乙女」』
P. コパチンスカヤ（vn）、セントポール室内管弦楽団
Alpha / ALPHA265
シューベルトの弦楽四重奏曲「死と乙女」（弦楽合奏版に編曲したもの）の各楽章の前後に、普通なら休みを挟むところ、関連する別の曲、例えばネルミガーの「死の舞踏」やJ. ダウランドの「ラクリメ」など古い音楽からG. クルタークの現代音楽までを配置することで、「死と乙女」の多層性を浮かび上がらせるトンガッたアルバムで、2017年にグラミー賞を受賞した。全身音楽家とでも言うべきパトリツィア・コパチンスカヤの面目躍如たる1枚。おそらくコパチンスカヤは例によって裸足で床を踏みしめながらヴァイオリンを弾いているにちがいない。1曲目に収録されているネルミガーの「死の舞踏」は歌唱を伴わず、かつ弦楽オーケストラと打楽器用に編曲されていて、打楽器の刻むリズムが素朴で野趣溢れる舞曲となっている。

た」記録が残っているという。

興味深いのは、ブザンソン大聖堂で復活祭の日に行なわれていたという「ベルジュレット」[†]だ。ものの本によると、「参事会員や司祭ら聖職者たちは、まず内陣に入って朝課の最後の説教を唱え、さらに九時課の祈りを捧げたあとで、それぞれ祭服の裾をお供の少年にもってもらい、つぎつぎに踊りに加わる。世俗的で、田舎風の奏楽をともなうこの踊りは、内陣から回廊へ、天気がよければ中庭へ繰り出され、三回にわたって繰り返された。しかしこの牧歌曲をともなう踊りは、そのいかがわしさゆえに、一七三七年には禁止されることになる[††]」というものだったらしい。

それ以外にも、宗教祭事が「死の舞踏」の要素を取り込み、その土地の世俗的伝統とも結びついて広範に繰り広げられていたことは想像に難くない。なんと今日でも、バルセロナ近くのベルジェスという村では、復活祭前の受難週間に「死の舞踏」が踊られているというから驚く。そうした祭りで「死の舞踏」のための曲が演奏されなかったと考えるほうが不自然というべきだ。

一般民衆のあいだで世俗的な「死の舞踏」が歌われ演奏されていたことはほぼ確かだろう。それでも教会や宮廷の音楽に「死の舞踏」にちなむ曲がほとんど見つからないのは、やはり不可解と言わねばならない。同じ主題なのに、美術分野と音楽分野とでこれほどの

† ベルジュレット（Bergerette）とは一般的には「牧歌曲」の意味だが、ここでは「ベルジュレット・ア・ラ・インテリア」というダンスイベントのこと指す。11世紀にブザンソン大司教が復活祭の日に聖職者たちを夕食に招待してから恵みを告げる習わしが成立したが、12世紀に入ると、それまで教会の外で行なわれていた踊りが屋内で踊られるようになり、「ベルジュレット・ア・ラ・インテリア」という祭りとして習慣化した。

差異があるのはなんとも奇妙なことだ。美術と音楽の隙間にポッカリと空いたこの疑問を解き明かしてくれる書籍・論文を探したが、見当たらない。しかたないから、しょせん素人の思いつき以上のものにはならないことを承知でとりあえず私見を述べてみる。

当時の図像には、骸骨がバグパイプ、ハープ、ポルタティーフ・オルガン（膝に乗せて弾けるポータブルなオルガン）、太鼓などの楽器を持っている様子がしばしば見られる。††† そこでは音楽は、預言者の受難を歌い神の栄光を讃えるためのものではなしに、人びとを踊り狂わせ黄泉（よみ）の世界へとミスリードするためのものとして描かれていて、それが刷り物を通じて広く民衆のあいだに流通してしまっている。そのような状況では、「死の舞踏」の曲を書くということは、作曲者の意図がどうであれ、民衆の不安と狂乱を強めてしまい、そのせいで異端の謗（そし）りを受ける恐れがある。だからこそ音楽家は、「死の舞踏」を音楽で表現することに慎重だったのではないか。

加えていうと、美術作品なら一人で見ることが可能だが、今とちがって当時の音楽はたった一人で楽しむことのできない集団

††† ハンス・ホルバイン（1497/98–1543）作の木版画『死の舞踏』より「貴婦人」（1538年刊）

†† 小池寿子『「死の舞踏」への旅　踊る骸骨たちをたずねて』（中央公論新社、2010、p.25）。同じ著者の『死者たちの回廊　よみがえる死の舞踏』（福武書店、1990／平凡社ライブラリー／1994）や『死者のいる中世』（みすず書房、1994）などもあわせて参照のこと。『内臓の発見』（筑摩選書、2011）や『謎解きヒエロニムス・ボス』（新潮社・とんぼの本、2015）もバツグンに面白い。

的な行為・行事だった。プレイヤーがいて、オーディエンスがいて、それで音楽の場が成立する。大勢の人間が集まり集団を形成すれば、当然ながら集団の狂気が発生し暴走するリスクも高まる。音楽は集団をトランス状態にし、マス・ヒステリーを呼び込み加速強化する働きをしかねない。教会の聖職者たちおよび音楽家たちは案外、音楽そのものが内包する禍々（まがまが）しい力に気づいていて、そのポテンシャルが一定の制限を越えて発揮されないよう警戒していたのかもしれない。

市民革命以降、宗教が社会をまとめ上げる求心力は弱まり、人びとは病気の不安から救われる道を信仰ではなく医学に求めるようになる。それに伴い、かつて一世を風靡した「死の舞踏」のモチーフもさすがにビジュアルイメージとしての喚起力を失っていった。

しかし「死の舞踏」が美術の世界で廃れていくのと反比例するかのように、音楽の世界では、やっと教会に忖度（そんたく）することなく躊躇せずに「死の舞踏」をモチーフにした曲を書く作曲家が現れるようになった——ロマン派の登場である。

もうひとつの《魔王》のタナトス——レーヴェ

ただし、ロマン派隆盛の時代になったからといって、「今まで憚（はばか）られた「死の舞踏」の音楽化が解禁になったぞ、今こそチャンスだ、さあ曲を書こう！」とばかりに「死の舞踏」をモチーフにした曲が量産されるようになった、などということはない。「死の舞踏」は音楽的なインスピレーションを掻き立てるモチーフではあっても、所詮は社会的な有用性を失い使命を終えたものであるからには、それに飛びつく作曲家は多くない。件の「ディエス・イレ」の旋律を使ったピアノ独奏付きの管弦楽曲《死の舞踏「怒りの日」によるパラフレーズ》（1849）を作曲したフランツ・リストか、歌曲として書いたものをのちに管弦楽曲《交響詩「死の舞踏」》（1874）としてまとめたサン＝サーンスがいるくらいだ。特にこの2曲の出来が素晴しかったためか、他の作曲家にしてみれば「自分も「死の舞踏」をモチーフにした曲を書いてみよう」と思うよりも、「もう先にやられちまったか、特に今「死の舞踏」に需要があるわけでもないし、じゃあ別のモチーフを探そう」と考えるのも宜なるかなだ。

ということで「死の舞踏」の話をここまでにして……と早々に切り上げるわけにも行かない。というのも、ロマン派の作曲家でリストやサン＝サーンスよりも先に《死の舞踏》という曲を書いた人物がいるからだ。

その人**カール・レーヴェ**（1796〜1869）は、初期ロマン派の作曲家・ピアニストで、400曲以上もの歌曲、2曲の交響曲と5曲のオペラまで書いている。1歳年下のシューベルトよりもサロン人気は高く、シューベルトに会おうとしなかったゲーテにも面会できている。なのに日本での知名度は低い。

レーヴェ関連で少しは知られているエピソードといえば、ゲーテの詩による**歌曲《魔王》***をシューベルトとほとんど同時期にレーヴェも書いていたというものだ。《魔王》といえばシューベルトが作曲したドイツリートのなかでもとびきりの傑作として知られ、日本の音楽の教科書にも載っている作品だ。その同じゲーテの詩に、レーヴェも曲をつけている。† 往年の名バリトン歌手で、レーヴェの歌曲集のCDも出しているフィッシャー＝ディースカウは、レーヴェの《魔王》はシューベルトのと比べて悲劇性に乏しく、音楽的に単純な手法に終始していると評しているが、レーヴェのはレーヴェので、シューベルトの《魔王》にはない味わいもある。

ゲーテの詩「魔王」の登場人物は、死の床にあって「魔王がボクを連れ去ろうとしている」と怯える子ども、わが子を安心させようとなだめる父親、そして子どもにだけ聞こえる猫撫で声でその子に語りかける幻の魔王、および語り手の4人。シューベルトはゲーテの狙いに忠実に音楽をつけていて、父親と魔王を別人格として音楽的に描き分けている。非常に明快で聞きやすく、さすが教科書にも載ろうというものだ。

一方のレーヴェの《魔王》では、ピアノの伴奏に変化が加えてあって、その効果もあって初めは別人格だったはずの父親と魔王がだんだんと似通って聞こえてくるのだ。曲が孕むタナトスは次第に能力全開となって、もはや魔王は幻には見えず、父親と魔王が同一人物の二つの顔のようにしか思えなくなった時、子どもは絶命する。

† ちなみにベートーヴェンも《魔王》を作曲しようとしていて、その歌唱部のみの未完成スケッチが遺されている（WoO 131、Hess 148）。ピアノ伴奏部分などをラインホルト・ベッカー（1842-1924）が補筆した完成版を今日聴くことができるが、悲劇性と大胆さでやはりシューベルトに軍配が上がる。

こうなると気分はもう、永井豪の伝説の恐怖漫画「ススムちゃん大ショック」か「デビルマン」を読んだときと同じトラウマ級の後味の悪さだ。あるいは野村芳太郎監督の映画『鬼畜』（1978）で、緒形拳演じる父親が、愛人との間にできた隠し子に無理やり毒入りのパンを食べさせて殺害しようとするシーンを思い出してしまう。

我ながらレーヴェを持ち上げすぎの感は否めないが、シューベルトの《魔王》が凄すぎる分レーヴェの《魔王》が割を食っているので、少しばかり肩入れしてみたくなった。

ゲーテから水木しげるへのイメージの転移

そのレーヴェが「死の舞踏」をモチーフにした歌曲を書いている。歌詞は、こちらも

＊レーヴェ《魔王》《死の舞踏》

『レーヴェ：ヨハン・ヴォルフガング・フォン・ゲーテの詩によるリートとバラード』
H. プライ（Br）、M. エンドレス（p）
Capriccio / C10759
ゲーテの詩にレーヴェが曲をつけた作品を集めた１枚。《魔王》と《死の舞踏》の両方が収録されているのがありがたい。ヘルマン・プライが亡くなる３年前の晩年の録音で、若い頃の明るさと艶やかさはなりをひそめ、全体的にシブくて深みのある歌い方になっている。それはそれで悪くないが、《魔王》や《死の舞踏》のような曲は、若き日のプライのドラマチックな表現力で聴きたい気もしてくる。その場合は、《魔王》は若き日（1962）の録音をどうぞ（G. ヴァイセンボルン〔p〕、EMI / TOCE-11035）。

《魔王》と同じくゲーテの詩「死の舞踏」から採っている。内容はこんなふうだ。

夜中に亡者たちが墓石の下から出てきては衣装を脱いで踊っている。それを見た教会の塔の番人は、ある亡者の装束を奪って塔に隠れる。朝が近づき亡者たちは装束を着て墓穴へ戻っていくが、一人の亡者だけが装束がなくて戻れない。その亡者は番人から装束を取り戻そうと、蜘蛛のように塔の壁をよじ登る。恐ろしくなった番人は装束を返そうと放り投げるが、運悪く途中で引っ掛かってしまう。そしてとうとう時の鐘が朝を告げると、その亡者は落下して、骸骨が粉々に砕け散る——。

7連からなる詩の最後の1連を引用しよう。

塔守蒼ざめ　がたがたぶるい
経帷子はお返しします
投げたが——これが百年目か——
ひっかかった　鉄金具
折しも月は雲間にかくれ
夜陰にひびく　鐘一つ
骸骨はまっさかさまに落ちて砕けた†

†『ゲーテ全集』第1巻（高安国世訳、人文書院、1960、p.260）。1813年作。

この詩を読んで「なんだか『ゲゲゲの鬼太郎』にこんな話があったような気がする」と思った人がいたら、あなたは正しい。そう、テレビアニメの『ゲゲゲの鬼太郎』は現在第6シリーズまで制作されているが、その記念すべきファーストシリーズの第1話「おばけナイター」（1968年1月3日放映、モノクロ作品）と設定がよく似ているのだ。ゲーテの詩「死の舞踏」も『ゲゲゲの鬼太郎』の「おばけナイター」も、人ならぬ者＝死者・妖怪が大勢夜中に墓場に現れては騒ぎ、朝になると消えてゆく。違うのは、「死の舞踏」での踊りが「おばけナイター」では野球に、装束が妖怪バットになっている点で、物語の全体的な構成としてはほとんど同じだ。

じつはこの類似はおそらく偶然ではない。というのも、『ゲゲゲの鬼太郎』の原作者である水木しげるはゲーテの熱烈な愛読者だからだ。水木は太平洋戦争に従軍して南方戦線に送られたときにも、晩年のゲーテの発言をまとめた岩波文庫版のエッカーマン著『ゲーテとの対話』を雑嚢に入れて肌身離さず持ち歩いた。爆撃で左腕は失っても『ゲーテとの対話』は戦場から持ち帰り、いまも水木プロに大切に保管されている。

それほどまでに水木しげるはゲーテに傾倒していて、「水木サン（＝水木しげる本人の自称）の人生は80％がゲーテです」と自ら語ってもいるほどだ。なので、水木しげるがゲーテの「死の舞踏」を読んだかどうか、そしてそこから「おばけナイター」の着想を得たかどうか、はっきりとわかっているわけではないがその可能性はかなり高いと思われる。『ゲゲゲの鬼太郎』の初アニメ化の第1話という記念すべき回に「泥田坊（どろたぼう）」でもなく「妖怪城」†でもなく「おばけナイター」を選んだのには、水木しげるのゲーテ愛が秘められている、と考えるのは穿（うが）ちすぎだろうか。

"死の舞踏"から"死と乙女"へ――シューベルト

先ほどもうひとりの《魔王》の作曲家カール・レーヴェを取り上げて、彼のバラード《死の舞踏》について触れたが、となればどうしたってフランツ・シューベルトに言及しないわけにはいかない。レーヴェの歌曲《死の舞踏》に対抗するのはやはり、シューベルトが1817年、20歳のときに作曲した**《歌曲「死と乙女」》***（作品7－3、D531）だ。《死と乙女》というと弦楽四重奏曲第14番のほうばかりが有名だが、元々は歌曲で、シューベルトは自分が書いたリートの前奏部分を弦楽四重奏曲の第2楽章の主題に転用した。

「死の舞踏」で死に誘われる対象はすべての生者であって、乙女だけではない。にもかかわらず早くも16世紀には、「死の舞踏」をテーマにした絵画やレリーフで骸骨が誘う相手に、乙女が選ばれるケースが増えてきた。突然やってくる死の無慈悲さ・人生のはかなさを強調するためには、高齢者よりも若い者を対象にしたほうがいいのは確かだ。しかし若

† 音楽とは関係ないが、本文のゲーテの件をはじめ、水木しげるの文化的素養は西洋文化によるところが案外少なくない。水木特有の日本的な絵柄もしばしば西洋絵画を基にしていることがある。『墓場の鬼太郎』や『ゲゲゲの鬼太郎』に「ばお～ん」というオノマトペをともなって登場する不気味な尖塔「妖怪城」はその好例のひとつで、小説家ヴィクトル・ユーゴーが描いた「エディストン灯台」がベースになっている。

年でさえあればいいのなら乳幼児のほうがもっとふさわしいはずだ。なのにどうして乙女が選ばれるのか。

そこには「死の舞踏」とは本来関係の薄い「愛」と「性」という要素が忍び込んでいるのが見てとれる。現世での物質的・肉体的な快楽を否定し、死後の魂の救済を重んじることを説くのが「死の舞踏」というテーマだったはずなのに、気がつくといつの間にか「死の舞踏」が「恋愛」や「官能」を描くためのある種の方便・隠れ蓑として利用されるようになっていった。いわば「死の舞踏」から「死と乙女」へのスライドとも言うべきこの現象は、近代に入ってキリスト教の規範力が弱まるにつれ顕著になっていく。

「死の舞踏」から「死と乙女」へスライドする際に触媒・加速剤の役割を果たしたのが、ギリシャ神話のペルセポネーのエピソードだ。ペルセポネーが花を摘もうとしていたら急

＊シューベルト《歌曲「死と乙女」》

『シューベルト：さすらい人幻想曲／歌曲と断章』
I. ボストリッジ（T)、L. O. アンスネス（p）
EMI / TOCE-56138/9
5099951644352

このリートのポイントは、後半の「死」の部分をどう歌うかだ。死の恐怖に怯える乙女の心の負担を和らげて安らぎを与える看取り人的な存在に徹するか、それともその優しそうな表情の裏にじつは何がしかの悪意が潜んでいるのでは、と聴き手に感じさせるか、その塩梅が難しい。前者だけでは深みに欠けるし、後者をやりすぎると下品になってしまう。わずか43小節の短い曲のわりに一筋縄ではいかないのだ。バリトンゆえに「乙女」として歌うことを半ば諦めて、後半の「死」に勝負を賭けているようなM. ゲルネ版。女声版もあり、「死」を男性だと想像して明確に「乙女」と歌い分けようとするメゾ・ソプラノのC. ルートヴィヒ版。結果、ほどよいバランスを保っている中性的なボストリッジの歌唱を選んでみた。

に大地が割れ、黒い馬に乗った冥界の王ハデスが現れてペルセポネーを連れ去り、自分の妻とした。その後ペルセポネーはハデスの妻であることを受け入れ、夫とともに冥界に君臨する。このハデスを「死」、ペルセポネーを「乙女」と読み替えたわけだ。ギリシャ神話に範をもとめる発想は、やはり中世ではなかなか難しく、ルネサンス以降にならないと出てこない発想だ。

同時に乙女のイメージも、美しいことは美しいが一方的に死に連れ去られていく非主体的なか弱い存在というものから、愛をもって死に打ち勝ったり、死に無愛想な態度をとったり、時には乙女のほうから死を誘惑したりといった、幾分なりとも主体的な働きかけをする存在というものに変化していく。「フン、死がなんだって言うのよ。黙って死の言いなりになるなんて真っ平御免だわ！」とでも言いたげな乙女像を、例えばエドヴァルド・ムンクの『死と接吻』（1893）などに見出せる。さすがにシューベルトの「乙女」はそこまでは行かないが。

話が美術に寄りすぎた。シューベルトに戻って、まずは歌曲のほうの《死と乙女》を見てみよう。シューベルトが曲をつけた、ポーランド出身の詩人・ジャーナリストであるマティアス・クラウディウス（1740～1815）の詩は、病床に臥した乙女と、彼女を墓穴へ連れて行こうと優しく説き伏せる擬人化された死との対話を内容としている。

乙女：あっちへ、あっちへいって！
来ないで！　恐ろしい、骸骨男！
お願い、わたしはまだ若いの！
だから、わたしに、触らないで……

死　：どうかてをだして　なんとうつくしいむすめさん
わたしはおともだちですよ　ばつをあたえにきたのではない
ゆうきをだして　おそろしくなんてありませんから
さあおとなしく　このうでのなかでおねむりなさい†

わずか43小節、演奏時間にして2分ちょっとしかないこの短いリートは、まずピアノが2拍子の「タン・タタ」というリズム、いわゆるダクテュロス（長短短格）の韻律で8小節の前奏を弾く。それに続く前半部分の乙女のパートは、テンポも速く音程も激しく上下していて、悲痛な叫びそのものだ。それに対して死が語る後半のパートは恐ろしいほどシンプルなものになっている（死の歌詞部分のドイツ語原文を次ページに掲げてみた）。
ゆっくりとしたテンポで噛んで含めるように、朗誦のごとく歌われるこの死の歌詞のう

† 邦訳は、P. コパチンスカヤ&セントポール室内管弦楽団『シューベルトの弦楽四重奏曲「死と乙女」』（ALPHA CLASSICS／ナクソス）の日本語版ブックレットの白沢達生訳によった。乙女の台詞に漢字を使っているのとは対照的に、死のほうの台詞はひらがなで通すことで、死が乙女を優しく――墓穴へ――誘っている感じを醸し出していて秀逸。

◘ シューベルトのリート《死と乙女》の死の歌詞

DAS TOD : Gib deine Hand, du schön und zart Gebild!
Bin Freund und komme nicht zu strafen
ここまでずっと「レ」(D)↑

Sei gutes Muts! ich bin nicht xird,
全部「ファ」(F)

Sollst sanft in meinen Armen schlafen!
ここまでずっと「レ」(D)↑

ち、1連目の冒頭から2連目のおしまいの「zu strafen」の前までのすべての語句が、「レ」(D)の音程だ。しかも3連目はすべて「ファ」(F)、4連目も最後の「schlafen」を除くすべてが「レ」で歌われるのだ。

これを野球に喩えるなら、多彩なテクニックを誇る変化球ピッチャーが決め球に投げてきたのがド真ん中のド直球で、呆気に取られているうちに見送り三振する、みたいな仕上がりになっている。シューベルト以外の作曲家には怖くてなかなか真似できない芸当だ。

このリートでピアノが弾いている前奏部分が《弦楽四重奏曲第14番》の第2楽章に引用されているため、「死と乙女」というとカルテットのほうばかりが有名になってしまった。

《弦楽四重奏曲第14番 ニ短調「死と乙女」》*（D810）が作曲されたのは1824年で、シューベルトはまだまだ貧乏生活から脱しきれず、世間も楽譜出版社も彼の作品に冷たかった。前年に上演された劇付随音楽《キプロスの女王ロザムンデ》（D797）は、音楽の評判は良かったものの台本が貧弱かつ主演女優が下手だったせいで、たったの2夜で打ち切られてしまった。失意の渦中にあったシューベルトだったが、それでも作曲のほうはすこぶる充実していた。《ミサ曲第5番 変イ長調》（D678）、《歌曲集「美しき水車小屋の娘」》（D795）、《アルペジオーネ・ソナタ イ短調》（D821）などの傑作を書き上げたほか、《交響曲第7番（旧第8番）ロ短調》（D759）いわゆる「未完成交響楽」にも着手している。

そのような時期に作曲された《弦楽四重奏曲第14番「死と乙女」》は、きわめて悲劇的な曲調となっている。標題に「死と乙女」あることから、死に怯える乙女の混乱した心理と振る舞いを、例えば第1楽章アレグロ＝乙女の恐怖、第2楽章アンダンテ・コン・モート＝死の姿、第3楽章スケルツォ：アレグロ・モルト、トリオ＝乙女の求愛、第4楽章プレスト＝グロテスクな結末、といったぐあいに4つの楽章に振り分けつつよりドラマチックに表現したものとして、この弦楽四重奏曲をある種の標題音楽と解釈する向きもあるが、乙女の心理よりも、作品が世間からなかなか認めてもらえないシューベルト自身の失望と憤りのほうが強く出ているようにも聞こえる。

しかしそれ以上に感じるのは、この弦楽四重奏曲の書法の充実ぶりだ。絶対音楽としてベートーヴェンの弦楽四重奏曲に匹敵すると言っても過言ではない。時間軸の狂った馬鹿

＊シューベルト《弦楽四重奏曲第14番「死と乙女」》

『シューベルト：弦楽四重奏曲第14番「死と乙女」／ベートーヴェン：弦楽四重奏曲第16番』
ハーゲン四重奏団
DG / UCCG-52205
少々図式的な言い方になるが、この曲を「14番目の」弦楽四重奏曲と捉えるか、「「死と乙女」という副題をもつ」弦楽四重奏曲と捉えるかで、アプローチが変わってくる。前者を重視するなら古典派としてのシューベルトに、後者重視なら初期ロマン派シューベルトにフォーカスが当たる。どちらか一方が正しいということもないが、一つ前の弦楽四重奏曲でロマン主義的な色彩の濃い第13番「ロザムンテ」との対照を考えると、前者の絶対音楽的なアプローチのほうが第14番の価値がより的確に捉えられるのではないか。この曲が完成した1826年の翌年にベートーヴェンが、翌々年に自分自身がこの世を去ることになる。それでも、忍び寄る死の影を感じさせない充実した構成感が、この弦楽四重奏曲第14番にはある。

げた妄想を許してもらえるなら、あたかも《弦楽四重奏曲第14番「死と乙女」》は、シューベルトが書いた歌曲の《死と乙女》の主題を使って、ベートーヴェンが弦楽四重奏曲に仕立てたかのようだと言いたい。

カリカチュアのカリカチュア――リスト、サン＝サーンス

初期ロマン派のシューベルトから時代が下って、19世紀の中盤から後半のロマン派全盛の時代になると、「死の舞踏」が本来もっていた教訓的な意味合いはどんどん薄れていき、代わって表現主義的な傾向が強まった。つまりは「死の舞踏」というテーマに「どんな意味を込めるか」よりも、骸骨が踊るさまを「どのように表現するか」に力点が置かれるよ

うになっていった。とは言っても、前述したように「死の舞踏」というテーマ自体の社会的な訴求力はかなり落ちていたので、作品数はそれほど多くないが。

そうした作品のうちのひとつに、**フランツ・リスト**が作曲したピアノ独奏をともなう管弦楽曲**《死の舞踏「怒りの日」によるパラフレーズ》***（S.126）がある。リストがイタリアを旅した時に、ピサのカンポサント納骨堂にある「死の舞踏」をモチーフにした14世紀のフレスコ画、ブオナミーコ・ブファルマッコ作の『死の勝利』を見てインスピレーションが湧き、そこにさらに「ディエス・イレ」の旋律まで引用して、ピアノ独奏付きの管弦楽曲——というよりも実態はオーケストラ伴奏付きのピアノの超絶技巧曲——に仕上げた。初演は1865年、リストの娘コジマの夫であるハンス・フォン・ビューロー（1830〜94）の演奏による。†

＊リスト《死の舞踏「怒りの日」によるパラフレーズ》

『リスト：ピアノ協奏曲第１番、第２番／ハンガリー幻想曲／死の舞踏』
J.-Y. ティボーデ（p）、Ch. デュトワ（指揮）、モントリオール交響楽団
Decca / 0028948049967

複数の既婚女性と浮名を流す華やかな（羨ましいとは筆者は言ってない）生活の一方で、リストほど死の想念に取り憑かれた音楽家もいなかった。一晩中、即興の「ディエス・イレ」の変奏曲を弾いて屋敷の者を悩ませたというエピソードも残っている。《死の舞踏》のほかにも《葬送前奏曲と葬送行進曲》《悲しみのゴンドラ》そして《レクイエム》など、死にまつわる曲も少なくない。死を身近に感じる切羽詰まった理由が見当たらない（モテすぎると死にたくなるものなのだろうか、筆者にはわからない）にもかかわらず、死をテーマにした曲を書きたがったのはなぜか？もしかすると、持ち前の超絶技巧でも表現できないたった一つの事柄、表現の最後の砦、それが死だったのかもしれない。

† 指揮者であり優秀なピアニストでもあったビューローは、リストが妻コジマの父親だからというわけでもないだろうが、リストの《ピアノ・ソナタ ロ短調》や《ハンガリー幻想曲》も初演している。リストの《ピアノ・ソナタ》を高く評価し、ハンスリックと新聞紙上で論争もした。にもかかわらずコジマは、《死の舞踏》の初演の翌年、夫を捨ててワーグナーのもとに奔った。元々ワーグナー派だったビューローは、その後ブラームスに近づく……。

1849年にいったん出来上がったのちも改作を重ね、さらにはリスト自身がピアノ独奏版（S.525）、および2台のピアノ版（S.652）にも編曲しているので、リスト本人がかなり気に入っていた曲なのは確かだ。ただし超絶技巧が災いしてか、作曲者の熱の入れようの割には、弾こうとするピアニストは多くなかったようだ。

そしてさらにリストにはもう1曲《死の舞踏》というタイトルの曲があるのだが……。

リストの《死の舞踏》を挙げるなら、もうひとつ、**カミーユ・サン＝サーンス**（1835～1921）の《死の舞踏》を挙げないわけにはいかない。

リストが美術作品にインスパイアされたのとはちがい、サン＝サーンスはフランスの詩人アンリ・カサリス（1840～1909）の幻想的な詩に触発され、1872年にまずは歌曲として作曲した。その後1874年、今日**《交響詩「死の舞踏」》***（作品40、R.171）として知られる管弦楽曲としてまとめ、リストの弟子で当時高名なピアニストだったカロリーヌ・モンティニー＝レモリー夫人（1843～1913）に献呈された。サン＝サーンスにとってリストは尊敬する音楽家であるだけでなくキャリアの上でも世話になった恩人でもあったため、その縁から献呈先に彼女が選ばれた。

リストの《死の舞踏》もかなり表現にウェイトを置いた作品になっていたが、それでも「死の舞踏」の教訓的意味合いを残していた。リストは晩年にはローマに移住して僧籍に入り、キリスト教に題材を求めた作品を多く残すようになっていることを考慮すると、「死の舞踏」の宗教的・観念的な意義を抜きにして音楽化したとは考えにくい。

その点、リストより二回りも年下のサン＝サーンスともなると、「メメント・モリ」の精神などどこ吹く風とばかりに、骸骨が夜中に墓穴から現れて踊り狂い、朝を告げる鶏の鳴き声とともに逃げ去っていく、その不気味さと滑稽さをオタマジャクシでどう表現するかにのみ関心が払われている。

まず、先に作曲された歌曲《死の舞踏》でのカザリスの詩を見てみよう。

ジグ、ジグ、ジグ、死のリズム
墓石の上を踵で打ち鳴らし

＊サン＝サーンス《交響詩「死の舞踏」》

『デュカス／フランク／ラザーリ／デュパルク／サン＝サーンス：フランスの交響詩集』
M. プラッソン（指揮）、トゥールーズ・キャピトル国立管弦楽団
EMI / CDE5747272
サン＝サーンスがリストを評価した最大のポイントは、ピアニストとしての超絶テク以上に、交響詩という標題音楽のジャンルを確立した点にあった。フランスの音楽家たちにとって、ベートーヴェンという絶対音楽の神がいるドイツとは異なる方向性を模索する意味でも、リストが発明した交響詩というジャンルは使い勝手のいいものだった。ベルリオーズが《幻想交響曲》において、交響曲という形式のなかで標題音楽を追求したのはさすがだったが、やはり標題音楽にとって交響曲は決まりごとが多く不自由だ。そこへ登場した交響詩にフランスの作曲家たちがこぞって飛びついたのもよくわかる。

深夜に死神が奏でる舞踏の調べ
ヴァイオリンで、ジグ、ジグ、ザグ
（中略）
シーッ！　突然踊りの輪は止んで
押しあいへしあいみな逃げていく
暁を告げる鶏が鳴いたのだ（後略）

この「ジグ、ジグ、ジグ」とか「ジグ、ジグ、ザグ」とかというオノマトペの部分は元の詩のフランス語では「Zig et Zig et Zig / Zag)」と表記されるが、これは、踊る骸骨の骨がきしみ擦（こす）れ合い、あるいは墓穴をふさぐ石の蓋を踏み鳴らす際に出る音を表現している。全体としてかなり早口のフランス語で歌わないとならないので、歌手は大変だ。うっかりすると間に合わず墓穴に戻れない＝伴奏が先に終わってしまう……なんてことがあったら面白いのだが、世の中そうこっちの期待どおりには動いてくれない。

この骸骨の骨が擦れ合う音を、サン＝サーンスは《交響詩「死の舞踏」》ではシロフォンで表現している。また、詩にあるとおり死者がヴァイオリンでワルツを奏でるが、その際のヴァイオリンは「スコルダトゥーラ」すなわちわざと初めから少し調子外れの音程に調弦されていて、この世ならぬ者の不気味さを醸し出している。最後はオーボエの一番鶏が鳴いて、慌てて死者が逃げ帰ってゆく。このようにサン＝サーンスの《交響詩「死の舞踏」》は、「死の舞踏」の観念ではなくストーリーを、巧みなオーケストレーションによって音楽化した作品に仕上がっている。†

《死の舞踏》というタイトルの曲は、本人たちが手がけたものでも複数あり、カテゴリーも歌曲ありピアノ曲あり管弦楽曲ありで多岐にわたっている。それだけでもややこしいのに、リストが、自分で《死の舞踏》という曲を書いているにもかかわらず、サン＝サーンスの《交響詩「死の舞踏」》が気に入って――サン＝サーンス宛に「親愛なる友よ。あなたの《死の舞踏》の編曲を今日お送り致しますが、スコアの素晴らしい色彩をピアノにうまく縮小して移し替えられない無能な私をお許し下さい」という手紙まで書いて――、サン＝サーンスの《死の舞踏》をピアノソロ用にアレンジしているから、事態がさらに紛らわしくなっている。

リストの《死の舞踏》の原題は「トーテンタンツ」（Totentanz）というドイツ語で、サン＝サーンスの《死の舞踏》の原題はフランス語の「ダンス・マカーブル」（Danse macabre）なので、欧米人にとっては混乱することもないのだろうが、どちらも《死の舞踏》と呼ぶしかない日本語話者にとってはこの上なく面倒だ。「《死の舞踏》という曲を書き、その自分の《死の舞踏》を編曲もしている作曲者が、別の人が書いた《死の舞踏》を編曲した。

† ウェブ上の『ピティナ・ピアノ曲事典』にあるサン＝サーンスの専門家、中西充弥氏による解説「サン＝サーンス：死の舞踏 ト短調 Op.40」は、作曲者自身による2台のピアノ版の解説だが管弦楽版についての解説も充実していて、日本語で読めるこの曲の解説としてはこれ以上のものはない。https://enc.piano.or.jp/musics/3029（2023年10月閲覧）。本文で引用したリストの手紙の一節も中西訳による。

ちなみにその別の作曲者も自分の《死の舞踏》を編曲している……」こうなるともう何が何だかわからない。《死の舞踏》はイリーナ・スルツカヤをはじめフィギュアスケートの選手がときどきBGMに使うことがあるが、「その《死の舞踏》って、誰の、どれ?」と確認しないとわからないことがままあるので、ちょっと整理してみた(表参照)。

サン＝サーンスの《死の舞踏》をアレンジした作曲家・音楽家は、サン＝サーンス本人とリストの二人以外にも、例えば有名なピアニストのウラディミール・ホロヴィッツなどがいるが、フォローしきれないのでこれ以上深入りしないでおこう。

リストおよびサン＝サーンスによる《死の舞踏》の編曲

リストの《死の舞踏》原題：Totentanz

カテゴリー	作品番号	編曲者	作曲年
ピアノ独奏付き管弦楽曲	S.126/R.457	—	1849/1853/1859
ピアノ独奏曲	S.525/R.188	リスト	1865
ピアノ二重奏曲	S.652/R374	リスト	1859-65?

サン＝サーンスの《死の舞踏》原題：Danse macabre

カテゴリー	作品番号	編曲者	作曲年
歌曲(ピアノ伴奏付き)	作品 40/R.171	—	1872
歌曲(管弦楽伴奏付き)		—	1873
管弦楽曲(交響詩)		サン=サーンス	1874
ピアノ二重奏曲		サン=サーンス	1875
ヴァイオリン曲(ピアノ伴奏付き)		サン=サーンス	1874
ピアノ独奏曲	S.555/R.240	リスト	1876

ロシア版「死の舞踏」――ムソルグスキー

「死の舞踏」の系譜に連なる作品をもうひとつだけ紹介しておきたい。それが**モデスト・ムソルグスキー**の**《歌曲集「死の歌と踊り」》***（1875、第4曲のみ1877）だ。当時ムソルグスキーと同居していた詩人のアルセニイ・ゴレニシチェフ＝クトゥーゾフが書いたロシア語の詩に曲をつけた4曲構成の歌曲集で、すべて「死」をテーマとしている。

第1曲「子守歌」の内容は、擬人化された「死」が病床の幼児に迫ってきて死の「子守歌」をうたい、母親の懇願むなしく子どもをあの世へ連れ去っていく、というもの。母親が「お願いだから、少しの間その恐ろしい歌をやめて」と頼むが、「死」は「ごらん、こ

＊ムソルグスキー《死の歌と踊り》

「ガリーナ・ヴィシネフスカヤ　歌曲&オペラ・アリア集」
G. ヴィシネフスカヤ（S）、M. ロストロポーヴィチ（指揮）、ロンドン・フィル
EMI / 0724356265325
せっかくだから女声、しかもショスタコーヴィチ編曲の管弦楽伴奏版で。ショスタコーヴィチが献呈したヴィシネフスカヤは、原曲のピアノ伴奏版（夫の世界的チェリスト、ロストロポーヴィチがピアノを弾いている！）と管弦楽伴奏版（こちらも夫が指揮）を両方録音している。鬼気迫るヴィシネフスカヤの歌いっぷりはもちろん素晴らしいが、やはりショスタコーヴィチの編曲がクール。簡にして要を得たオーケストレーションが原曲の不気味さを倍加させている。グラズノフやリムスキー＝コルサコフの編曲版もあるようだが未聴。それにしてもムソルグスキーの曲は、他人がオーケストレーションしたほうがかえって原曲の良さが出るのがなんとも不思議。

の子はこの歌で安らかな眠りについた、ねんねんころり」と冷たく答える。例の《魔王》のロシア版とでもいった趣の曲だ。

幼児を連れ去る「死」の姿を、つい手塚治虫のマンガ『ブラック・ジャック』に登場する安楽死専門の男性医師ドクター・キリコになぞらえてイメージしたくなるが、どうやらこの「死」は女性らしい。というのも、この「死」という意味のロシア語の名詞「スメルチ」（смерть）が女性名詞だからだ。《死の歌と踊り》に歌い手の指定は特になく、以前はもっぱら男声のレパートリーだったが[†]、ショスタコーヴィチが管弦楽伴奏付きに編曲してソプラノ歌手のガリーナ・ヴィシネフスカヤに献呈してからは、女声でも歌われるようになった。むしろこの第1曲「子守歌」などは、女声のほうがふさわしいように思える。

第2曲「セレナード」は、「死」がセレナードを歌って、病を患っている若い女を死に誘う、という内容。

第3曲の「トレパーク」とは2拍子のロシアの舞曲のこと。後悔と悲嘆と貧困の果てに泥酔した老いた農夫に、「死」がふたりでトレパークを踊るように寄り添い、ゆっくりと雪を農夫の体に降り積もらせて死なせる。

最後の第4曲「司令官」は、昼間に激戦が繰り広げられた戦場に、その夜、「死」が軍の司令官の姿で現れ、斃（たお）れた兵士たちが蘇らないよう踊って大地を踏みならそうとする、という内容の曲になっている。

† 男声では、「シャリアピン・ステーキ」で有名なロシアのバス歌手で、ムソルグスキーのオペラ《ボリス・ゴドゥノフ》を得意としていたフョードル・シャリアピン（1873-1938）が第3曲「トレパーク」を歌った古い録音が有名。

病死、餓死、凍死、憤死、戦死……帝政末期のロシアの閉塞感をそのまま音楽化したような歌曲集になっている。その意味で同時代人のロシアの文豪フョードル・ドストエフスキーを思わせる。ドストエフスキーのほうがムソルグスキーより10歳年上だが、亡くなったのは奇しくも共に1881年だ。

このようにムソルグスキーの《死の歌と踊り》は確かに「死の舞踏」の系譜に連なる、「死の舞踏」のロシア音楽版といえる曲だ。しかしそれだけではない側面、もっと濃厚な死の匂いをこの曲に嗅ぎ取っているのが、哲学者のウラジミール・ジャンケレヴィッチ（1903〜85）だ。自身も優れた音楽家だったジャンケレヴィッチはこう述べている。

> リストの不気味なスケルツォとチャルダッシュは、小骨のかちあう音で、冒瀆な戯作というこの不吉な遊びを演ずる。『死の舞踏』のスタッカートとピッチカートは、《神の怒り（ディエス イラエ）》の調べを茶化す。（中略）逆さの世界が、われわれの前に、戯作（げさく）としてではなく、一つの悲劇的な世界として出現することがある。ムソルグスキーの崇高な『死の歌と舞踏』は、死の農民舞踏（トレパーク）、悲劇的に揺籃（ゆりかご）と墓、誕生と死を結びつける子守唄、死が春と愛の面をかりるセレナーデ、死がおのれの勝利を祝福する兵士の行進をつぎつぎにわれわれに聞かせる。死は、それぞれ、死の舞踏者、《乳母（ニィアニィア）》、殺人をおか

した愛する男、将軍……だ。†

ジャンケレヴィッチ特有の難解な文章だが、生者ではなく骸骨が踊る「死の舞踏」は現実の世界を茶化した「逆さの世界」であり、その意味で戯作にすぎないが、稀(まれ)にそれが笑えるパロディという枠を逸脱して、現実が「悲劇的な世界」であるという真の姿を図らずも露呈させてしまうことがあり、それがムソルグスキーの《死の歌と踊り》である、とジャンケレヴィッチは言いたいのだろう。

このジャンケレヴィッチの見解をわかりやすい例に喩えると、ムソルグスキーの《死の歌と踊り》を聴いたときの気持ちは、からかうとかちょっと脅かすつもりでカラスに向かって石を投げたら、石が精確に命中してカラスが死んでしまったときの「そんなつもりでやった(=石を投げた/聴いた)んじゃなかった」という感じに似ている。

あるいは、こんなスターリン・ジョークがある——「ある男の話をしよう。彼はある時、モスクワの赤の広場で「スターリンはマヌケ野郎だ!」と叫んで秘密警察に逮捕され、10年間のシベリア送りを言い渡された。10年の刑期のうち1年は国家元首侮辱罪で、残りの9年は国家重要機密漏洩罪によるものだった」。ここまでだったら、旧ソ連の強圧的な社会主義体制を皮肉ったジョークとして笑える。

しかしそのあとに、こんなひと言が付け加わったらどうだろう——「彼の体はシベリア

† V.ジャンケレヴィッチ『死』(仲沢紀雄訳、みすず書房、1978、p.69)より。ジャンケレヴィッチは哲学者であると同時にピアニストでもあり、音楽に関する著作だけでも『ラヴェル』『夜の音楽 ショパン・フォーレ・サティ、ロマン派から現代へ』『ドビュッシー 生と死の音楽』『音楽から沈黙へ フォーレ 言葉では言い表し得ないもの…』『遥かなる現前 アルベニス、セヴラック、モンポウ』などがある。

の極寒に耐えられず、とうとう刑期を務め上げることができなかった。今日がその男、わたしの古い友人の命日だ」。

ムソルグスキーの《死の歌と踊り》にはそんな類の苦い味わいがある。天才の創造する作品には、作品そのものが本人の創作意図すら超えて予期せぬ地平を拓いてしまうことがあるから、油断ならない。

社会主義政権下での「死の舞踏」の系譜——ショスタコーヴィチ

このロシア版「死の舞踏」の系譜は、さすがにロシア十月革命後のソ連の社会主義体制下では絶えてしまったか、と思いきやそうでもない。系譜を受け継いだのはもちろん、ムソルグスキーの《死の歌と踊り》をオーケストレーションした**ドミトリ・ショスタコーヴィチ**（1906〜75）だ。

1960年代に入ると、ショスタコーヴィチは新たな苦悩に苛まれるようになった。それまでの苦悩は、1930年代のスターリンによる「大粛清」に始まり——ショスタコーヴィチの親類や友人たちも多く粛清の対象とされ、強制収容所に収監されたり処刑されたりした——、1948年の「ジダーノフ批判」——社会主義リアリズム路線に反するとの理由でソ連共産党中央委員会書記のアンドレイ・ジダーノフが芸術家たちを攻撃した

——を経て、1953年のスターリンの死、1956年のフルシチョフによる第一次スターリン批判、1961年の第二次スターリン批判まで続いた、反スターリン分子の一掃とイデオロギー統制によるものだった。

当局による批判の対象の中心人物だったショスタコーヴィチは、1936年に《オペラ「ムツェンスク郡のマクベス夫人」》を「音楽の代わりの支離滅裂」と共産党機関紙『プラウダ』で批判され、斬新な自信作《交響曲第4番》の初演を撤回して、大向こう受けする《交響曲第5番「革命」》(1937)を新たに書き、独ソ戦が勃発すると《交響曲第7番「レニングラード」》(1941)を作曲してスターリン賞を受賞するなどして、社会主義リアリズムを体現する優等生的な作曲家と目されるようになった。それがスターリン時代を生き延びるための面従腹背だったことは今日では明らかだが、しかし一方では、政治的な圧力が、体制順応的な振る舞いをとる口実にもなっていた。すなわち、圧力がのしかかっているからあぁいう作品を書いたにすぎない、という自己弁明の余地があった。

それが1960年代に入って「雪解け」の時代を迎えると、それまで自己弁明として機能していた政治的な圧力が、少なくとも表面上はなくなった。それまで共産党への入党を避けてきたショスタコーヴィチだったが、非スターリン化政策の遂行のために知識人を抱き込みたいフルシチョフの意向を受けてやって来た党中央委員会のメンバーの、脅迫に近いやり口によって神経衰弱に陥り、とうとう入党を承諾してしまった。そしてロシア・ソ連邦社会主義共和国作曲家同盟の第一書記という地位を与えられたが、それはソ連を公式に代表する指導者として、作曲家仲間を監視する立場になったことを意味した。

さらにもうひとつの、より音楽的な苦悩が待っていた。雪解けによって西側の音楽に触れる機会が増えた。その過程でショスタコーヴィチは、今やスターリン時代のような政治的圧力がなくなったにもかかわらず、自分が書いている作品はスターリン時代の作品とさして変わらないのではないか、西側ではさまざまな実験的で斬新な新しい音楽が生まれているのに、それと比べてだいぶ遅れをとってしまった、という音楽史的な事実に気づかざるをえなかった。外国の作曲家たちの新しい作品に対する焦りと対抗心が生んだのが、**《交響曲第14番 ト短調「死者の歌」》**（作品135、1969）にほかならない。†

《死者の歌》は、ガルシア・ロルカ（スペイン）、ギョーム・アポリネール（フランス）、ヴィ

＊ショスタコーヴィチ《交響曲第14番「死者の歌」》

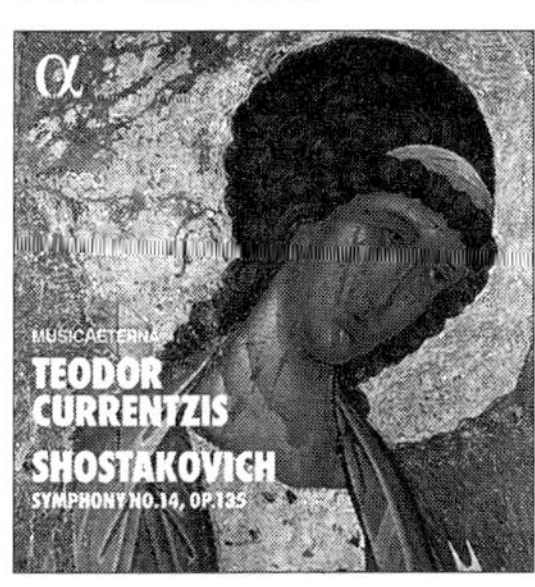

『ショスタコーヴィチ：交響曲第14番』

Y. コルバチェヴァ（S）、P. ミグノフ（Bs）、T. クルレンツィス（指揮）、ムジカ・エテルナ

Alpha / ALPHA159

定番はなんと言っても、作曲者も臨席した1969年9月29日の初演を担ったバルシャイ＆モスクワ室内管盤。バルシャイは歌手を変えて複数の録音を残しているが、それ以外にもケルンWDR響を振った盤もある。そこに彗星の如く現れたのが、鬼才クルレンツィス率いるムジカ・エテルナ盤。これまではバルシャイ盤のように作曲者の意向に忠実か、あるいは楽譜に書かれていることに忠実かの二者択一のアプローチしかなかったが、クルレンツィスはさらに原詩のイメージの奥深くに没入してゆく。一部古楽器を用い、立奏が原則のムジカ・エテルナの研ぎ澄まされた響きが、この曲の背後に中世以来の〈死〉の歴史が隠されていることまでも感じさせる。

† このあたりの事情については、亀山郁夫『ショスタコーヴィチ　引き裂かれた栄光』（岩波書店、2018）に詳しい。同書では《死者の歌》を作曲する際にショスタコーヴィチが強く意識した外国の作曲家の作品として、ブリテン《戦争レクイエム》、ルトスワフスキ《織り上げられた言葉》、ペンデレツキ《怒りの日》、ストラヴィンスキー《レクイエム・カンティクルス》を挙げている。

リゲリム・キュッヘルベケル（ロシア）、ライナー・マリア・リルケ（ドイツ）の詩からなる全11楽章の作品で、ソ連ではそれまで事実上御法度（ごはっと）だった無調、十二音技法、トーンクラスターなどの前衛的な技法が導入されている。

そのうちのロルカの詩「マラゲーニャ」（ロシア語に翻訳したもの）に付曲した第2楽章に、「死の舞踏」の系譜が色濃く出ている。弦楽器がスパニッシュ・ギターをまねて掻き鳴らされ、フラメンコのカスタネットが激しく叩かれるなかで、ソプラノが「死は入って来て、そして出て行った、この酒場を」と歌う。この時に低弦が上行と下行を繰り返すその音型が十二音技法で書かれている。そして最後の第11楽章では、「死は全能だ」とリルケの詩の一節が歌われ、第2楽章の低弦の十二音主題が再現されたかと思うと、突然途切れたようにあっけなく終わる。また第1楽章と第10楽章には、グレゴリオ聖歌の「ディエス・イレ」の旋律が引用されている。

この曲の初演のためにモスクワ音楽院の小ホールで公開リハーサルが行なわれたが、そこでちょっとした出来事が起きた。リハーサルの視察に来ていた党中央委員会の古参のスターリニスト、パーヴェル・アポストロフが心臓発作を起こし、1カ月後に亡くなった。アポストロフはジダーノフ批判以来、プロコフィエフとショスタコーヴィチを目の敵にしてきた人物だった。そんな人物が《死者の歌》を聴いている最中に倒れたことで、この曲には不思議な力があるという伝説が聴衆のあいだで囁かれた。その時アポストロフを連れ去った「死」が踊っていたのは、きっとフラメンコにちがいない。

人を踊り狂わせる音楽——ロッシーニ

「死」と「踊り」が近しい関係にあることは、古今東西にいくつも例がある。シャーマニズムがその典型だ。

シャーマン（巫師・呪術師・祈禱師）の定義を広く取れば、沖縄のユタ、恐山のイタコ、韓国のムーダン、バリ島のバリアン、モンゴルのボー、アマゾンのシピポ族のオナヤなど、世界中どこにでもシャーマンはいる。アフリカのベナンで毎年開催されるブードゥー教の祭典エグングンには各地からヨルバ族のシャーマンたちが集まって賑わうし、トーゴでは「呪物市場」なるものまであって、ウシの頭蓋骨やサルの干し首などの呪術アイテムが、乾物屋のスルメかカツオ節のごとく店頭に所狭しと並んでいる。

そうしたシャーマンたちは、神仏・精霊・死者といった超自然的存在と交信するためにある種の変性意識状態、いわゆるトランス状態に入る必要があるが、その際にほとんどのシャーマンが利用するのが、マジックマッシュルームやアヤワスカ茶などその種の薬効を有する菌類や植物か、さもなくば音楽と踊りだ。

とはいえシャーマンが歌い奏でる音楽は、いわゆる一般的な音楽の概念とは大きく異なる。というのも、おおむね単一のリズムを反復しながら複雑なサウンドスペースを構築するシャーマンの音楽は、楽曲というよりは音響だからだ。

加えてその音楽は超自然的な存在に向けて演奏されているのであって、周りでそれを聴いている聴衆という人間に向けてのものではない。だから、シャーマンは自分の音楽を超自然的存在とシャーマン以外の人間にわかってもらう必要はないし、そもそもトランス状態に入ってしまえば、どのような音楽が演奏されているのかシャーマン本人すらわかっていないことが多い。シャーマンの踊りも同じだ。肝心なのは没自我の状態にトランスすることなので、その目的を達することができると、音楽も踊りも必要がなくなっておのずと止まってしまう。

この没自我の状態になることが、西洋人とりわけ近代の西洋人には難しい。古代にはオルフェウスを開祖とするとされるシチリア島のオルフェウス教団†などにそのための儀式があったらしいが、それ以外となるとキリスト教社会では異端・邪教扱いになるためほとんど見られない。「死の舞踏」と言ったところで、踊るのは骸骨つまり死者であって、基本的に生者は、いやいや付き合わされることはあっても、自分から進んで踊りはしない。「死の舞踏」はあくまで比喩、カリカチュアであり、ジャンケレヴィッチ言うところの戯作なのだ。

† 開祖オルフェウスは地上の現世と地下の冥界とを往還できたとされ、その伝説を基にしたのが、本書の「ギリシャ神話」の章で述べた《オルフェウスとエウリディーチェ》の物語である。そしてオルフェウス教団の影響を強く受けて成立したのが、宇宙が音楽を奏でて調和をもたらしていると考えて「ハーモニー」という概念を案出したピタゴラス教団だと言われているが、両教団の関係の実態を明かす史料は皆無に等しい。

しかし本来戯作であるはずの「死の舞踏」が現実に起きた歴史的事例がある。むろん骸骨が墓穴から出てきて踊ったわけではなくて、生者＝人間が死ぬまで踊り狂ったのだが。一般に「ダンシングマニア」と呼ばれる社会現象がそれだ。名前だけ聞くとなんだか踊るのが三度の飯より好きな人たちのアゲアゲなレイブみたいな楽しげな語感だが、好きで踊るわけではない。自分の意思とは無関係に体が勝手に踊りだすのだ。「踊りのペスト」という通称がイメージさせるとおり、突然誰かが脈絡もなく踊りだして倒れるか死ぬまで踊りつづけ、それが周囲に伝播する。原因は不明で、パンの原料となるライ麦などの穀物に寄生する麦角菌（ばっかくきん）が生み出す化学物質による麦角中毒説、ストレス性の集団ヒステリー説、カルト宗教説、毒グモ説などがあるが、どれも決め手にはなっていない。

ルクセンブルク東部の小さな町エヒテルナッハには、アイルランドからベルギー各地に布教伝道にやってきた聖ウィリブロルド（658〜739）にまつわるこんな伝説がある。興味深いので少し長いが引用しよう。

ある吟遊の楽士は、舞踏病の妻を連れて聖地巡礼に出掛けた。ところが帰国の途中その妻は盗賊のために殺され、楽士ただ一人が帰ってきた、しかも留守の間に彼の財産を親族の者が分けてしまっていた。彼は告訴したが、親族の者たちは妻を殺したのは彼であると逆に告訴し、最後に彼は法廷で死罪の宣告を受けた。彼は牢獄に入れられやがて刑場に臨んだ。彼は最後にフィーデル（ヴァイオリンの一種）を演奏するのを許してほしいと願い出た。彼の弾く歌はもの悲しく、聴く者の涙をそそった。つぎに神の賛美の歌を弾くと敬虔な感動を与えた。最後に陶酔するようなメロディでフィーデルを弾くと、健康な人々はむろんのこと足の不自由な人までが踊り出した。その上牧草地の家畜たちも痙攣をひき起こした。もし聖者ウィリブロルドがそこに来合わせなかったら、人々は死ぬまで舞踏が止められなくなっていたかもしれない。†

1349年にペストが蔓延した際には、この伝説が基になって、各地から祈願のためにエヒテルナッハに多くの人が集まってきた。そして1374年頃から疫病退散のための踊りが行なわれるようになったという。今日でもその伝統は脈々と続いていて、白い布の両端を握り合った参加者が隊列を組んで飛び跳ねながら行進するのが特徴の「エヒテルナッハの踊りの行進」（Iechternacher Sprangprëssessioun）として、2010年には世界文化遺産に登録されている。

かの吟遊楽士が弾いて人びとを踊り狂わせた音楽とは、いったいどんなものだったのだろうか。もちろん伝説だし何世紀も前の古い話なので、現在の「エヒテルナッハの踊りの行進」で演奏される音楽とは相当違ったものだったろうとは想像できても、本当のところはわかるはずもない。それでも、音楽にそのような力があることを多くの人びとが信じ、

† 植田重雄『ヨーロッパの祭と伝承』（早稲田大学出版部、1985、p.197-204、のち講談社学術文庫、1999）。

恐れてもいることがここから推察される。

この伝説以外に、事実として記録に残っているダンシングマニアもある。1284年、いわゆる「ハーメルンの笛吹き男」に先導された子どもらが、エアフルトからアルンシュタットまで踊ったり跳ねたりしながら行進した、という有名な歴史的事例もダンシングマニアとして解釈される余地がある。

また、1374年にドイツのアーヘンから始まり、イタリアやルクセンブルクまで波及したダンシングマニアでは、絶食して踊って飢え死にする者が多数出て、修道士さえも死ぬまで踊る深刻な事態に発展した。その少し前、1346年に黒死病が発生して、その後何年もヨーロッパ中で猛威をふるっている。存命の者のなかにはその時の生き地獄を記憶している者もいただろう。人びとは「死の踊り」が単なる教訓的な比喩などではないことを思い知らされ、戦慄を覚えたにちがいない。

なかでも有名なのが、1518年に発生した舞踏病だ。その年の夏にアルザスのストラスブールで発生したダンシングマニアでは、最大400人を数える人びとが数週間にわたり踊りつづけ、多くの者が心臓麻痺で命を落とした事実が、ストラスブール市評議会の文書をはじめ複数の公式記録に記載されている。

ダンシングマニアのうちで音楽的な観点から注目したいのは、15世紀イタリア半島の長靴の踵に当たるプッリャで発生した事例だ。
ひとりの女性が毒グモ「タランチュラ」に噛まれたせいで、延々と踊りはじめたという。唯一の解毒法は適切な音楽を流しながら体を震わせることだとされ、そこからこの地方、イタリア南部のナポリやシチリア島あたりの伝統的な舞曲のことを「タランテラ／タランテッラ」と呼ぶようになった、という逸話がある。「タラント」の町の名前に由来する説もあるが、はっきりしない。

タランテラは8分の6拍子ないしは8分の3拍子の速いテンポが特徴の円舞曲だ。現在でも南部イタリアでは宴会の席でしばしば男女がカップルになって踊る曲で、そこに「死の踊り」につながる暗い影は微塵もない。強いていえば、曲のおしまいに近づくにつれどんどんスピードアップしていって、それになんとか遅れずに食らいつこうとして狂ったように踊り、最後には体がついていけなくなってギブアップする、といったあたりがダンシングマニアっぽいと言えなくもない。

この舞曲形式に惹かれ曲を書いた音楽家が何人もいる。**ジョアキーノ・ロッシーニ**の**《音楽の夜会》第8曲「ナポリのタランテラ」***をはじめ、どの曲も軽快・快速で――なかには爆走・暴走気味のものもあるが――ノリがいい。その分、まかり間違ったらあの世に逝ってしまうかもしれないといったような危険な匂いは希薄だ。ヨハン・ブルクミュラー（1806〜74）やモーリッツ・モシュコフスキ（1854〜1925）やセルゲイ・プロコフィエフ（1891〜1953）の作品のように、子どもの演奏会用ピースに「タランテラ」のリズムが選ばれたりもする。
もはや人を死に誘い込む「タナトス」としての音楽†などというものは、現代では非現実的なおとぎ話にすぎない……と言い切れない事象をひとつだけ紹介しよう。

運転中に聴くべからず——ワーグナー

イギリスの自動車関連の調査・プロモーション機関であるRAC財団（Royal Automobile Club Foundation for Motoring Ltd.）が、2004年に興味深いプレスリリースを発表した。なんでも、車の運転中に流すと事故を引き起こす可能性が高くなる曲というのがあるとい

＊ロッシーニ《音楽の夜会》第8曲「踊り—ナポリのタランテラ」

『エッセンシャル・パヴァロッティ』
L. パヴァロッティ（T）、R. ボニング（指揮）、ボローニャ市立劇場管弦楽団
London / POCL-9646
タランテラという舞曲形式の魅力を伝えるには誰のどの曲がいいか迷った。パガニーニやサラサーテの曲のようなヴァイオリンの速弾きにするか、はたまたショパンやリストのピアノの「タランテラ」もカッコいい。いっそメンデルスゾーンの交響曲「イタリア」のような管弦楽曲にしようか。迷った結果、最もイタリアな曲を、最もイタリアな演奏で、という観点からロッシーニの声楽作品を、「イタリアの国宝」と評されたパヴァロッティの歌で、に決めた。オペラを聞いたことのない人でも知っている世界的に有名なテノール歌手パヴァロッティならではの、タランテラの速いリズムを苦もなく乗りこなし明快な発音で歌いきる、高い技量と歌いっぷりが堪能できる。

† 踊りと死との関係ということでなら、ストラヴィンスキーの《バレエ「春の祭典」》にも少しだけでも触れておかなくてはなるまい。なぜなら、終曲の「生贄の踊り」で選ばれた生贄の乙女が踊り狂って死ぬが、その一番最後の和音が「レ・ミ・ラ・レ」すなわち「D・E・A・D」＝「死」になっているからだ！ その強烈な不協和音の中に、静かに息をひきとるタイプの冷たい死ではなく、生命活動の頂点でいきなり迎えるタイプの熱い死が響いている。

う。たしかに穏やかな調べにはリラクゼーション効果があって、睡眠導入剤代わりに使われたりするから、車中で流したら居眠り運転事故につながるかも……と思いきや、そうではないらしい。

そのプレスリリース「GROOVING WHILE CRUISING?」――「（車に）乗ってる時に（音楽に）ノリノリになるってどうよ？」とでも訳すのだろうか――によると、ある種の音楽を車中で大音量で流すと、注意散漫になり事故を起こす可能性が高まるのだそうだ。†

そのベースとなっているカナダの科学者チームの研究によると、人は53デシベル（オフィス環境のレベルに相当）から95デシベル（石油掘削装置に相当）までのさまざまなレベルの騒音を聞きながら、身体的および精神的な作業を実行した結果、肉体的および精神的作業の両方において、騒音レベルが高くなると反応時間が最大で20％ほども遅くなるという。車の運転でいえば、衝突などを回避する行動が大幅に遅れるのだそうだ。

また別の研究では、一般的に音楽が毎分60ビートを超えると、リスナーの心拍数が速くなり、血圧が上昇するので、速いビートの音楽を聴いているドライバーは赤信号を通過する可能性が2倍になり、事故が2倍発生する、ともRAC財団は注意喚起している。

そのうえで、「運転中に再生することを薦める曲」ベスト5と、「運転中は避けるべき曲」ベスト5を発表した。前者のランキングには、往時に流行したイギリスのポピュラー・ミュージックばかりが並んでいるが、申しわけないが正直どれも知らない曲で、食

† https://www.racfoundation.org/assets/rac_foundation/content/downloadables/grooving_while_cruising.pdf（2023/12/31閲覧）

指が動かない。興味深いのはむしろ後者の「運転中は避けるべき曲」のほうだ。

1位　ワーグナー「ワルキューレの騎行」
2位　プロディジー「ファイア・スターター」
3位　ベースメント・ジャックス「レッド・アラート」
4位　フェイスレス「インソムニア」
5位　ヴェルディ「ディエス・イレ（レクイエム）」

5位にヴェルディの《レクイエム》の「ディエス・イレ」が、そして堂々の1位に**リヒャルト・ワーグナー**（1813〜83）の**《ワルキューレの騎行》***がそれぞれランクインし

＊ワーグナー《ワルキューレの騎行》

『ワーグナー：楽劇「ニーベルングの指環」からの管弦楽作品集』
K. テンシュテット（指揮）、ベルリン・フィル
EMI / 724347837357
「ワルキューレの騎行」は、ワーグナーの楽劇《ニーベルングの指環》の第１夜、《ワルキューレ》の第３幕の前奏曲。神々の長ヴォータンと知の神エルダの間に生まれたブリュンヒルデはじめ９人の娘たちが、戦う乙女＝ワルキューレとして登場し、戦死した兵士の魂を岩山へ連れ帰るシーンで流れる。８分の６拍子で力強く反復される付点の勇ましいリズムに乗って、「Hojotoho!」「Heiaha!」と呼び合うワルキューレたちの掛け声が入ると格別だが、オケが優秀なら女声抜きの管弦楽だけでも十分に聴ける。もしドライバーが車のハンドルを握ったまま「ハヤッハー!」とか歌いだしたら要注意だ。

ている。

1位がロックじゃなくてクラシックの曲であることに一瞬驚くものの、《ワルキューレの騎行》なら納得がいく。フランシス・フォード・コッポラ監督が映画『地獄の黙示録』(1979)で、「空の騎兵隊」と呼ばれた米軍ヘリ部隊がベトナムの村々を——川でサーフィンを楽しむ目的で——ナパーム弾を発射して焼き払うシーンでこの曲を使ったように(シーン外のBGMではなく、シーン内で米軍が流している)、たしかに《ワルキューレの騎行》は進撃にふさわしい音楽だ。ただ、魂の安息を願うヴェルディの《レクイエム》を聴いていて事故るのは、どうかと思う。

なお、2002年にも同様の調査が行なわれていて、その時も《ワルキューレの騎行》がアブナイ音楽の1位で、その他ムソルグスキーの《禿山の一夜》も入っている。また安全な音楽のほうにはバッハの《無伴奏チェロ組曲第1番》がランクインしている。

《ワルキューレの騎行》にかぎらずワーグナーの音楽全般には、人をして常軌を逸する行動に走らせる危険な魅力がある。狂王ルートヴィヒ二世やアドルフ・ヒトラーが愛したのは、シューベルトの歌曲やブラームスの室内楽ではなく、やはりワーグナーの楽劇なのも(ワーグナーの責任ではないが)うなずける。

生者が死者を呼び戻すダンス

ここまで書いてきたように、死者が生者とダンスをする「死の舞踏」は、どれもみな死者が生者を死に誘うものだった。しかし、死んでしまった者を呼び戻すために、あえて生者のほうから仕掛けるダンスもある。ピノチェト軍事政権下（1973～90）の南米チリで女たちが踊った「孤独なダンス」と呼ばれるものがそれだ。

独裁者ピノチェトによって政権を批判する者たちが次々と弾圧され、多くの者が拉致・虐殺された。2004年のチリ政府公式報告書では、死者・行方不明者は合計で3196人と発表されているが、実際にはもっと多いと推定されている。拷問を受けた者の数も10万人、亡命者は100万人に達したと言われる。

南米で最もポピュラーなダンスにクエッカ（cueca）がある。8分の6拍子のリズムに乗りながら、男女がペアで向かい合って白いハンカチを振りながら円を描くように踊るダンスで、チリでも国民的舞踊とされている。このクエッカをある時から女たちが、独りで踊るようになった。誘拐・連行され戻ってこない父・息子・夫・恋人を「見えないパートナー」として無言で踊る「孤独なダンス」。それによって女たちは独裁政治へのレジスタンスの意志を表明したのである。

この「孤独なダンス」が世界的に有名になったのは、このことを知ったイギリスのロック歌手スティングが「They Dance Alone（Cueca Solo）」（邦題も「孤独なダンス」）という曲を書き、大ヒットアルバム『ナッシング・ライク・ザ・サン』[†]（1987）に収録・発表したからだ。歌詞の一部を翻訳して紹介しよう。

女たちは踊っている、行方のわからない者と
女たちは踊っている、死んでしまった者と
女たちは踊っている、見えない相手と
苦しみを口にすることもなく
（中略）
それが女たちに許されたただ一つの抗議のかたち
彼女たちのもの言わぬ顔が激しく叫んでいるのが見える
もし言葉にしてしまったら
女たちも連れて行かれてしまうだろう
またひとりの女が拷問台に乗せられる
踊るより他にいったい何ができるだろうか

ここでは生者＝女たちが、連れ去られ殺されてしまった死者＝男たちを呼び戻すため

† ポリス解散後にソロとなったスティングが出した2枚目のアルバム。収録曲では「イングリッシュマン・イン・ニューヨーク」が有名だが、ナチスに迫害された亡命ユダヤ人のハンス・アイスラー作曲の「シークレット・マリッジ」も収録されている。また2006年に出したアルバム『Songs From The Labyrinth』（レーベルはドイツ・グラモフォン！）では、ジョン・ダウランドのマドリガル曲にも挑んでいる。

に、見えないパートナーと踊っている。中世の「死の舞踏」とは何もかも違うが、それでもこれは「死の舞踏」と呼ぶよりほかないものだ。

再び「死と乙女」のほうへ

いわばチリ版の「死の舞踏」の話は、これで終わらない。意外にもシューベルトの《弦楽四重奏曲第14番「死と乙女」》のほうへと帰っていく。

長きにわたったピノチェト軍事政権が倒れ民政移管がなった同じ1990年、チリでひとつの戯曲が生まれた。アリエル・ドルフマン（ドーフマンとも表記）という作家が書いたその三人芝居のあらすじはこうだ。

ピノチェト独裁政権瓦解直後のチリ、海辺の一軒家で妻パウリナが夫ヘラルドの帰宅を待っている。夫は法律家で、ピノチェト政権による一連の殺害事件を調査する委員会のメンバーだった。ある晩、遅く帰ってきた夫が、ひとりの男の客を連れてきた。車のタイヤがパンクして困っていたところに通りかかったその男ロベルトが、親切にも家まで送ってくれたのだという。夫はお礼にとロベルトを家に招き入れる。しかしじつはロベルトは、独裁政権時代に拷問に加担していた医者であり、パウリナを繰り返しレイプした加害者だったのだ。そしてこのロベルトが拷問・レイプするときにカセットテープで流していたのが、シューベルトの《死と乙女》だった。パウリナは復讐を決意してピストルを手に取る――。ドルノマンの戯曲『死と乙女』はその後世界中で舞台化され、映画化もされた。[†] 邦訳が岩波文庫（飯島みどり訳、2023）に入っている。

拷問されレイプされて人間としての尊厳を失い、殺されかけたパウリナは、すでに一度死んだと言ってもいい。その意味では彼女は、肉体的には生者でも精神的には死者だ。しかしこの戯曲『死と乙女』はシューベルトの《死と乙女》とは違い、死者＝パウリナは自分自身を死の世界から生の世界へ送り返そうとする。一方、独裁政権が倒れたことで自分の社会的生命が危うくなっている医師ロベルトにとって、パウリナこそが自分に決定的な死をもたらそうとする死者にほかならない。いったい誰が生者で誰が死者なのか……。

ともかく、ここでも「死の舞踏」のモチーフが、シューベルトの《死と乙女》を媒介にして、装いを変えて再現されている。われわれはまだ「死の舞踏」を踊りつづけているのかもしれない。

† ロマン・ポランスキー監督によって映画化もされた（邦題は『死と処女』、1994）。パウリナ役を演じているのは、『エイリアン』（監督：R. スコット、1979）で主人公リプリーを演じたシガニー・ウィーバー。エイリアンと戦うリプリーも、ロベルトに銃を向けるパウリナも、繰り返し襲ってくる非人間的存在（＝エイリアン／レイプ犯）と閉じられた狭い空間（宇宙船／一軒家）で対峙するという点では、同質のキャラだとも言える。

白鳥の歌——音楽に死を託す

「白鳥の歌」の４つのタイプ

芸術家が人生の一番最期に遺した作品を「白鳥の歌」と呼ぶことがある。白鳥は死ぬ時に最も美しい声で鳴くという古典古代からの言い伝えに由来する考え方だが、それは事実ではないという大プリニウスらの反論もまた古典古代から存在した。動物学的な真偽はともかく、「白鳥の歌」こそがその芸術家の最期の作品であると同時に最高の作品のはずだ、という芸術的信念の表明はそれなりの説得力がある。

とはいえ、最期に書いた曲ならなんでも「白鳥の歌」と呼べるかというと、若干の留保がいる。偶然最期の曲になっただけだったり、出来がひどかったりということもある。

ということで、「白鳥の歌」のタイプを分類して、それが本当の意味で「白鳥の歌」と呼べるための条件を考えてみたい。そのためには、第一に、作曲者が自分の身体的な死、あるいは音楽家としての社会的な死が近いと感じていたか、第二に、死を最後の作品の中になんらかの形・やり方で表現し盛り込もうとしたかが問われなくてはならない。この二つの基準から、作曲者たちの「白鳥の歌」を以下の4つのタイプに分類した。

①自分の死が近いとは感じていなかったし、結果的に遺作となった曲の中で死というものを音楽的に表現しようともしなかった。
②自分の死が近いとは感じていなかったが、結果的に遺作となった曲の中で死というものを音楽的に表現しようとはしていた、ないしは一般的にそう受け止められている。
③自分の死が近いと感じてはいたが、それを遺作の中で表現しようとはしなかった。
④自分の死が近いと感じていて、それを遺作の中で表現しようとした、ないしは一般的にそう受け止められている。

ある程度恣意的になるのは避けられないし、生前に完成まで漕ぎつけた遺作に限定するか未完成のままでもよしとするかも、あえて曖昧なままにしてある。この分類に基づき、作曲家たちの「白鳥の歌」が4つのタイプのどれに当てはまるか一覧表にしてみた（次ページ以下参照）。

◘ 作曲家たちの「白鳥の歌」

※順番は没年に従った。

作曲者	没年月日	享年	「白鳥の歌」	タイプ
H. パーセル	1695/11/21	36	**《メアリー女王のための葬送音楽》** ＊ 26日に執り行われたパーセル自身の埋葬式でも演奏された。	②
J. B. ペルゴレージ	1736/3/17	26	**《スターバト・マーテル》** ＊ナポリ近郊の聖フランチェスコ修道院で結核療養中に作曲。没後出版。	④
A. ヴィヴァルディ	1741/7/28	63	**《詩篇126「ニシ・ドミヌス」》**（RV.803） ＊散逸した「5つの詩篇晩禱」の中の1曲。2023年に再発見。	①
J. S. バッハ	1750/7/28	65	**《ミサ曲 ロ短調》**（BWV 232） ＊バッハが最後に完成させた曲。	③
G. F. ヘンデル	1759/4/14	74	**《オラトリオ「イェフタ」》** ＊視力障害のため作曲を何度か中断。	③
W. A. モーツァルト	1791/12/5	35	**《レクイエム》**（K.626、未完） ＊翌6日に葬儀、7日に共同墓地に埋葬。	④
F. J. ハイドン	1809/5/31	77	**《弦楽四重奏曲第83番》**（Hob.3-83 作品103、未完） ＊中間の2楽章だけで作曲を放棄。	③ or ④
C. M. v. ウェーバー	1826/6/5	39	**《オペラ「オベロン」》**（J. 306） ＊ロンドンのコヴェント・ガーデン歌劇場の依頼で作曲、指揮のため訪れたロンドンで客死。	①
L. v. ベートーヴェン	1827/3/26	56	**《弦楽四重奏曲第16番》**（作品135） ＊楽章単位では、《弦楽四重奏曲第13番》の「大フーガ」の代わりに作曲された終楽章が、完成できた最後の曲。	③
F. シューベルト	1828/11/19	31	**《歌曲集「白鳥の歌」》**（D 957+965a） 本文参照。	①
F. メンデルスゾーン	1847/11/4	38	**《弦楽四重奏曲第6番》**（作品80） **《3つのモテット》**（作品69） ＊この後《オラトリオ「キリスト」》と《オペラ「ローレライ」》の作曲を始めたところで、脳卒中で死亡。	①
F. ショパン	1849/10/17	39	**《マズルカ ヘ短調》**（作品68-4） ＊埋葬の際には《葬送行進曲》の管弦楽編曲版が演奏された。	③
R. シューマン	1856/7/29	46	**《主題と変奏》**（WoO 24） ＊幻覚に悩まされ、この曲を書いている途中で自殺未遂を図る。	③
G. ロッシーニ	1868/11/13	76	**《小荘厳ミサ曲》**（管弦楽編曲版） ＊ 1863年のオリジナル版を管弦楽伴奏付きに編曲。	③

H. ベルリオーズ	1869/3/8	65	**《オペラ「ベアトリスとベネディクト」》** ＊最後の大作。1862 年作曲＆初演。この後の作品はクープランの作品の編曲など、若干の声楽曲のみ。	③
G. ビゼー	1875/6/3	36	**《オペラ「カルメン」》** ＊生前の公演は不評だったが、翌々日に葬儀とともに特別上演が行なわれてから人気演目となった。	③
M. ムソルグスキー	1881/3/28	42	**《オペラ「ホヴァーンシチナ」》**（未完） ＊それ以外のオペラ《ソローチンツィの定期市》と《プガチョフスチーナ》も同時に進めていたが、すべて未完。	③
R. ワーグナー	1883/2/13	69	**《舞台神聖祝典劇「パルジファル」》** ＊初演の1882年7月26日から1913 年まではバイロイト祝祭劇場での独占上演（実際は 1903 年にはバイロイト以外でも初演）。	①
B. スメタナ	1884/5/12	60	**《交響組曲「プラハの謝肉祭」》**（未完） **《オペラ「ヴィオラ」》**（未完） ＊精神疾患に悩まされ、狂気のうちに病没。	③
F. リスト	1886/7/31	74	**《無調のバガテル》** ＊ 1885 年作。無調を謳った音楽史上最初の作品。1956 年に再発見。	④
A. ボロディン	1887/2/27	53	**《オペラ「イーゴリ公」》**（未完） ＊リムスキー＝コルサコフとグラズノフが補筆。	①
P. チャイコフスキー	1893/11/6	53	**《交響曲第６番「悲愴」》**（作品 74） ＊本文参照。	②
A. ブルックナー	1896/10/11	72	**《交響曲第９番》**（未完成） ＊書けなかった終楽章の代わりに《テ・デウム》を演奏するよう指示。	②
J. ブラームス	1897/4/3	63	**《歌曲集「4 つの厳粛な歌」》**（作品 121） ＊ 1896 年 5 月 7 日作。 **《11 のコラール前奏曲》**（作品 122） ＊ 3 月 26 日にクララ・シューマンが亡くなっている。	④
ヨハン・シュトラウス二世	1899/6/3	73	**《ライムント時代の調べ》**（作品 479） 本文参照。	③
G. ヴェルディ	1901/1/27	87	**《合唱曲「聖歌四篇」》** ＊ 1889 年作。第2曲「スターバト・マーテル」が 1896 ～ 97 年、第4曲「テ・デウム」が 1895 ～ 96 年の作曲。	①
A. ドヴォルザーク	1904/5/1	62	**《オペラ「アルミダ」》**（作品 115） ＊ 1902 ～ 03 年作曲、翌年 3 月 25 日プラハにて初演。	①

E. グリーグ	1907/9/4	64	**《合唱曲「4つの詩篇」》**（作品 74） ＊ 1906 年作。	①
N. リムスキー＝コルサコフ	1908/6/21	64	**《オペラ「金鶏」》** ＊ 1907 年に完成するも初演は死後の 1909 年。	①
G. マーラー	1911/5/18	50	**《交響曲第 9 番》** **《交響曲第 10 番》**（未完成） ＊本文参照。	④
A. スクリャービン	1915/4/27	43	**《5つの前奏曲》**（作品 74） ＊ 1914 年作曲。本来虚弱体質で、虫刺されによる敗血症がもとで急死。	①
リリ・ブーランジェ	1918/3/15	24	**《ピエ・イエズ》** ＊病床で口伝筆記で完成させた後、昏倒して永眠。	④
C. ドビュッシー	1918/3/25	55	**《様々な楽器のための 6 つのソナタ》**（未完） ＊全 6 曲中 3 曲のみ完成。 **《オペラ「アッシャー家の崩壊」》**（未完） ＊補筆版が 1977 年に上演。	③ or ④
C. サン＝サーンス	1921/12/16	86	**《クラリネット・ソナタ 変ホ長調》**（作品 167） **《バスーン・ソナタ ト長調》**(作品168) **《アルバムの綴り》**（作品 169） ＊すべて 1921 年作曲。	①
G. プッチーニ	1924/11/29	65	**《オペラ「トゥーランドット」》**（未完） ＊補作版が 1926 年に上演。	③
E. サティ	1925/7/1	59	**《バレエ「本日休演」》** ＊幕間に上映されたルネ・クレール監督の短編映画『幕間』の音楽もサティが担当。	①
L. ヤナーチェク	1928/8/12	74	**《オペラ「死の家より」》** ＊死の 2 カ月前に完成。	④
E. エルガー	1934/2/23	76	**《交響曲第 3 番 ハ短調》**（作品 88、未完） ＊補筆完成版（ペイン推敲版）あり。 **《オペラ「スペインの貴婦人」》**（作品 89、未完）	③
G. ホルスト	1934/5/25	59	**《スケルツォ》**（H.192） ＊おそらく未完の交響曲の一部。	①
A. ベルク	1935/12/24	50	**《ヴァイオリン協奏曲》** ＊生前に完成させた最後の曲。「ある天使の思い出に」の献辞あり。	④
O. レスピーギ	1936/4/18	56	**《オペラ「ルクレツィア」》**（未完） ＊夫人によって補筆完成。	①
G. ガーシュウィン	1937/7/11	38	**《映画音楽「華麗なるミュージカル」》** ＊ 1938 年公開のアメリカ映画。作曲途中で死亡。	③

M. ラヴェル	1937/12/28	62	**《連作歌曲「ドゥルシネア姫に思いを寄せるドン・キホーテ」》** *本文参照。	①
S. ラフマニノフ	1943/3/28	69	**《交響的舞曲》**（作品 45） *本人曰く「おそらくこれが私の最後の煌きになるだろう」。	④
B. バルトーク	1945/9/26	64	**《ピアノ協奏曲第 3 番》**（Sz.119、未完） * 17 小節を残して絶筆。 **《ヴィオラ協奏曲》**（Sz.120、未完） *オーケストレーションのみ未完。	③ or ④
M. de ファリャ	1946/11/14	69	**《カンタータ「アトランティーダ」》**（G.102、未完） *弟子によって補筆完成。	①
リヒャルト・シュトラウス	1949/9/8	85	**《4 つの最後の歌》** *表題の「最後の」という語句は本人がつけたものではない。初演は作曲者の死後 1950 年。	④
A. シェーンベルク	1951/7/13	76	**《現代詩篇》**（作品 50c、未完） * 1950 年から執筆するも作曲者の死亡で未完。1956 年初演。	③
S. プロコフィエフ	1953/3/5	61	**《無伴奏チェロソナタ 嬰ハ短調》**（作品 134、未完） *ロストロポーヴィチが補筆。	①
A. オネゲル	1955/11/27	63	**《クリスマス・カンタータ》** *以前から狭心症を患っていた。	③
J. シベリウス	1957/9/20	91	**《フリーメーソンの儀式音楽》**（作品 113） * 1926 ～ 27 年版を改変した 1946 年版。10 曲中 2 曲が新作。 **《孤独なシュプール》**（JS77b） * 1925 年版を改変した 1948 年版。	③
P. ヒンデミット	1963/12/28	68	**《無伴奏混声合唱のためのミサ》** * 1963 年作曲。	①
I. ストラヴィンスキー	1971/4/6	88	**《ロシア民謡によるカノン》** * 1965 年作曲。『火の鳥』の終曲の主題による管弦楽曲。	①
D. ショスタコーヴィチ	1975/8/9	68	**《ヴィオラ・ソナタ ハ長調》**（作品 147） *葬儀は息子マクシムの帰国を待って 14 日に執行。10 月 1 日初演。	④
B. ブリテン	1976/12/4	63	**《弦楽四重奏曲第 3 番》**（作品 94） *最後のオペラ《ヴェニスに死す》の素材を使用。	②
O. メシアン	1992/4/27	83	**《四重奏と管弦楽のためのコンセール》**（未完） *妻イヴォンヌ・ロリオらが補筆完成。	①

たまたま「白鳥の歌」になった――ラヴェル、シューベルト

①のタイプの「白鳥の歌」には、比較的若く肉体的な衰えを感じてはいないのに、予想もしない事故や病気などで急逝した作曲家の遺作が当てはまるだろう。

モーリス・ラヴェル（1875〜1937）は1932年にパリでタクシーに乗っている時に交通事故に遭い、その後の5年間は後遺症に悩まされ作品を書くことができないままこの世を去った。結果的に最後の作品となった連作歌曲**《ドゥルシネア姫に思いを寄せるドン・キホーテ》***が、この①のタイプに当てはまるように思えるかもしれない。

しかし交通事故に遭う以前からラヴェルは記憶障害や言語障害に悩まされていて、友人

＊ラヴェル《ドゥルシネア姫に思いを寄せるドン・キホーテ》

『ラヴェル：歌劇「スペインの時計」／ドゥルシネア姫に思いを寄せるドン・キホーテ』

F. ル・ルー（Br）、L. スラットキン（指揮）、フランス国立リヨン管弦楽団
Naxos / 8.660337

「空想的な歌」「英雄的な歌（叙事詩風の歌）」「酒の歌」の3曲からなる管弦楽伴奏付きの連作歌曲集で、ピアノ伴奏版もある。これらはシャリアピン・ステーキで有名なバス歌手フョードル・シャリアピン主演の映画『ドン・キホーテ』（監督：G. W. パプスト、1933）の劇中歌として作曲を頼まれたものだが、じつはラヴェル以外にファリャ、ミヨー、イベールらにも内緒で依頼が行っており、結局イベールの曲が採用され他の作曲家は騙された形となった。件の映画はDVD化されているので、イベールの曲はそれで聴くことができる。ちなみに1908年にサン＝サーンスがサイレント映画『ギーズ公の暗殺』のために作曲し、スクリーンの前で生演奏された音楽が世界で最初の映画音楽と言われる。

に「私の頭の中にはたくさんの音楽が豊かに流れている。それをもっとみんなに聴かせたいのに、もう、文字も曲が書けなくなってしまった」と涙ながらに語っている。したがって、事故以前から患っていた病気のせいなのか事故による後遺症のせいなのかはともかく、身体的な死ではなくとも音楽家としての社会的・精神的な死が近いことは感じ取っていたように思われる。実際はタイプ①よりも③に近いのかもしれない。

少し面倒なのは**フランツ・シューベルト**。言わずと知れた**《歌曲集「白鳥の歌」》***（D957+965a）のことだ。急逝したシューベルトが遺した14の歌曲を、彼の仲間たち〝シューベルティアーデ〟が集めて編纂し、「白鳥の歌」の故事にあやかって《白鳥の歌》と歌曲集のタイトルを付け出版した。シューベルト自身が編んだ歌曲集《美しき水車小屋の娘》や《冬の旅》とはそこが違っている。[†] むしろ《白鳥の歌》より《冬の旅》のほうが「白鳥の歌」と呼ぶにふさわしい。

ややこしいことに、シューベルトが書いた他のリートで、「白鳥の歌」というタイトルのものが2曲ある（D318/D744）。湖に白鳥の群れが飛来して、白鳥だらけで混み合っている感じだ。

† そのため、14曲の別々のリートは存在しても、《白鳥の歌》というまとまった1冊の歌曲集はそもそも存在しない、という立場の研究者もいる。加えて、歌曲集の歌詞を書いているのは3人の詩人――ルートヴィヒ・レルシュタープが7曲、ハインリヒ・ハイネが6曲、ヨハン・ガブリエル・ザイドルが1曲――だが、それらをシューベルトが詩人ごとに分けて歌曲集として編むつもりだったという可能性も否定できない。

「白鳥の歌」だと誤解された――チャイコフスキー

次に②だが、このタイプは案外珍しい。死を音楽的に表現しようとして作曲したが、自分の死が近いとはさっぱり思っていなかった、なのに予想外に早く死が訪れて、結果的にそれが最期の作品ということになってしまった、というタイプの曲だ。だから作曲者本人的には「いや、たしかに暗い曲かもしれないけど、遺作のつもりで書いたんじゃない。これからもバリバリといろんな曲を書くつもりだったんだ」と弁明したくなるだろう。

意外かもしれないが、このタイプの典型は**ピョートル・チャイコフスキー**（1840～93）のかの**《交響曲第6番 ロ短調「悲愴」》***（作品74）だ。この曲の初演からたった9日後の1893年11月6日、チャイコフスキーは――おそらくはコレラならびに併発した肺水

＊シューベルト《歌曲集「白鳥の歌」》

『シューベルト：歌曲集「白鳥の歌」／９つの歌曲』
D. フィッシャー＝ディースカウ（Br）、G. ムーア（p）
DG / UCCG-6338
1972年録音のフィッシャー＝ディースカウ全盛期の１枚。成立事情から言っても、歌詞を書いた３人の詩人およびそれぞれの曲の間に統一的な構成感が乏しい。レルシュタープとハイネとの違いも大きいが（主要音域がけっこう異なっている）、シューベルトの友人のザイドルが１曲だけ書いている「鳩の使い」がまた曲調の違うものになっている。なので、無理にひとつの歌曲集として聴こうとせずに、iPhoneのシャッフル機能でも使ってバラバラに聴くのが、この歌曲集に関しては案外正しい聴き方かも。なおベーレンライター版の楽譜は、歌曲集には含まれなかったレルシュタープの詩「秋」（D 945）を補遺として採録していて、それも併せて歌曲集《白鳥の歌》としているCDもある（例えばP. シュライアー〔T〕、A. シフ〔p〕、Decca）。

腫が原因で――53歳で亡くなった。初演から間もないタイミングでの急逝と、曲調の常識はずれの暗鬱さが結びつけられ、自殺説までまことしやかに囁かれた。もし自殺説が当たっているなら、この曲は②ではなく③に分類されるべきとなるだろう。

しかし、従来の交響曲の概念に逆らって消え入るように終わるこの前代未聞の交響曲に聴衆が戸惑っていても、作曲者は自信をもっていた。従姉妹（いとこ）のアンナ・ペトローヴナ・メルクリングは初演直後にチャイコフスキー本人からこのように言われたと述懐している。

「第一楽章は幼年時代と音楽への漠然とした欲求。第二楽章は青春時代と上流社会の楽しい生活。第三楽章は生活との闘いと名声の獲得。「そういうわけで、最終楽章は」と、彼は楽しそうに付け加えました。「これは〈De profundis（深淵より）〉† というわけ

＊チャイコフスキー《交響曲第6番「悲愴」》

『チャイコフスキー：交響曲第6番ロ短調「悲愴」』
S. チェリビダッケ（指揮）、ミュンヘン・フィル
EMI / TOCE-11607
古典的な構成感の強いムラヴィンスキー＆レニングラード・フィル盤、ひたすらゴージャスなサウンドのカラヤン＆ベルリン・フィル盤、古くは即物的なテンポ感でドライブするトスカニーニ＆ NBC 響のモノラル盤など、多種多様な《悲愴》がある。個人的には、情感過多の演奏よりは交響曲としての音の運動性に注力したトスカニーニスタイルの演奏が好みだが、時々無性にコッテリした演奏が聴きたくなる。そんな時はこのチェリビダッケ＆ミュンヘン・フィル盤。遅い、とにかく遅い。第1楽章がやっと終わった時、ムラヴィンスキー盤では第2楽章が終わりかけている。しかしそれは、楽譜に書かれたすべての音をしっかり鳴らそうとした結果として遅くなっているのであって、情感に淫しているわけではない。さすがチェリ！

† 詩篇130「主よ、深き淵よりわれ汝を呼ぶ」より。J. S. バッハの初期の教会カンタータ（BWV 131）でも使われている。

さ。人はこれですべてを終える。でも、僕にとってはこれはまだ先のことだ。（中略）これまでよりももっと良いものを創造できるのが分かる」[††]

このとおりなら、チャイコフスキーは自分の人生の終わりを「まだ先のこと」と考えていたことになる。そして実際に、翌年の予定もいろいろ立てていたらしい。そうした状況から総合的に判断して、《悲愴》交響曲は、作曲者自身は少なくとも自分の死というものを念頭に置いて書いたわけでは必ずしもないものの、聴衆からは〝音楽による遺言〟のように受け取られてしまった、逆説的な珍しい作品だと判断すべきだろう。

「白鳥の歌」こそ楽しげに――J・シュトラウス二世

もうじき自分が死ぬのはわかっている、死ぬのは怖い、でもそれならばいっそ最期の作品は死を思わせる暗い曲じゃなくて、明るい曲を書いてあの世に行きたい、というのがタイプ③だ。このタイプに当てはまるのは、例えば**ヨハン・シュトラウス二世**（1825〜99）の**《ライムント時代の調べ》**[*]（作品479）あたりだろうか。

シュトラウス二世は常に死への恐怖感を抱いていた。「死」という単語を目にしただけで狂乱状態に陥ったという。父のヨハン・シュトラウス一世、母、弟、妻のいずれの葬儀

†† O. サハロワ編『チャイコフスキイ　文学遺産と同時代人の回想』（岩田貴訳、群像社、1991）所収のA. v. パナーエワ＝カルツォーワ「P. I. チャイコフスキイの思い出」（p.260-261）。

にも出席しなかった。そのように死を思わせるあらゆるものから距離を置こうとしたシュトラウス二世の音楽に、死の影がまったく見当たらないのは当然だ。どんな場合でも明るく楽しく賑やかに。彼の書く底抜けに愉快なウィンナ・ワルツは、「死の踊り」のヨーロッパ的伝統にトドメを刺す一方で、往年の力を失って瓦解寸前のハプスブルク帝国に代わって、ウィンナ・ワルツがロシアそしてアメリカへ〝音楽的版図〟を広げていった。シュトラウス二世の名前は、世界三大有名人のひとりに数えられるほどになった。

けれどもそのために彼が強いられた無理は小さくなかった。現実がどれほど違っていようとも、ドナウ川はいつも《美しく青きドナウ》でなくてはならなかったように、シュトラウス二世は黒々とした髪、ゆたかな髭、若々しい肌、伸びた背筋の「永遠の若者」であらねばならなかった。しかし実際は、元々薄毛の頭髪を染め粉で黒くし、艶（つや）のなくなった

＊ヨハン・シュトラウス二世《幻想曲「ライムント時代の調べ」》

『J. シュトラウスⅡ：作品集第 39 集』

Ch. ポラック（指揮）、スロヴァキア国立コシツェ・フィル

Marco Polo / 8.223239

ライムントとは、19 世紀前半のウィーンで活躍した民衆劇の作家・俳優フェルディナント・ライムント（1790 ～ 1836）のこと。1898 年 6 月 1 日にライムントの銅像の除幕式が行なわれ、併せてライムントが書いた民衆劇がドイツ国民劇場で再上演されたが、その記念式典用にすでに 72 歳になっていた J. シュトラウス二世が書いて指揮した曲がコレ。ワルツ版懐メロのメドレーといった感じの曲で、作曲者はこの曲を「レミニセンス」（あることを記憶した場合、記憶した直後よりしばらく経ってからのほうがよく思い出せる、という現象）と呼んでいた。翌年シュトラウス二世が今際のきわで言い遺した言葉がライムントの歌詞「さらば友よ、だれにもいつかは別れの時がくる」だったと伝わる。

肌には紅を差し、曲がろうとする背筋を燕尾服の下にコルセットをしてなんとか真っ直ぐに保っていた。[†] あまりの多忙に「いつも夜会服を着て暮らす男」の老体は悲鳴をあげていた。さらに決定的なことに、「ワルツ王」の彼はワルツが踊れなかったのだ！ それでも彼は「ワルツ王ヨハン・シュトラウス二世」から降りることを許されなかった。

シュトラウス二世は20世紀を見ずに世を去り、オーストリアは第一次世界大戦で敗れて共和国となった。「ヨハン・シュトラウスとともに、ハプスブルク帝国も死んだ」とまで言われた。

彼の「白鳥の歌」である《幻想曲「ライムント時代の調べ」》は、少しばかり感傷的ではあっても、死の匂いはやはりしない、あくまで明るい音楽だ。しかしその明るさは、19世紀という時代とハプスブルク朝を背負ったがゆえの、降りることを許されない、強いられた明るさだったと言えるだろう。

これぞまさに「白鳥の歌」——マーラー

そして最後のタイプ④こそ、自分の死が迫っているのを知って、それを曲中で表現しようとしている点で、真の意味で「白鳥の歌」と言える。もちろんその時に曲に込めるのが恐怖なのか、憤怒なのか、諦観なのかは作曲者によって異なるが。

† 小宮正安『ヨハン・シュトラウス　ワルツ王と落日のウィーン』（中公新書、2000、p.4-5）。また同書によると、時代遅れとなり才能も枯渇しつつあることを自覚していたシュトラウスに、新しいバレエ音楽の作曲を依頼してきたのが、シュトラウスのオペレッタ『コウモリ』を絶賛していたウィーン宮廷歌劇場総監督のG. マーラーだった。しかしその新作バレエ『灰かぶり姫』を書き上げてもう一花咲かせる日はやって来なかった（p.208-211）。

グスタフ・マーラーの作品の多くは、その真の意味での「白鳥の歌」になる条件を備えている。最初の交響曲である《巨人》（1884～88）からして葬送行進曲の楽章をもっていいたし、《交響曲第5番》（1901～02）に至っては葬送行進曲から音楽が始まっている。歌曲集《亡き子をしのぶ歌》（1901～04）では「私の子どもが死んだと想定して書いた」と語って――そして曲の4年後に娘が本当に死んだ――妻アルマの怒りを買った。後期になればなるほどその傾向は強まり、〝ベートーヴェンのように交響曲を9曲書いたら死ぬ〟というジンクスに取り憑かれ、本来9番目の交響曲になるはずだった《大地の歌》（1908）に番号を付けなかった。《大地の歌》を書いても死ななかったので**《交響曲第9番 ニ長調》***（1909）を書き、それでも死ななかったので《交響曲第10番 嬰ヘ長調》（1910）に着手したら、第1楽章を仕上げたところで命が尽きた。

このように書くと、つねに死の想念に取り憑かれた陰鬱な人物像を思い浮かべてしまうが、マーラーはむしろ朗らかな性格の人だった。指揮者でもあったマーラーの完璧主義についてこれない楽団員から反感を買ったりなど敵も少なくなかったが、一徹ではあっても頑迷ではなく、必要なコミュニケーション能力は備えていた――そうでなければ歌劇場の芸術監督は務まらない――。時には矛盾さえするさまざまな性格、傾向、属性が、マーラーという人物およびマーラーが書く音楽の中で同居していた。その包括性こそが、マーラーの魅力でもある。

それを〝広がり〟と捉えて、ブルックナーの〝高さ〟と対比させるとわかりやすいかもしれない。ブルックナーの交響曲の構築性は、ブルックナーがオルガニストを務めたリンツの旧大聖堂の尖塔のごとく高みを目指す。いわば、どこまでも上昇しようとする〝垂直性の音楽〟だ。それに対してマーラーの交響曲の包括性は、まるでオーストリアもチェコもハンガリーもすべて版図に収めるハプスブルク帝国のごとく広がりを求める。いわば、どこまでも拡大しようとする〝水平性の音楽〟であるとも言える。「私は三重の意味で故郷がない人間だ。オーストリア人の間ではボヘミア人、ドイツ人の間ではオーストリア人、そして全世界の国民の間ではユダヤ人として」というマーラーの言葉は、彼自身の出自について語っていると同時に、彼の音楽の水平性についても語っている。

そのマーラーの《交響曲第9番》の第一主題は、本来9番目の交響曲になるはずだっ

＊マーラー《交響曲第9番》

『マーラー：交響曲第９番』
C. M. ジュリーニ（指揮）、シカゴ交響楽団
DG / UCCG-4873
ジュリーニがシカゴSOと録音した「第9」交響曲シリーズのうちの1枚。マーラー振りではないオペラ指揮者のジュリーニがマーラーの、しかも9番を？と初めは合点が行かなかったが、考えてみればマーラーも優秀なオペラ指揮者だった。悠揚迫らぬテンポを維持しつつ、盛り上げる箇所に差し掛かると、シカゴSOご自慢の金管をこれでもかと咆哮させる思い切りのよさ。とりわけ第1楽章の、避けようのない何かがいつの間にか生起し、それがどんどん膨れ上がって迫ってくる（U氏の言葉を拝借すれば）〝ヒタヒタ感〟と、それが突然あっけなく崩れ落ちる際の感覚は、こんな陳腐な表現は使いたくないが、まさに人生そのもの。指揮者が曲の姿を浮き彫りにするのではなく、指揮者がどのような人間であるかを曲のほうが浮き彫りにしてしまう、そら恐ろしい曲だ。

た《大地の歌》を締めくくる「ewig」（永遠に）と同じ音型のF♯－E（ファ♯－ミ）で始まる。いったん終わったはずの音楽が息を吹き返す。音楽が交響曲1曲の枠内で収まらず、次の交響曲へと増殖し広がっていく。

振り返ってみると、《第2番》《第3番》《第4番》はすべて声楽をともない、《歌曲集「子供の不思議な角笛」》（1892～98）の旋律を転用していて、まとめて〝角笛交響曲群〟と呼べそうな統一感を形成している。同様の統一感は、すべて声楽を欠く《第5番》《第6番》《第7番》にもある。1曲ごとに個性が際立つ、その意味で1曲ごとに切り離された交響曲の従来のありようでは掴みきれない、曲を超えて次々と広がっていくトランスボーダーな性質は、マーラーの音楽世界の基本的な特質のひとつと言える。

ほかにも取り上げたい「白鳥の歌」はまだまだある。例えば、残り17小節のオーケストレーションのみを残して絶筆となったバルトーク・ベーラ†（1881～1945）の《ピアノ協奏曲第3番》（Sz.119）。ピアニストである妻ディッタのために書いたこの曲が、白血病に斃れた自分の「白鳥の歌」になった。ピアノ協奏曲の《第1番》や《第2番》の打楽器的な奏法に見られるようなバーバリズムが影をひそめた代わりに、緩徐楽章では天国的ともいうべき静謐さが支配する。そこに――バルトークは自身の死が近いことに無自覚だったらしいが――作曲者に間近に迫った死の予兆を聴き取りたくもなる。

† ハンガリー語では日本語と同じようにファミリーネームがファーストネームより先に来るので、「バルトーク（姓）・ベーラ（名）」が本来の語順だが、西欧人の一般的な表記に準じて「ベーラ（名）・バルトーク（姓）」と表記されることも多い。なお、若くして亡くなった父親の名前も同じ「ベルトーク・ベーラ」だった。

アルバン・ベルク(1885〜1935)の《ヴァイオリン協奏曲「ある天使の想い出に」》にもひと言触れておきたい。マーラーの未亡人アルマと建築家ヴァルター・グロピウスとの間に生まれた娘マノンをベルクはことのほか可愛がっていたが、そのマノンが18歳の若さで亡くなった。この《ヴァイオリン協奏曲》は夭逝した「ある天使」のために作曲されたが、自分以外の者のために書かれたこの曲が自分の「白鳥の歌」になるであろうことを、ベルクは自覚していたのだろうか。[†]

かくの如く白鳥の最期の鳴き声にもいろいろある。

死んだらこの曲をかけてほしい——シベリウス

作曲家の場合、「白鳥の歌」は自分の作品と決まっているが、演奏家が生涯最期に演奏するのは誰の曲でもかまわない。われわれのような一般人に「白鳥の歌」に当たるものはないけれど、自分の葬式で流してほしい音楽が「白鳥の歌」に近いかもしれない。「白鳥の歌」が烏滸(おこ)がましいなら、「みにくいアヒルの歌」ぐらいにしておこうか。

言われてみれば、「自分が死んだらこの曲をかけてほしい」というのは、動くことも食事さえもままならなくなった者にとっては人生最期の切実な願いだ。その曲を流すことで、自分自身は荼毘(だび)に付されもはや聴くことができなくなっていても、「故人はこんな音

† 1935年に作曲された《ヴァイオリン協奏曲》の初演は、翌年にスペインのバルセロナで行なわれた。ナチスによって「退廃音楽」のレッテルを貼られたベルクの曲は(彼自身はユダヤ人ではなかった)、ドイツでは演奏できなかったからだ。初演の指揮は盟友のA.ウェーベルンが振るはずだったが、深い悲しみに囚われたウェーベルンはリハーサルをやり通すことができなかった(その後にようやく指揮できるようになり、同曲の録音を残している)。

楽が好きな、そういう人だったんだな」と葬儀の参列者に思ってもらえる、つまりは——そんな言葉があるのかどうか知らないが——その人の〝ラスト・アイデンティティ〟がその1曲にかかっているのだ。「この食べ物を」とか「この服を」ではない、「この音楽を」が死にゆく者の最期の希望なのだから、音楽にかかる負担が大きすぎてつい音楽の神ムーサが気の毒になるが、やはりチョイスはあだや疎かにはできない。

実際に葬儀会場ではどんな曲がかかることが多いのだろうか。時々葬祭業者の団体がそのランキングを発表しているが、そのうちのひとつ、イギリスの葬儀会社大手のCo-op Funeralcare社が隔年で発表している『英国の葬式で最も使われた音楽ランキング』の最新2023年版を見ると、第1位はアンドレア・ボチェッリ&サラ・ブライトマンの「Time To Say Goodbye」、2位が定番中の定番フランク・シナトラの「My Way」、3位がエド・シーランの「Supermarket Flowers」とのことだ。†

また、例年トップ10に讃美歌が何曲かランクインするのが常だったが、ここ数年ランク外に落ちてしまっていた。それが2023年版では、「素晴らしきものすべてを」(All Things Bright and Beautiful)と「主よ ともに宿りませ」(Abide with Me)の2曲がトップ10に戻ってきた。

ただし、讃美歌の定番だった320番(聖歌260番)「主よ 御許に近づかん」が見当たらない。沈みゆく豪華客船タイタニック号でバンドメンバーが演奏したというエピソード

† https://www.coop.co.uk/funeralcare/music/charts(2023/12/31閲覧)。

でも知られる有名曲で、またアニメ『フランダースの犬』で、ネロとパトラッシュが天使にかかえられて昇天するシーンで流れるのもこの讃美歌だ。† それほどの曲が見当たらないとは、讃美歌のなかでも流行り廃りがあるのだろうか。

さらに同社のアンケート調査によると、自分の葬儀で流してほしい曲を明確に決めている人は全体の24％ほどだという。興味深いことに、42％のイギリス人が自分の葬儀で参列者の笑いを誘う曲をかけたいと考えているらしい。そしてその候補に上がっている曲が、ビー・ジーズの往年のディスコナンバー「Stayin' Alive」（＝ギリギリ生きてる）やクイーンの「Another One Bites the Dust」（地面の土を噛む〔死ぬ、の意味〕ヤツがもう一人＝地獄へ道連れ）とのこと。墓に入る段になっても健在なイギリス人のウィット気質には恐れ入る。

日本の場合はどうか。日本の葬祭業界団体がイギリスの場合のようなある程度大掛かりな調査を定期的に行なっているとは聞いたことがないので、詳しいことはわからない。とはいえ日本だとさすがに、イギリスのように葬儀の参列者を音楽で笑わせるというわけにはいかないだろうとは想像がつく。実際のところは、モーツァルトの《レクイエム》やショパンの《別れの曲》、あるいは「千の風になって」や「アメイジング・グレイス」あたりを卒なく収録した、葬儀のBGM専用のCDをそのまま流すことが多そうだ。それでも、生前に自分で選んだ曲を葬儀で流すケースは増えているらしい。「音楽葬」という言葉も定着しつつある。

† テレビシリーズの『フランダースの犬』（1975）とは違い、20年以上のちにアニメ映画としてリメイクされた『劇場版 フランダースの犬』（1997）では、天使が3人（テレビ版では7人）降りてくるものの、ネロとパトラッシュを天国に連れて行くシーンはない。それに伴い、テレビ版のBGMも讃美歌320番ではなく、別の曲に差し替えられている。確認するために見直したらまた泣いてしまったことは、ここだけの秘密だ。

評論家の小林秀雄は自分の葬儀でかかる曲にバッハの《無伴奏チェロ組曲》を希望していたという（もしかしたらバッハのオルガン曲だったかもしれない）。１９８３年に小林秀雄が亡くなった時にそれが流れたどうかは知らない。

自分の葬式の時にどんな音楽をかけてもらいたいか、私はもう決めている。**ジャン・シベリウス**の**《交響曲第６番 ニ短調》**（作品１０４）だ。わざわざ言っておく必要もないが、それでも明言しておかないと、いざ葬式の際に悪友が「あいつは生前『愛するこの曲を自分の葬式でかけてほしい』と言ってました。本当です」と嘘をついて、《禿山の一夜》の原典版か、《西部警察パートⅡのテーマ》あたりを爆音で流さないとも限らないのでね。

さて、皆さんはもうお決まりですか？　ほら、急いで。さもないと間に合いませんよ……。

＊シベリウス《交響曲第６番》

『シベリウス：交響曲第３番、第６番』

O. カム（指揮）、ヘルシンキ・フィル

TDK Core / TDK-OC014

1982 年 1 月に行なわれた、ヘルシンキ・フィルの特別演奏会・シベリウスシンフォニーチクルスのライブ録音。ベルグルンド＆ヘルシンキ・フィル／ヨーロッパ室内管、ヴァンスカ＆ラハティ響などの定評ある名盤ではなくこの古いライブ録音盤を挙げたのは、筆者がこの時の演奏を直接聴いているからだ。この《第６番》を聴くためだけに、ろくに読めもしないポケットスコア持参で、仙台から特急「はつかり」に乗った（東北新幹線はまだ開業していなかった）。今はなき新宿の東京厚生年金会館で聴いたこの時の演奏の響きとテンポ感は、今でもこの曲を聴く際の基準になっている。オケが「大切にしている曲」というのがあるのだなあと知ったのもこの時だった。以来いつの間にか、新年一発目に聴くのはシベ６という習慣がついて、今に至っている。

あとがきに代えて——聴衆は何を聴き取ったのか

収容所に響く〝未来〟——メシアン

〈死〉と音楽との関係について、結局、結論めいたことを述べることはできなかった。代わりにひとつのエピソードを紹介して筆を擱くことにしよう。

1941年1月15日水曜日の午後6時、現在のドイツとポーランドに接するシレジア地方のゲルリッツにあった戦争捕虜収容所8Aで、とあるコンサートが開かれた。「劇場」と呼ばれたバラック27Bを埋めつくした聴衆の数がどれほどだったか正確にはわからないが、会場のキャパが最大で400名ほどだったのでそれ以上ではなかっただろう。集まった聴衆のなかには、ドイツ軍に捕えられたフランス人、ベルギー人、ポーランド人の捕虜のほかに、収容所の幹部からドイツ軍の将校の顔まであった。自分たちの体温以外にろくな暖房のない会場で彼らが聴いたのは、捕虜として収容されていたフランス人作曲家**オリヴィエ・メシアン**（1908〜92）が作曲した室内楽曲**《時（世）の終わりのための四重奏曲》***だった。

演奏者はチェロがエチエンヌ・パスキエ、クラリネットがフランス国立管弦楽団に所属していたアンリ・アコカ、ヴァイオリンがジャン・ル・ブーレール、そしてピアノが作曲者のオリヴィエ・メシアン。その時の様子をメシアンは次のように回想している。

クラリネッティストは自分の楽器をもっていましたし、チェリストには、弦が三本しかありませんでしたが、ともかくチェロが贈られたからです。（中略）ところどころで鍵盤が下がってしまう、たいへん調子の狂ったアップライト・ピアノがキャンプに持ち込まれました。（中略）このピアノで、わたしは五〇〇〇人の聴衆を前に《時の終わりのための四重奏曲》を演奏したのです。聴衆の社会階層は、てんでばらばらで、農民もいれば、労働者もいるし、知識人、キャリア軍人、医者、司祭もいました。全部は挙げきれません。これほどの注意と理解をもって聴いてもらったことは、これまで一度もありませんでした。†

† P.ヒル、N.シメオネ『伝記オリヴィエ・メシアン　音楽に生きた信仰者』（上巻、藤田茂訳、音楽之友社、2020、p.129）。

メシアンのこの回想には誇張が含まれている。「五〇〇〇〇人の聴衆」を収容できるほど会場は広くなかったし、チェロの弦はしっかり4本あったとチェリストのパスキエ自身が証言している。その誤りをパスキエがメシアンに何度か忠告しても、おそらくはそのほうが伝説として面白いと考えたのだろう、メシアンはあえて改めなかった。そしてこの初演は確かに伝説として広く知られることになった。多くの者が圧倒的な感動を受けたが、同時に少なからぬ者が首を捻った——われわれは何を聴いたのだろうか、と。

《時の終わりのための四重奏曲》は難曲中の難曲だ。演奏者の息の長さと楽器の音量は限界まで要求され——メシアンは「息の続く限り、音を伸ばすのだ。大きな音で！」とアコカに求めた†——、弓が音を保てないほど極度にテンポの遅い楽章があり、「青＝オレンジ色の和音の滝」という共感覚的な指示が頭を悩ませ、和音のサイクルとリズムのサイクル

＊メシアン《時の終わりのための四重奏曲》

『メシアン：世の終わりのための四重奏曲』
オリヴィエ・メシアン四重奏団
Arion Music / ARN63611

レベッカ・リシンが書いた『時の終わりへ　メシアン・カルテットの物語』（藤田優里子訳、アルファベータ、2008）は、《時の終わりのための四重奏曲》を初演したメシアン以外の３人の奏者が、その後どのような人生を送ったかを丹念に描き出していて興味深い。４人は収容所を出てから一度も会うことはなかったということにも意表を突かれたが、それ以上に、ヴァイオリンを担当したジャン・ル・ブーレールが音楽家を辞め俳優に転身し、ジャン・ラニエという名前で『天井桟敷の人びと』（1945）や『去年マリエンバートで』（1961）などの映画に出演していたという事実には驚いた。ということは、それらの映画を若い頃に観ていた私は、《時の終わりのための四重奏曲》という曲の存在を知るより前に、その初演者の姿を知っていたことになる。なんか不思議議だ。

† R. リシン『時の終わりへ　メシアン・カルテットの物語』（藤田優里子訳、アルファベータ、2008、p.78）に掲載されているパスキエのインタビューより。

も一致しない。あまりの演奏上の難しさに奏者たちが音をあげそうになるのを、作曲者が根気よく励ましてなんとか初演に漕ぎつけた。

演奏上の難しさもさりながら、聴衆にとっての理解の難しさも格別だった。ここはハイソな音楽愛好家が通うコンサートホールではない。冷たい隙間風が吹き込むバラックで、集まってきた捕虜の多くは、現代音楽どころかクラシック音楽そのものをろくに聴いたことのない人びとだ。そんな彼らの耳にこの曲がわかりやすく聞こえたとは思えない。

では彼らのこの時の体験を、いったいどのように考えたらいいのだろうか。

《時の終わりのための四重奏曲》の原題はフランス語の「Quator pour la fin du Temps」だ。この「Temps」はそのまま日本語に訳すと「時」となるが、「世」と訳すことも可能で、実際に従来の邦訳では《世の終わりのための四重奏曲》とされるほうが多かった。「時の終わり」なら、「今置かれている辛い状況もじきに終わるよ」という肯定的なニュアンスが感じられなくもないが、「世の終わり」となると、「もうすぐ世界が滅んで誰もが死ぬのだ」という否定的なニュアンスが漂ってしまう。この言語感覚がどれほど妥当なものか、フランス語に暗い筆者には判断がつかない。それでも、ここが捕虜収容所だということを考えると、この「la fin du Temps」という題名が死を平時よりもずっと身近なものとして感じさせたことは十分考えられる。

もちろんゲルリッツの収容所はアウシュヴィッツの絶滅収容所ではない。捕虜の身柄はジュネーヴ条約で保護されており、彼らは戦争が終わればいずれ故郷に帰れるという希望を持ってはいた。しかし演奏会場にはストレッチャーで運ばれてきた負傷兵の姿があったし、あまりの飢えに苛(さいな)まれた3人の若い捕虜がジャガイモを盗んで処刑されたりしている。とりわけ飢えの問題は深刻だった。というのも、フランスもポーランドも、ドイツの戦前の予想よりはるかに弱い抵抗しかしてこなかったので、捕虜収容所はすぐに定員オーバーになり、その結果捕虜に与える食事は満足な量を確保できず、飢えが現実的な問題となっていた。こうして死は捕虜たちを隙あらば墓場への舞踏に誘おうとしていた。

しかも《時の終わりのための四重奏曲》は『ヨハネの黙示録』にインスピレーションを得て書かれたことを作曲者自身が認めている。それればかりか、敬虔なカトリック信者であるメシアンは、収容所内で「黙示録における色彩と数字」という講演をしたり、演奏に先立って『ヨハネの黙示録』についてプレゼンテーションをしたりしている。そのことが聴衆に不安を与えた。

そして彼らは、全8楽章の《時の終わりのための四重奏曲》を聴いた。「フランスのモーツァルト」のあだ名をもつという作曲家がこの収容所内で書き上げた曲だというので聴きに来てみたが、モーツァルトの曲の心が浮き立つようなところのまるでない音楽だった。それを彼らは熱心に聴いたが、彼らにこの曲の音楽語法の斬新さはわからなかった。

しかし彼らに間違いなくわかったこともあった。それは、うす暗く寒いこのバラックが今、世界の音楽の最前線になっているという予感であり、そして音楽の未来をひらき音楽史に刻まれるであろうその曲、慰問や娯楽の要素など薬にしたくも無いガチの現代音楽を、作曲家が自分たちに聴かせるために書いたという事実だった。

飢えがはびこり死が忍び寄るこんな場所でも、このメシアンとかいう作曲家は、音楽で未来を語ろうとしている。彼が音楽を通して教えてくれているように、われわれを待っているのは未来のない死ではなく、未来ある生なのだ――この時の聴衆は、頭では理解できない音楽の真価を、そのように魂で聴き取ったにちがいない。言葉にして一般化するのは難しいが、〈死〉と音楽との関係についての重要な示唆が、ここにあるように思う。

音楽家は〈死〉を音にし、聴衆はそれを聞いて涙する。なぜそうするのか、どうしてそうなるのか、やっぱりわからない。けれどもひとつだけわかったことがある――〈死〉の音楽は、人を〈死〉に向かわせるのではなく、〈生〉に向かわせる。その〈生〉がそれまで歩んできた過去の〈生〉であろうと、これからも続く未来の〈生〉であろうと。〈死〉を〈死〉たらしめる〈生〉を表現する。それが〈死〉の音楽なのだ。

2023年の年越しにシベリウスを聴きながら

著者しるす

樫辺　勒（かしべ　ろく）
本名：片岡 力（かたおか　ちから）。フリーの書籍編集者・文筆家。1961 年宮城県塩竈市生まれ。人文書版元の編集者を経て独立。特撮から哲学までサブカル・人文書を幅広く手がける。またTV 番組『仮面ライダー響鬼』では設定を担当。2023 年、小説「ホダニエレーガ」で第6回仙台短編文学賞・河北新報社賞を受賞。著書：『「仮面ライダー響鬼」の事情　ドキュメント ヒーローはどう〈設定〉されたのか』『哲メン図鑑　顔からわかる哲学史』（ともに五月書房）、『小説 写真甲子園 0.5 秒の夏』（新評論）、『幕末ラッパー』（私家版）、雑誌論稿：「芹澤科學研究所の「ユタカテレビ」初代『ゴジラ』再論」（『近代文学合同研究会論集』第 15 号所収）、「独立国家をめざして漂流する双子のコミューン　人形劇『ひょっこりひょうたん島』『吉里吉里人』」（『東京人』2020 年 11 月号所収）ほか。また企画編集した音楽関連書には、宮本文昭著『宮本文昭の名曲斬り込み隊』、新田ユリ著『増補改訂版 ポホヨラの調べ　シベリウス、ニルセンからラウタヴァーラまで 実演的！北欧名曲案内』、三枝成彰編著『ベートーヴェンは凄い！　交響曲全9曲連続演奏会の記録 2003-2020』（すべて五月書房／五月書房新社）などがある。

〈死〉からはじまるクラシック音楽入門
2024年3月10日　初版発行

著　者　樫辺　勒
発行者　杉本淳一

発行所　株式会社日本実業出版社　東京都新宿区市谷本村町 3－29 〒162-0845
編集部　☎03-3268-5651
営業部　☎03-3268-5161　振替　00170－1－25349
https://www.njg.co.jp/

印 刷／堀内印刷　製 本／若林製本

ISBN 978-4-534-06085-3　Printed in JAPAN